21世纪经济与管理精编教材·经济学系列

统计学原理

（第二版）

Principle of Statistics

杨立生◎主　编
杨　虹　吴　烨◎副主编

北京大学出版社
PEKING UNIVERSITY PRESS

图书在版编目(CIP)数据

统计学原理/杨立生主编. —2 版. —北京：北京大学出版社，2015.10
(21 世纪经济与管理精编教材·经济学系列)
ISBN 978-7-301-26330-3

Ⅰ. ①统… Ⅱ. ①杨… Ⅲ. ①统计学—高等学校—教材 Ⅳ. ①C8

中国版本图书馆 CIP 数据核字（2015）第 236860 号

书　　　名	统计学原理（第二版） TONGJIXUE YUANLI
著作责任者	杨立生　主编　杨　虹　吴　烨　副主编
策划编辑	李　娟
责任编辑	兰　慧
标准书号	ISBN 978-7-301-26330-3
出版发行	北京大学出版社
地　　址	北京市海淀区成府路 205 号　100871
网　　址	http://www.pup.cn
电子信箱	em@pup.cn　　QQ：552063295
新浪微博	@北京大学出版社　@北京大学出版社经管图书
电　　话	邮购部 62752015　发行部 62750672　编辑部 62752926
印　刷　者	河北涿县鑫华书刊印刷厂
经　销　者	新华书店
	787 毫米×1092 毫米　16 开本　16 印张　305 千字 2011 年 8 月第 1 版 2015 年 10 月第 2 版　2020 年 6 月第 3 次印刷
印　　数	7001—10000 册
定　　价	35.00 元

未经许可，不得以任何方式复制或抄袭本书之部分或全部内容。
版权所有，侵权必究
举报电话：010-62752024　电子信箱：fd@pup.pku.edu.cn
图书如有印装质量问题，请与出版部联系，电话：010-62756370

第二版前言

本书是在第一版的基础上,结合我们近年来对经济、管理类本科生的教学实践经验以及读者的反馈意见修订而成。

此次修订,我们一方面根据社会主义市场经济的不断完善与发展对统计信息的要求,在内容上做了一定的调整,更新了部分实例和时间,体现了统计的时效性,力求做到与时俱进;另一方面根据教材使用反馈信息,读者以经济学、管理学类各专业学生和经济统计实际部门工作者为主的特点,在结构上进行了优化,突出简明、容易理解和实用的特点。本书自2011年8月第一版出版以来,作为云南省省级精品课程"统计学原理"的配套教材使用,于2013年6月被评为云南省"省级精品教材",受到师生和读者的好评。

此次修订,我们依据大部分高校本科统计学课程54课时的教学容量,重点对内容进行了更新和删繁就简。我们精心收集、选择和分析了中英文统计学方面具有代表性的最新教材、专著、手册和百科全书,从中提炼出21世纪以来影响大趋向的基本概念、理论主题和研究发现,与本书第一版各章中的内容整合,形成新的内容体系,进而充实和更新有关文献资料。

本书由杨立生担任主编,拟订全书修订计划和编写提纲。各章节的编写修订分工为:第一章,杨立生;第二章、第三章,杨虹;第四章,袁戈;第五章,陈丽贤;第六章,程劲;第七章,晏冰;第八章,樊爱霞;第九章,吴烨;第十章,王莲;第十一章,毕岚岚。另外,陈坤、童佳亮等为本书的出版做了大量的工作。全书由杨立生完成全面修改、统稿和审定。

此次修订而成的书稿,其实是长期以来众多学者参与有关教材研制所付出的劳动与智慧的结晶。本书的完成得到了北京大学出版社有关同志的指导、督促和鼓励,特向他们表示诚挚的谢意!

本书参考和引用了大量的中外文论著,而注释可能挂一漏万,特此说明并向其作者和出版者致谢!限于条件,书稿或有不足之处,恳请专家和广大读者批评指正。

编　者
2015年6月5日

第一版前言

统计学是在统计实践的基础上,自17世纪中叶产生并逐步发展起来的一门应用性的社会学科,是应用数学的一个分支。统计学通过利用概率论建立数学模型,系统收集和观察数据,进行量化的分析和总结,并进而进行推断和预测,为相关决策提供依据和参考。无论是政府的国民经济宏观调控、企业的经济决策,还是科学研究,都越来越依赖于数量分析和统计分析方法的应用。

全书共分为十一章,在内容上涵盖了统计学的基本概念、基本理念和基本方法。在写作过程中紧密地结合了计算机技术,大部分统计方法都给出了Excel的计算过程和结果。第一章统计总论,介绍了统计学的发展过程及数据与统计学的一般问题;第二章统计调查,介绍了数据收集的方法及相关方法的优缺点;第三章统计整理,介绍了数据整理的一般性方法;第四章总量指标与相对指标,介绍了总量指标和相对指标的概念及相关应用;第五章平均指标,介绍了平均指标及相关应用;第六章标志变异指标,介绍了标志变异指标的计算及其应用;第七章动态数列,是本书的重点也是难点,介绍了动态数列的概念、种类和编制的原则,以及动态数据分析的常规方法;第八章抽样调查,介绍了抽样推断中的基本原理和方法,通过学习能够利用样本资料推断总体指标;第九章统计指数分析,介绍了统计指数的主要种类和基本编制问题,着重介绍综合指数和平均指数的编制原理及其常用形式;第十章相关分析,介绍了相关分析的意义、相关的种类、回归分析的意义;第十一章Excel在统计中的应用,通过具体的实例介绍Excel在统计学中的应用,这是本书比较有特色的章节。

本书在体系及内容安排上科学规范,做到由浅入深、循序渐进,力求理论与实践的有机结合,具有如下特色:第一,与Excel紧密结合,介绍基础理论与方法的同时,强调统计学的现实应用,做到学以致用;第二,在系统性的前提下科学安排章节,克服了许多教材要么太难、要么松散的不足;第三,加入案例及大量的习题,增加了学生学习的兴趣,又保证了充分的课后练习。

本书由杨立生担任主编,刘超群担任副主编,全书由杨立生、刘超群提出编写大纲,经讨论确定后由各章的作者分头编写。各章的编写分工为:第一章由杨立生编写;第二章、第七章和第九章由刘超群编写;第三章由唐玲编写;第四章由袁戈编写;

第五章由陈丽贤编写;第六章由程劲编写;第八章由樊爱霞编写;第十章由王莲编写;第十一章由毕岚岚编写。另外,刘毅、杨珍妮、余国民、张小伟等为本书的出版做了大量的工作。全书由杨立生完成总纂和审定。

本书的编写得到了许多方面的支持与帮助,参考了大量的文献资料及国内外同行的最新研究成果,在此表示衷心的感谢!本书列出了部分参考文献,若有遗漏,万望见谅。

由于编者水平有限和时间仓促,本书难免有不尽如人意之处,恳请专家和广大读者批评指正。

编　者
2011 年 6 月 4 日

目录 contents

第一章　统计总论　/ 1
第一节　统计与统计学　/ 1
第二节　统计学的性质和特点　/ 5
第三节　统计工作的基本任务、职能和统计工作过程　/ 13
第四节　统计学中的几个基本概念　/ 16
练习题　/ 22

第二章　统计调查　/ 24
第一节　统计调查的意义、任务、要求和种类　/ 25
第二节　统计调查方案　/ 28
第三节　统计调查方法　/ 32
练习题　/ 38

第三章　统计整理　/ 40
第一节　统计整理的概念和内容　/ 40
第二节　统计分组　/ 41
第三节　分配数列　/ 45
第四节　统计表　/ 52
练习题　/ 55

第四章　总量指标与相对指标　/ 58
第一节　总量指标　/ 58
第二节　相对指标　/ 63
练习题　/ 73

第五章　平均指标　/ 76
第一节　平均指标的概念和作用　/ 76

第二节 平均指标的种类和计算 /78
练习题 /89

第六章 标志变异指标 /92
第一节 标志变异指标的概念、作用和种类 /92
第二节 标志变异指标的计算 /94
练习题 /101

第七章 动态数列 /104
第一节 动态数列的编制 /104
第二节 动态数列分析指标 /107
第三节 长期趋势的测定与预测 /116
第四节 季节变动的测定与预测 /122
练习题 /126

第八章 抽样调查 /130
第一节 抽样调查概述 /130
第二节 抽样平均误差与全及指标的推断 /139
第三节 抽样组织形式 /148
第四节 样本容量的确定 /154
练习题 /156

第九章 统计指数分析 /161
第一节 统计指数的概念和种类 /161
第二节 综合指数 /164
第三节 平均指数 /170
第四节 指数体系及因素分析 /179
练习题 /187

第十章 相关分析 /191
第一节 相关分析的意义和任务 /192
第二节 简单线性相关分析 /194
第三节 回归分析 /198
练习题 /208

第十一章　Excel 在统计中的应用　/ 212

第一节　Excel 工具的介绍　/ 213

第二节　Excel 在描述统计中的基本应用　/ 216

第三节　Excel 实验　/ 223

练习题　/ 238

参考文献　/ 241

第一章 统计总论

【案例导入】

从表面看,新生儿的性别比例似乎没有什么规律可循。但是如果对新生儿的性别进行大量观察,即观察成千上万个,就会发现性别比例还是有规律的,即新生儿总数中男孩要多于女孩,大概每出生100个女孩,就有107个男孩出生。这个107∶100的比例就是新生儿男女性别的数量规律性。对人类性别比例的研究是统计学的起源之一,也是统计方法探索的最早的数量规律之一。接下来,我们就将对统计学进行讨论。

【重点与难点】

本章的目的在于从总体上对统计学提供基本的认识,通过本章的学习,要求学生一般了解社会经济统计学的学科性质、研究对象,以及国家统计的职能、统计研究的基本方法,重点掌握统计学的几个基本概念。

第一节 统计与统计学

一、统计学的实践史

统计是人类社会发展到一定阶段,为适应人类社会实践活动的需要而产生,并随着社会的不断发展而发展的。早在两千多年前的奴隶社会,就有了最原始的统计。当时的统治阶级为了征兵和收税,需要了解土地、人口、牧畜、粮食等的数量。我国早在公元前21世纪(夏朝)就有了人口和土地数字的记载。史称,大禹治水,分华夏大地为九州,土地2 438万顷,人口1 355万人;春秋战国时期,诸侯以兵员、乘骑、车辆比较各自的军事实力,也就是说已有了军备统计。历史发展到封建社会,社会经济统计工作已略具规模。据《商君书》记载,我国在公元前300多年时,已有全国规模的人口调查登记制度和人口按年龄、职业的分组,并提出了"强国知十三数",

这"十三数"包括人口、土地、粮食及其各项分类数,农业生产资料以及资源情况,等等,把掌握反映基本国情国力的"十三数"作为富国强兵的重要依据。

在国外,古埃及时期、希腊时代和罗马时代,也有许多类似的记载。

在前资本主义社会,由于生产力发展得很慢,当时的统计工作还只是一些原始的调查登记和简单的计算。

资本主义经济的发展,大大促进了统计工作和统计科学的发展。资本主义最早产生于欧洲,在17—18世纪资本主义上升时期,由于社会分工越来越细,生产社会化的程度越来越高,工业、商业、交通航运业都进入了空前发展的阶段,统计工作开始从国家管理领域扩展到社会经济活动的许多领域,商业、工业、农业、海关、外贸、物价等方面的专业统计都先后得到了广泛发展。

二、统计学说史(理论史)

17世纪以后,为了适应社会经济发展和统计工作的需要,人们开始总结统计实践的经验,产生了一些有关统计的理论和学说。当时也出现了某些统计理论著作。17世纪中叶,在英国,《政治算术》的问世标志着统计学的诞生。所以,统计实践虽然已经有了几千年的历史,但统计科学的诞生只有三百多年的历史。由于历史条件和研究领域的不同,产生了不同的学派。主要的统计学派介绍如下:

(一)政治算术学派

政治算术学派产生于17世纪的英国,其代表人物为威廉·配第(William Petty, 1623—1687)。他在1671—1676年写成的《政治算术》一书用数字来表述,用数字、重量和尺度来计量,并配以朴素的图表,这正是现代统计学广为采用的方法和内容。由于他对统计学的形成有着巨大的功绩,因此马克思评价道:"威廉·配第——政治经济学之父,在某种程度上也可以说是统计学的创始人。"恩格斯在《反杜林论》中也指出配第创造了"政治算术",即一般所说的统计。政治算术派的另一个代表人物是英国的约翰·格兰特(John Graunt,1620—1674),其代表作是《对死亡率公报的自然观察和政治观察》,他对当时英国伦敦市人口的出生率和死亡率进行分类计算,编制了世界上第一张"死亡率"统计表。如果说配第是政府统计的创始人,则格兰特可被认为是人口统计的创始人。在配第和格兰特的影响下,欧洲许多国家的学者继续了政治算术的研究,但该学派一直没有采用"统计学"这个名称,可谓有统计学之实,而无统计学之名。

(二)国势学派

在18世纪封建制度的德国形成了与政治算术学派并称的国势学派(亦称记述学派),其创始人是赫尔曼·康宁(Herman Corning,1606—1681),主要继承人是他的学生戈特弗里德·阿亨华尔(Gottfriedl Achenwall)。这一学派的主要特点在于其研究目的是使统治阶级了解国家财富,有利于管理和巩固其统治地位,为从政者提供管理国家必要的知识,探索国家盛衰的因果关系。阿亨华尔认为统计学是研究一国或几个国家的显著事项的学问,"即关于国家组织、人口、军队、领土、财产、地面、地下资源等事实的学问";其研究对象是有关国家富强的重大事项,包括地理、政治、经济、法律等;研究方法是对各国情况进行比较,以文字记述为主,记述国情、国力情况。阿亨华尔在1749年出版的《近代欧洲各国国势学概论》一书中首创了一个新的德文词汇——statıstık,即"统计学"。统一了统计学的称谓是该学派的主要贡献。但这一学派很少使用数字手段,回避借助数字资料的体裁,可谓有统计学之名,而无统计学之实。后来该学派分化出表式学派,以计量为主,主张用比较和列表的方法来表示国家的显著事项,开始体现出统计学的特点,并逐步发展成为政府统计,因而成为统计学的源流之一。

(三)数理统计学派

19世纪中期,出现了主张以数理方法去研究社会经济现象和自然现象的数理统计学派。该学派的先驱是比利时科学家阿道夫·凯特勒(Adolyhe Quetele,1796—1874)。他首次把概率论应用于社会经济统计,对法国、英国和比利时的犯罪统计资料进行了研究,从中发现了某些社会现象的规律性,使统计方法的发展得到了质的飞跃,为统计的数量分析奠定了数理基础。雅各布·伯努利(Jakob Bernoulli,1654—1705)的大数定理、亚伯拉罕·棣莫弗(Abraham de Moivre,1667—1754)的中心极限定理、托马斯·贝叶斯(Thomas Bayes,1702—1761)的主观概率、卡尔·弗里德里希·高斯(Carl Friedrich Gauss,1777—1855)的误差理论等理论又丰富和完善了数理统计理论。20世纪50年代,又出现了贝叶斯统计学,将统计推断运用于决策问题。数理统计逐渐形成了一个完整的学科体系。1867年在名为《关于数理统计学及其在政治经济学和保险学中的应用》的论文中,韦特斯坦(Wittstein)首次提出了"数理统计学"这个术语,随即成为该学科和学派的正式名称。

(四)社会统计学派

19世纪后半叶,正是数理统计学派突飞猛进发展之时,德国出现了社会统计学派。社会统计学派也是统计学历史上比较有影响的学派之一,其主要代表人物是德国学者恩斯特·恩格尔(Ernst Engel,1821—1896)、卡尔·克尼斯(Karl Knies,1821—1898)、C.G.V.梅尔(C.G.V. Mayer,1841—1925)等。从学术渊源上看,社会统计学派实际上融会了国势学派和政治算术学派的观点,又继承和发扬了凯特勒强调的研究社会现象的传统,并把政府统计和社会调查结合起来,进而形成了自己的观点。该学派的特点在于他们认为统计学是一门社会科学,因而研究目的是查明社会生活中的规律性;研究对象是社会现象,以现象的数量为主,此外包括政治、经济、道德、文化等;研究方法是大量观察法,并强调全面调查;同时,强调把作为一门应用科学的数理统计学的某些分析方法引进社会统计学中。

这些统计学派构成了现代统计学历史上的主体,其不同观点中的科学内容构成了现代统计学的基础。现代统计学正是对上述统计学派的观点进行归纳、提炼和总结的成果,是它们的精华部分。

三、中国统计学发展沿革

中国古代从西周开始,直到鸦片战争以前,经过两千多年的演变,虽有统计之实际,但无统计之专名;虽有片段、分散的统计思想,但没有总结出集中、系统的统计学理论;虽积累了大量的统计资料,但未形成完整的系统。

中国传统的统计贯穿两条主线:一是重视调查研究,二是重视利用数据和有关资料对经济社会问题进行分析。由于重视调查研究,从而总结出了若干有关调查研究的理论和方法;由于重视统计分析,从而引申出了若干统计分析的理论和方法。

自中国接受西方近代的统计思想后,国内的统计形势发生了显著的变化:统计机构独立化了,统计法制专门化了,统计理论系统化了,统计方法条理化了,统计分析多样化了,统计活动广泛化了。但是,这些东西基本来自国外,中国传统的统计思想失去了独立地位。当然,从国外传入的统计理论和方法中,也有不少是中国固有的。例如,统计调查、统计报表、统计分组、统计图表以及统计分析中的结构分析法、强度分析法、平衡分析法等,但当时既未形成系统,也无这些名称。中国近代的统计理论和活动,一直依傍于国外,淡化了中国的色彩。但是在国民政府时期的解放区,调查研究的理论和活动则继承了中国的传统,有了独立的、突出的发展。

从1840年鸦片战争到1949年中华人民共和国成立,中国近代统计理论和统计活动的演变大致可以分为三个阶段:

第一阶段(1840—1911年),开始建立独立的统计机构,从中央到地方,统计机构纷纷成立;颁布了少量专门的统计法规。西方近代的统计方法开始传入中国,改变了中国传统统计工作的面貌;德国旧社会统计学派的统计理论传入了中国,取代了中国传统统计思想的地位。但传统的统计思想依然有所延续,并发挥着一定的作用。

第二阶段(1912—1927年),北洋政府统治时期。继承清末遗制,从中央到地方,成立了更多统计机构,并建立了全国最高统计机关。但统计工作未能统筹全局,仍然分散进行,统计法规很少。数理统计学派的统计理论开始传入中国。

第三阶段(1927—1949年),国民政府统治时期。又可以分为两个时期:一是国民政府统治初期(1927—1931年)。统计机构普遍建立,但未形成系统;统计法规和制度陆续颁发,但无统计的基本法令;大专院校纷纷开设统计课程,但无专门的统计科系;出版了一些统计译著,但比较零星分散;政府统计工作未能取得协调;民间统计活动不多。二是国民政府企图巩固统治时期(1931—1949年)。国民政府设置了主计处统计局,从中央到地方的统计组织开始建立了系统,相继公布了《统计法》及《统计法施行细则》,还颁发了关于调查统计的方案、调查统计的规则、统计机构设置及工作规程等条例,使统计工作逐步走向系统化。大专院校成立了一些专门的统计科系。中国统计学社成立,统计译著出版较多,并由社会统计学派向数理统计学派转变。民间统计活动渐趋活跃。

自新中国成立到20世纪80年代末,统计理论、统计观点、统计方法、统计组织体制和指标体系几乎都是沿用"苏联模式"。进入20世纪90年代后,随着改革开放的不断深入,我国的统计理论和统计实践才开始发生变化,将原先一直使用的物质产品平衡体系进行了重大改革,使国民经济统计的核心指标由原来的社会总产值改为国内生产总值,大大推动了统计实践的其他方面工作的改革和调整。与此相适应,统计理论研究也发生了重大变化,突破了原来的许多理论禁区,在研究范围、方法等方面都取得了重要成果。90年代中期以后,统计理论和实践工作开始与西方直接交流,学习、引进、借鉴、吸收西方的统计理论和方法,极大地丰富并发展了我国的统计理论和实践。

第二节 统计学的性质和特点

一、统计的含义

统计一词一般有三种不同的含义,即统计工作、统计资料和统计学。在实际生活中,提到统计,人们可以从不同角度对它做出不同的解释和理解,比如,"我是搞统计的"指的是统计工作;"据统计"一般是指统计资料;"我学过统计"一般是指统计学。

(一) 统计工作

统计工作,即统计实践活动,是人们为了说明研究对象的某种数量特征和规律性,对客观现象的数量进行搜集、整理和分析的活动过程。常见的统计工作有工业统计工作、农业统计工作、建筑统计工作等。统计工作一般包括统计设计、统计调查、统计整理、统计分析、统计资料的提供和管理等阶段或环节。从事统计工作的人员称为统计工作者,从事统计工作的机构称为统计业务部门。

值得注意的是,统计工作作为一种生产活动,其产品就是各种统计资料,随着统计的社会化、产业化、商品化、国际化的不断推进,统计工作的商品生产性质也将日益突出。

(二) 统计资料

统计资料,或称为统计数据,是通过统计工作所获得的各种有关数字资料以及与之相联系的其他资料的总称。统计资料有多种表现形式,主要有统计表、统计图、统计报告、统计年报、统计年鉴等。其内容包括反映社会经济现象的规模、水平、速度、结构和比例关系、效益、社会供给与需求的平衡状况等。

(三) 统计学

统计学,也称为统计理论,是指系统论述统计工作原理和方法的科学,即系统地论述如何搜集、整理和分析统计资料的理论与方法的科学,是统计工作实践经验的总结和理论的概括,是一门方法论科学。统计学按照研究的领域和研究重点的不同,可以分为许多分支和类型。其中,研究一般理论和方法的科学称为理论统计学,理论统计学一般可分为描述统计学和推断统计学两大类。而应用统计方法研究各领域客观现象的数量规律性的科学称为应用统计学,如国民经济统计学、人口统计学、卫生统计学、商业统计学、工业统计学、农业统计学,等等。社会经济统计学则是关于社会经济现象数量方面的搜集与整理分析的原理、原则和方式方法的科学,按其性质属于应用统计学。

统计的三个含义并不是相互独立、相互排斥的,而是有联系的。统计资料是统计工作的成果,统计工作和统计资料是过程与成果的关系。统计学是统计工作实践经验的总结,统计学源于实践,又高于实践,反过来对统计实践具有很大的指导作用。统计工作要靠统计理论的指导,才能顺利完成、取得准确的统计资料。因此,"统计"一词是统计工作、统计资料和统计学的综合概括,是统计的过程与成果、实践与理论的辩证统一。

二、统计学的研究对象

为了便于国际交流和国际对比,按照"大统计"的构思,统计是认识客观现象(包括社会现象和自然现象)的有力工具。它作为一门独立的社会科学,被列为与经济学、哲学、法学并列的一级学科,从而形成统计学的各种分类,归纳起来可以将统计学分为三个层次:一是起统领作用的理论统计学;二是起承上启下作用的应用统计;三是处于基层的统计实证分析,即运用各种方法分析解决具体问题。

明确一门学科的研究对象,对掌握这门学科的研究方向,推动科学的发展,具有重要意义。统计学最初是以社会现象为其研究对象的。统计的研究对象是统计研究所要认识的客体,这个客体独立存在于人们的主观意识之外。只有明确了研究对象,才可能根据它的性质特点产生相应的研究方法,达到认识对象客体规律性的目的。人们要认识客观世界,就必须调查研究,也就离不开统计活动。统计工作和统计学有认识客观世界这一共同目的,它们的研究对象是一致的。

社会经济统计学的研究对象是社会经济现象总体的数量特征和数量关系,通过这些数量关系反映社会经济现象的规律性。

社会经济现象涉及的内容很广泛。例如,人口、劳动力资源、社会财富、自然资源、社会生产和建设、商品的交换和流通、国民收入分配和国家财政收入、金融、信贷、保险、城乡人民物质生活水平、政治生活、科学技术进步与发展等,都是国民经济和社会发展的总体情况,是社会经济现象的基本数量特征和基本数量关系,构成了我们对社会的基本认识。在社会主义现代化建设过程中,如果不能准确、及时、全面、系统地掌握这些数量及其变化的信息,就不可能有正确的政策与计划,不可能有效地调节和控制,也不可能加强经济管理和经济研究,必然导致决策上的失误和行动上的失败,更谈不上现代化建设。所以,经济越发展,越需要加强统计;经济越搞活,越需要发挥统计的作用。

社会经济统计学虽然不研究自然现象与科学技术本身,但是社会、经济和自然、技术总是存在密切联系从而相互影响的。社会经济统计学也研究自然技术因素对社会生活变化的影响,研究社会生产发展对社会生活自然条件的影响。例如,研究资源条件和技术条件的变化对社会生产、生活的影响程度,研究新技术、新工艺对社会所提供的经济效果,以及研究社会生产的发展引起的自然环境变化,等等。

三、社会经济统计的特点

社会经济统计,就是社会经济统计工作。它是对社会经济现象调查研究的一种实践活动,也是对社会经济现象的一种认识活动。这里所说的调查研究活动就是调查者根据既定的目的,采用一定的方法,自觉、能动地反映客观事物的活动。而对社会经济现象进行调查研究的方法有很多种,社会经济统计仅仅是其中一种。可以说社会经济统计的认识对象不是社会经济现象的全部,而仅是社会经济现象的数量方面。另外,社会经济统计作为一种调查研究活动,具有不同于其他社会经济调查研究活动的特点。社会经济统计的特点如下:

(一) 数量性

社会经济统计是从数量方面认识社会经济现象的科学方法,它运用一系列统计数字资料反映社会经济现象的数量变化。具体包括三方面的内容:

(1) 数量特征,即社会经济现象的规模、大小、水平等。

(2) 数量关系,即社会经济现象的内部结构、比例关系、相关关系等。

(3) 数量界限,即引起社会经济现象质变的数量。例如,要统计国民生产总值,首先要确定国民生产总值的质,在此基础上统计国民生产总值的数量。

统计研究对象的数量性,是统计区别于其他社会经济调查研究活动的根本特征。

但是社会经济统计不是单纯地研究社会经济现象的数量方面,不是抽象的纯数量研究,而是在质与量的密切联系中研究现象的数量方面。它必须以社会经济现象的定性认识为基础,只有对社会经济现象的性质、特点、运动过程有一定的认识,才有可能进行社会经济统计活动。例如,不了解什么是社会商品零售总额,就无法确定它的口径、包括范围和计算方法,也就难以处理许多与之有关的复杂的实际统计问题。

(二) 总体性

社会经济统计研究社会经济现象总体的数量方面。总体是由具有某种相同性质的全体事物所组成。由于社会经济现象具有广泛复杂的联系,加上各部门、各地区、各单位、各层次的情况不同,个别现象具有多样性和特殊性。只有对大量的、全部的、足够多的事件,即现象总体的数量进行统计、综合汇总并加以分析,才能消除那些偶然和特殊因素的影响。可以说,社会经济统计是对社会经济现象总体数量方面的调查研究活动,或者是对社会经济现象总体的定量认识活动。认识总体数量是从对个体的实际表现的认识过渡到对总体的数量表现的认识的,即从个体到总体的过程。例如,物价统计就是从了解每种有关商品的价格变动情况开始,经过系列统计过程才能对物价总体数量变动有所认识。

(三) 具体性与抽象性

社会经济统计研究社会经济现象具体的数量方面,同时也是抽象的数量。统计在质与量的密切联系当中研究具体事物在一定时间、地点条件下的总体数量表现,它总是与现象的质紧密结合在一起。同时它在研究客观世界的空间形式和数量关系时,具有高度的抽象性,可以撇开所研究客体的具体内容。因此,统计在研究社会经济现象的数量方面时,必须紧密联系被研究现象的具体内容,体现其具体性。而撇开所研究客体的具体内容,联系其质的特征进行抽象研究时,体现其抽象性。

(四) 社会性

社会经济统计研究社会经济现象,故具有明显的社会性。社会经济现象是人类社会活动的条件、过程和结果。活动中的具体表现,如生产、分配、交换、消费以及政治、法律等都是人类有意识的社会活动的产物。这种人与人之间的社会关系,总是与物质利益相关的。也就是说,统计的认识对象、资料来源、服务对象是全社会的。同时,统计作为一种调查研究活动,原本应该能够如实反映情况,但实际上这种反映通常会受到人为因素的干扰,比如调查者与被调查者,整体利益与局部利益之间的矛盾,以及大量观察方法的使用,均会涉及各方面的利益关系,都需要社会方方面面的广泛响应、配合、支持和积极参与。这些都是统计具有社会性的具体体现。因此,针对统计这种社会性的特点,为了保证统计能够如实反映社会经济现象的真实方面,在各种调查研究活动过程中认真贯彻实行各种法律法规就显得十分重要。

(五) 广泛性

由于社会经济现象具有广泛复杂的联系,加上各部门、各地区、各单位、各个层次统计的目的不同,因而统计所需调查的范围也十分广泛,称其具有广泛性。

四、统计学的性质

社会经济统计学是一门认识社会经济现象总体数量的方法论科学。这个方法论包括对社会经济现象的认识方法,指导统计活动的原理、原则及统计全过程所应用的核算、分析和组织方法等,它构成社会经济统计学的科学体系,属于社会科学的方法论和应用性学科。应用性学科对研究现象的本质及规律性提供指导原则和方式、方法。

对统计学的性质可以从以下几方面加以说明:

(一)方法论科学适应统计工作实际的发展需要

社会经济统计学根据统计工作的实际需要,从理论上阐述如何进行统计设计、统计调查、统计整理与统计分析,提供研究社会经济现象总体数量方面的原理、原则和方式、方法。它是在统计工作长期实践的基础上,在历史发展过程中不断总结、不断提高、逐渐形成并日臻完善的。社会经济统计学要从社会经济现象总体数量方面研究其变动趋势,而社会经济现象的数量方面既广泛又复杂,这就需要有一定科学方法才能适应统计工作实际的需要。当前,我国现代化建设的形势迫切需要统计科学提供更多的科学理论、统计方法及方法论,以适应市场经济体制下统计工作发展的需要。

(二)统计方法从描述向推断与预测的方向发展

描述统计方法及方法论是对统计总体资料进行调查、整理、加工、汇总、编表制表,计算相对数、平均数、指数、标准差等指标,并将收集的资料进行描述与分析对比。而这些活动都是对已知的经济现象进行描述,是反映社会经济现象的数量特征与数量关系的统计方法。随着社会主义市场经济体制的发展需要,要求统计对大量未知的数量进行推断、估算、预测。而对未知的客观现象数量推断的方法,是从已知推断未知、从局部推断全部的推断方法,描述统计方法已经难以解决社会经济现象间复杂的数量关系以及对未来做出评估与推断。目前,由于经济关系、社会关系包括的随机因素大量增加,社会经济现象之间关系的不确定性增强等因素,更加需要和促使推断统计方法理论的发展与应用。

(三)具有多学科性的统计方法论

统计学作为一门方法论科学,被广泛地应用于研究社会和自然界的各个方面,并发展成为有着许多分支学科的方法论科学,使得统计学发展成为一门多科性的学科家族。而以其研究对象为标志进行分类,统计方法论一般可以分为以下三类:

1. 社会经济统计学

它是在质与量的密切联系中研究社会经济现象总体的数量特征、数量规律及其统计方法,质量并重,既研究确定现象也研究随机现象的统计学方法论科学。

2. 数理统计学

它是以概率论为基础,以抽样为核心,研究随机变量的数量规律的数理统计方法论科学,是专门为科学研究、科学实验和生产管理提供通用方法的方法论科学。

3. 自然科学与应用技术统计学

它是数理统计学与自然科学和应用技术科学相结合的边缘科学,是具有自然科学与技术科学性质的统计方法论。

以上三种统计学都是统计学大家族的成员,而这三种统计方法论在形成与发展当中不断地相互渗透,相互作用,彼此之间既存在共性又有各自的特殊性,既有联系,又有区别,而又不能相互代替。社会经济统计学要吸收并运用数理统计学的方法以充实并完善自己的方法论,以进一步揭示市场经济体制下的统计规律,使社会经济统计学不断走向现代化,发展成为真正的社会经济统计方法论科学。而且,数量统计方法是不可能完全代替社会经济统计方法论的。

五、统计研究方法

根据统计研究对象的特点,人们在长期实践的基础上,总结并形成了一系列特有的方法。统计的方法很多,归纳起来其基本方法有以下五种:

(一) 大量观察法

这是统计活动过程中搜集数据资料阶段(即统计调查阶段)的基本方法,要对所研究现象总体中的足够多数的个体进行观察和研究,以期认识具有规律性的总体数量特征。大量观察法的数理依据是大数定律。大数定律,是指虽然每个个体受偶然因素的影响作用不同而在数量上存有差异,但对总体而言可以相互抵消而呈现出稳定的规律性。因此,只有对足够多数的个体进行观察,观察值的综合结果才会趋向稳定,建立在大量观察法基础上的数据资料才能得出一般的结论。统计学的各种调查方法都属于大量观察法。

在我国统计实践中,大量观察法被广泛运用于组织多种统计调查。例如,各种基本和必要的统计报表、普查、重点调查及抽样调查等,这些都是对总体进行大量观察,以保证从整体上认识事物本质的调查方法。当然,在统计观察和分析中,也常常对个别典型单位进行深入细致的研究,但它的最终目的仍然是说明总体的本质特征。

(二) 统计分组法

统计研究不仅要注意现象的一般性,更要注意其特殊性。注意事物之间的差别和特点,是我们认识事物的基础。由于所研究现象本身的复杂性、差异性及多层次性,因此我们需要对所研究的现象进行分组或分类研究,以期在同质的基础上探求不同组或类之间的差异性。统计分组在整个统计活动过程中都占有重要地位,在统计调查阶段,统计分组法可收集到不同类的资料,并可使抽样调查的样本代表性得以提高(即分层抽样方式);在统计整理阶段,统计分组法可使各种数据资料得到分门别类的加工处理和储存,并为编制分布数列提供基础;在统计分析阶段,统计分组法则可以用来划分现象类型、研究总体内在结构、比较不同类或组之间的差异、分析不同变量之间的相关关系。统计分析中综合指标的应用更是要建立在统计分组的基础之上,没有科学的分组,要制定正确的指标体系是不可能的。

(三)综合指标法

统计研究现象的数量方面的特征是通过统计综合指标来反映的。所谓综合指标,是指用来从总体上反映所研究现象数量特征和数量关系的范畴及其数值,常见的有总量指标、相对指标、平均指标、标志变异指标等。在统计实践中,广泛应用总量指标、相对指标、平均指标等综合指标,从静态上和动态上综合反映与分析现象总体的规模、水平、结构、比例、依存关系等数量特征及数量关系。

综合指标法在统计学,尤其是在社会经济统计学中占有十分重要的地位,是统计学的核心内容之一。如何最真实客观地记录、描述和反映所研究现象的数量特征和数量关系,是统计指标理论研究的一大课题。

(四)统计模型法

在以统计指标来反映所研究现象的数量特征的同时,我们还经常需要对相关现象之间的数量变动关系进行定量研究,以了解某一(些)现象数量变动与另一(些)现象数量变动之间的关系及变动的影响程度。在研究这种数量变动关系时,需要根据具体的研究对象和一定的假定条件,用合适的数学方程进行模拟,这种方法就叫做统计模型法。

(五)统计推断法

统计推断是统计研究的重要内容之一。这种推断是在归纳法的基础上进行的,即从众多个体的差异中,寻求共性、规律性和总体的综合特征。这是一个从个别到一般的认识过程。归纳法所得出的结论,具有一定的必然性,但它却是获取新认识的方法,与根据已知前提去推导结论的演绎法相比,有其不可替代的优点,和一般归纳法相比又有其突出的优势,即推断的或然程度可以预知,且推断的误差程度可以事先控制。统计推断法已在统计研究的许多领域中得到应用,除了最常见的总体指标推断外,统计模型参数的估计和检验、统计预测中时间序列的估计和检验等,也都属于统计推断的范畴,都存在误差和置信度的问题。统计推断法已成为现代统计学的基本方法之一,是扩大统计认识范围、充分发挥统计认识作用的重要手段,也是统计分析方法科学化的重要体现。

上述各种方法之间相互联系、互相配合,共同组成了统计研究的方法体系。

在运用统计研究方法时,还必须注意根据实际情况,按照需要与可能,分别采用不同的统计方法;要善于把多种统计方法结合运用,相互补充。

六、统计学的理论基础和方法论基础

社会经济统计是一门运用统计所特有的方法对大量社会现象的数量方面进行计算与分析的方法论的学科。它概括地总结并将实践经验提高到理论上来,阐明研究社会经济现象的统计方法和社会经济统计活动的规律,并用以指导实践。具体地说,它表明有哪些统计方法可以用来分析研究社会经济现象,应当遵循什么原则,如何搜集资料、加工整理,设置哪些统计指标和指标体系来对社会经济现象进行分析研究。总之,社会经济统计学所研究的是怎样从数量入手,去分析研究社会经济现象的一切统计方法,研究怎样才能提高对社会经济现象的数量方面的认识。虽然它不研究社会经济现象本身及其发展规律,但是丝毫不能脱离社会经济现象及其规律性。否则,统计方法将成为无源之水、无本之木。概率论与数理统计以及其他许多数学方法,应为社会经济统计学广泛吸收,作为研究社会经济现象的重要手段。这些手段适用于什么场合、应用范围多大、作用如何、效果好坏,其评价标准不能离开社会经济现象本身,也不能离开马克思主义的理论分析。因此,马克思主义哲学和政治经济学自然而然地成为社会经济统计学的理论基础和方法论基础。

（一）统计学的理论基础

统计学为统计工作提供科学的理论和方法,所以它必须要有正确的理论基础作为指导。马克思主义是无产阶级世界观、认识论和方法论的完整理论形态,是我国建设社会主义的理论基础。建设具有中国特色的社会主义统计学离不开马克思主义理论的指导。所以统计学必须以马克思主义历史唯物论和政治经济学以及具有中国特色的社会主义理论作为理论基础。它要以历史唯物论关于生产力和生产关系、经济基础和上层建筑相互关系的原理,认识建立社会主义市场经济体制、进一步解放生产力,是我国社会主义改革深化的客观要求和必由之路。而建立社会主义市场经济体制,涉及我国经济基础和上层建筑的许多领域,作为反映经济基础和上层建筑的统计,就要适应改革开放的新形势,发挥统计的整体功能。

社会经济统计是以社会经济现象作为研究对象,所以政治经济学对统计学具有理论上的指导意义。统计学要以政治经济学阐明的社会经济发展规律作为理论基础,在它的指导下,进行统计调查、分组、整理汇总统计资料,进而进行统计分析。设计统计指标与指标体系、确定指标含义、设计统计标准,也应以政治经济学所阐明的经济理论与经济范畴为依据。例如,我国社会、经济、科技统计指标体系及新国民经济核算体系都是在政治经济学理论指导下完成的。统计学还要以有中国特色的社会主义理论为指导,建立与社会主义市场经济体制相适应的包括国民经济核算体

系、统计指标体系、统计调查方法体系等内容的新统计体系,以适应我国统计事业的迅速发展。

（二）统计学的方法论基础

辩证唯物主义是人类认识世界最一般的方法论科学,并为一切科学提供方法论基础。它是认识客观事物发展变化的根本方法。社会经济统计学是研究社会经济现象总体数量特征的一门方法论科学,必须要以马克思辩证唯物论作为方法论基础。以辩证唯物主义为基础,根据统计研究对象的性质与特点,形成统计学专门的研究方法。例如,根据辩证唯物主义存在是第一性、意识是第二性的原理,统计必须从实际出发,尊重客观事实,如实反映情况,抵制在统计数据和信息上虚报、浮夸、瞒报、伪造、篡改统计数据的行为,提高统计数据和信息的质量。根据事物的质与量相互联系、相互制约的原理,在质与量的密切联系中研究数量差异。进行统计分析和统计咨询,要将定性分析与定量分析相结合。另外,根据物质世界是一个有机整体与普遍联系的原理,统计过程要与事物的整体性、系统性紧密联系,设计实用的统计指标及其体系,并制定完整、科学的统计模式,发挥统计整体功能,以树立整体观念、系统观念与联系观念。

数学是统计科学方法的理论根据之一。在统计学中,不少计算公式和模型都是利用数学理论设计的。它在不断地革新,充实并完善统计学的方法论科学。统计学要积极吸收当代系统科学中的系统论、信息论、控制论等新兴学科的观点、方法及其基本原理。电子计算机在发展统计科学方法、认识世界和改造世界方面发挥着巨大作用,从而提高了统计科学的地位。为了完善并充实统计学方法论以适应我国统计工作的现代化,我们要认真研究,不断充实,吸收统计学的最新研究成果和最新技术成就,促使统计科学发展壮大。

第三节 统计工作的基本任务、职能和统计工作过程

一、统计工作的基本任务与职能

（一）统计工作的基本任务

2009年6月27日,第十一届全国人大常委会第九次会议审议通过《关于修改〈中华人民共和国统计法〉的决定》,就统计的职能和基本任务以法律的形式做了明确规定,修订后的《统计法》第二条指出:"统计的基本任务是对经济社会发展情况进行统计调查、统计分析,提供统计资料和统计咨询意见,实行统计监督。"

可见,统计的基本任务主要包括两个方面:一方面是以经济社会发展为统计调查的对象,在对其数量方面进行科学的统计分析的基础上,为党政领导制定政策、各部门编制计划、指导经济和社会发展及进行科学管理提供信息和咨询服务;另一方

面则是对国民经济和社会的运行状态、国家政策、计划的执行情况等进行统计监督。

提供统计资料和咨询意见与实行统计监督，即统计信息服务与统计监督是统计基本任务不可分割的两个方面，没有高质量的统计信息服务，就谈不上统计监督；没有统计监督，统计的信息服务就失去了应有的意义。统计信息服务与统计监督是相辅相成的。

统计信息服务与统计监督都必须借助于统计资料进行。为此，统计工作的基本原则是要求准确、及时、系统、完整地提供统计资料。统计资料必须客观真实地反映情况，只有这样才能在了解国情国力、指导国民经济和社会发展中起到重要的作用。

（二）统计工作的基本职能

社会经济统计是认识社会的一种有力武器，又是实现政治、经济目的，进行国家管理的重要工具。统计要达到认识社会的目的，需要科学的方法和强有力的组织领导。国家统计系统是社会经济统计的主体，是国家管理系统的重要组成部分，它自上而下建立全国性的统计信息网络，担负着对国民经济与社会经济发展情况进行统计调查、统计分析，提供统计资料和统计咨询意见，实行统计监督的任务。随着社会经济的发展、国家管理系统的分工和完善，尤其是社会经济信息对于国家决策、生产管理及社会生活各方面具有重要的地位，国家统计的职能正在逐步扩大。按照现代管理科学的理论，国家管理系统应由科学的决策系统、高效的执行系统、灵敏的信息系统、完备的咨询系统和严密的监督系统组成。国家统计系统作为国家管理系统的重要组成部分，同时兼有信息、咨询、监督三种系统的职能。

1. 信息职能

信息职能是指统计部门根据科学的统计指标体系和统计调查方法，准确、丰富、灵敏、系统地采集、处理、传输、存储和提供大量的以数量描述为基本特征的社会经济信息，而且要及时提供给决策机关，并向全社会发布。

2. 咨询职能

咨询职能是指统计部门利用已经掌握的丰富的统计信息资源，运用科学的分析方法和先进的科学技术，深入开展综合分析与专题研究，并向各级党政领导与各部门提供咨询建议和对策方案。

3. 监督职能

监督职能是指统计部门运用统计手段，根据统计调查与分析，及时、准确地从总体上反映经济、社会和科技现象的数量运行状态，实行全面、系统的定量检查、监测和预警，以促进国民经济按照客观规律的要求，持续、稳定、协调地发展。国家统计局建立宏观经济监测与预警制度，用整套统计指标反映国民经济的运行情况，发现异常情况，及时向国务院提出预警报告，并提供具有量化特征的宏观调控建议。

统计的三大职能是相互联系、相互作用、相辅相成的。统计信息职能是保证统计咨询和监督职能有效发挥的基础，是统计工作的基本职能。统计咨询职能是统计信息职能的延续和深化。而统计监督职能是在信息职能、咨询职能基础上的进一步扩展，并促进统计信息和咨询职能的优化。统计的信息、咨询、监督三大职能，彼此依存，相互联系，彼此制约，相互促进，组成一个有机的整体，并将三种职能凝聚成一个合力，发挥统计的整体功能，以促进统计工作的更快发展。

二、统计认识事物的过程

对社会经济现象的研究活动，也就是对社会经济现象的认识过程。这种认识过程和其他认识活动一样，是一个深化的无止境的过程。统计对事物量的研究是从定性认识开始的，不能脱离事物的质去研究事物的量。在搜集原始资料（统计调查）之前的统计设计阶段，首先要确定研究对象的性质和研究的目的、任务，确定调查对象的范围，规定设计统计指标的名称、指标体系、统计分组方法等，这些定性工作是下一步定量分析的必要准备。

三、统计工作的过程

就一次统计活动来讲，一个完整的统计工作过程一般可分为统计设计、统计调查、统计整理、统计分析、统计资料的提供和管理等五个阶段。

（一）统计设计

统计设计是统计工作过程的第一阶段，它是根据统计研究对象的性质、研究目的，对统计工作各环节和各方面进行的通盘考虑与安排，一般表现为各个具体的设计方案。统计设计最关键的任务是通过对客观现象质的认识来确定对象的范围和反映这一对象范围的指标和指标体系。统计设计的工作成果是统计工作方案，如统计指标体系、统计分类目录、统计调查方案、统计整理方案、统计资料保管和提供等一系列统计方法制度，它们是统计工作的依据。只有在高质量的统计设计方案的指导下，才能科学有序地开展后几个阶段的各项工作。

（二）统计调查

统计调查是统计工作过程的第二个阶段，它是根据统计研究的目的和要求，运用科学的统计调查方法，有计划、有步骤、有组织地向客观实际搜集资料的过程。它是定量认识的起点，也是进一步进行统计资料整理和分析的基础环节。在整个统计工作过程中，统计调查担负着提供原始资料的任务。所有的统计整理和统计分析工作，都必须以统计调查阶段所提供的原始资料为基础。

（三）统计整理

统计整理是统计工作的第三个阶段，它是根据统计研究任务的要求，对统计调查阶段所搜集到的大量原始资料进行加工、归纳、汇总，使其系统化、条理化、科学化，最后形成能够反映现象总体综合特征的统计资料的统计工作过程。它是统计研究的中间环节。统计整理所取得的资料在一定程度上能够反映现实总体的基本数量特征。

（四）统计分析

统计分析是统计工作的第四个阶段，它是采用各种统计分析方法对经过加工整理的大量统计资料进行分析研究，计算各种统计分析指标，从而揭示社会经济现象的基本特征、发展趋势和比例关系，阐明社会经济现象和过程的特征与规律，并根据分析研究结果做出科学的判断、得出结论的统计工作过程。统计分析阶段属于认识的理性阶段，是统计研究的决定性环节。

（五）统计资料的提供和管理

统计资料的开发利用是指充分利用统计信息资源，并对其进行深层次加工，在电子计算机被广泛使用的条件下统计资料能够被多次开发，信息能为社会共享并能多次提供利用，从而使认识成果得以广泛地发挥作用。国家统计部门整理并开发了大量准确、丰富的统计信息，建立了数据库和信息库，并用多种多样的形式提供这些资料与咨询，为各级领导决策及统计监督服务。在当前经济生活中，我们还要广泛动员社会力量开发利用信息资源，实现统计信息社会化，使这些信息成为全民共享的财富。

社会经济统计工作的过程是从统计设计（定性认识）到统计调查和统计整理（定量认识），最后通过统计分析和统计资料的提供与管理达到对于事物的本质及规律的认识（定性认识）的一个有机的工作过程。这种"质—量—质"的认识过程是统计认识的完整过程，也是统计工作的整个过程。

第四节 统计学中的几个基本概念

一、统计总体与总体单位

（一）统计总体

1. 统计总体的概念

所谓总体，是指由客观存在的、具有某种共同性质的许多个别单位所构成的整体。当作为统计研究对象时，就是统计总体。例如，要研究全国工业企业生产经营情况，全国工业企业的集合就是一个统计总体。尽管各个企业的生产经营规模、产品品种、数量等因素千差万别，但从事工业产品生产这一共同性质使所有的工业企业构成一个总体。统计总体是根据一定的研究目的要求所确定的，准确界定总体范围是统计认识社会的前提。

2. 统计总体的基本特征

（1）客观性。客观性是指构成总体的每个单位都是客观存在的事物,作为统计研究对象的总体,既不是抽象的,也不是虚构的,任何主观臆想的东西都不能构成总体。统计总体的客观性是统计研究的基础,只有保证总体的客观性,才能保证搜集到真实的资料。

（2）同质性。同质性是指构成总体的每个单位至少在某一个方面应具有共同性质,这是构成总体的前提条件。尽管总体单位的许多方面各不相同,但作为构成某一总体的一个元素,必须有一个相同性质,而且这一相同性质还必须符合统计研究目的的要求。

（3）大量性。大量性是指构成总体的个别单位必须是大量的,这是由统计研究对象的特点和统计研究的目的所决定的。统计研究的目的在于说明现象总体的数量特征和事物发展变化的规律,由于个别现象往往具有特殊性和偶然性,因而不足以代表和说明总体特征。只有对大量个别现象的数量表现进行综合分析研究,才能反映出总体的本质特征,大量性是构成总体的基本前提。

（4）差异性。差异性也称为变异性,是指总体的各个单位在某一方面必须具有相同性质之外,在其他许多方面是有差别的。

组成总体的四个特征是密切相连的,客观性是统计研究的基础,同质性是组成总体的条件,大量性是统计研究的根本要求,差异性是统计研究的前提和主要内容,四者缺一不可。

（二）总体单位

所谓总体单位,就是构成总体的每一个别事物,简称单位。总体单位是各项调查项目的直接承担者,根据统计研究的目的不同,它可以是一个人、一个企业、一个地区、一台设备等。

（三）总体的分类

按总体是否可以计量,统计总体可分为有限总体与无限总体两类。

有限总体是指总体范围和总体单位都能明确界定,能够准确计算出总体单位总数目的总体。例如,某市医院总体、某校在校学生总体、某工业企业机器设备总体等,都是有限总体。

无限总体是指总体范围和总体单位暂时不能明确界定或因技术手段所限而难以准确计算单位数目总数的总体。例如,连续生产的工业产品总体、一定水面内的鱼苗总体等。

区分有限总体和无限总体,有利于根据不同类型的总体采用不同的调查研究方法。

（四）总体与总体单位之间的关系

总体和总体单位是整体与部分的关系,它们互为存在条件。

总体是界定总体单位的前提条件,总体单位是构成总体的基本元素。没有总体性质的准确界定,就很难确定总体单位的范围,便没有部分;整体是由部分组成的,没有总体单位,总体也就不存在。

同时,总体与总体单位的划分也不是绝对的,具有相对性。随着研究目的的不同,总体和总体单位可以相互转化。同一事物,在一种条件下可以是总体,而在另一种条件下可以是总体单位。

二、统计指标与标志

（一）标志的含义和分类

标志是说明总体单位属性或特征的名称。一个总体单位常常有许多特征,因此可以用许多不同的标志来说明,如性别、民族、年龄等都是标志。企业类型、产品种类、职工人数、利润等也都是标志。

标志按照性质不同可分为品质标志和数量标志两种。

1. 品质标志

品质标志表示事物质的特征,它不能用数值表示,只能用文字表示,如性别、民族、文化程度等。例如,职工的姓名、性别、学历水平等都反映职工的品质属性,属于品质标志。

2. 数量标志

数量标志表示事物的数量特征,它只能用数值表示,如职工的年龄、工资、工龄等反映职工的数量特征,即属于数量标志。数量标志的具体表现即称为标志值。例如,某职工年龄25岁,工龄2年,年收入20 000元,此处的25、2、20 000就是年龄、工龄以及年收入的具体表现,即标志值。

（二）统计指标

1. 指标的含义

统计指标也称为指标,是用来反映总体数量特征的科学概念和具体数值。如国内生产总值、外汇储备总额、进出口贸易总额等。这种含义的指标多用于统计理论研究与统计设计过程中。

2. 指标的构成要素

一个完整的指标必须具备六个要素:指标名称、计算方法、计量单位、时间限制、空间限制和具体数值。例如,2014年5月份,规模以上工业增加值同比实际增长8.8%,比4月份加快0.1个百分点。分三大门类看,5月份,采矿业增加值同比增长4.3%,制造业增长9.9%,电力、热力、燃气及水生产和供应业增长4.6%。

（三）统计指标的分类

1. 按反映内容的不同,可以分为数量指标和质量指标

数量指标是说明现象规模大小、数量多少的统计指标,它反映事物的广度,其特

点之一是指标数值一般随总体范围的大小而增减,如总人口、工资总额、工业企业数量等都属于数量指标。值得注意的是,对数量指标的作用不能绝对化地理解,由于数量与质量的辩证统一,数量指标反映的也都是一定质的量。"国有企业数"这一指标除了说明国有企业的数量之外,也说明了这类企业的经济性质。一般来说,对数量指标必须经过一定的统计分析才能揭示事物质的特征。

质量指标是说明现象数量关系或一般水平的统计指标,它反映事物的深度,其特点是具有抽象性,如性别比例、平均年龄等。这类指标一般是有联系的统计指标相对比而得到的。由于它们能直接说明现象质的状况,所以称为质量指标。

质量指标中的"质量"二字,和通常所讲的"工作质量""产品质量"等概念是有区别的,"质量"包括的范围更广泛。凡是能直接说明总体现象本质与内在的联系,评价事物好坏优劣的统计指标都称为质量指标。质量指标对于统计分析和研究具有非常重要的作用。

数量指标反映事物的广度,是认识和研究客观现象的基础,质量指标反映事物的深度,能够直接说明现象质的特征,把两者结合起来,就能对现象进行比较全面的认识和研究。

2. 按反映时间状况的不同,可以分为时期指标和时点指标

时期指标反映现象在某一时期发展过程的总数量,如一定时期的产品产量、产值、商品销售量、工资总额等。时点指标反映现象在某一时刻(瞬间)上状况的总量,如人口数、企业数、商品库存数等。

时期指标和时点指标各有不同的特点:

(1) 时期指标的数值是连续计数的,它的每一个数值是表示现象在一段时期内发生的总量,如一月的总产值是一月中每天产值的总和;而时点指标的数值是间断计数的,它的每一个数值是表示现象发展到一定时点上所处的水平,如年末的职工人数,是指年初的职工人数经过一年的变动后至年末实有的职工人数。

(2) 时期指标具有累加性,即各期数值相加可以说明现象在较长时期内发生的总量,如一年的总产值是各月产值之和;时点指标不具有累加性,即各时点数值相加是没有意义的。

(3) 时期指标数值的大小受时期长短的制约,如一年的总产值必然大于一月的总产值;而时点指标数值的大小与时点间的间隔长短无直接的关系,如年末的职工人数不一定比某一月末的职工人数多。因此,在应用时期总量指标时,应明确统计数字所属的时期范围。例如,某企业利润额 20 万元,应说明这是哪一时期的利润。而对时点总量指标,则要注意它的时刻特性。例如,某厂 5 月初职工人数 500 人,指的是 4 月 30 日和 5 月 1 日之交的人数,所以它和上月月末人数是同一数字,而 5 月 1 日的人数是 5 月 1 日末的人数,经过 5 月 1 日一整天的变化,已经不一定是 500

人了。

(四) 统计指标与标志的区别和联系

指标与标志既有明显的区别,又有密切的联系。

1. 区别

(1) 说明的对象不同。指标是说明总体特征的,而标志是说明总体单位特征的。

(2) 表示方法不同。标志有不能用数值表示的品质标志与能用数值表示的数量标志两种,而指标都是用数值来表示的。

2. 联系

(1) 许多统计指标的数值是从总体单位的数量标志值汇总而来的。例如,我国钢产量(统计指标)是由我国每一个钢铁产业(总体单位)的钢产量(数量标志)的具体数值汇总而来的。所以,数量标志是统计指标的基础。

(2) 有些统计指标与数量标志之间在一定条件下存在变换关系。由于研究目的不同,原来的统计总体可以变为总体单位,相应的统计指标就变成数量标志。例如,当把某企业作为统计总体时,其产量、职工人数、工资总额就是统计指标,当把该企业作为总体单位时,其产量、职工人数就成了数量标志。

(五) 统计指标体系

每一个统计指标只是从某一个侧面来反映现象的特征,为了完整、系统地认识和研究现象的全面情况,必须把有关的反映各个侧面的统计指标联系起来。若干个统计指标在一定的研究目的下通过一定的联系关系而组成的整体,成为统计指标体系。如反映工业生产成果的统计指标体系,包括工业产品产量统计指标、工业产品品种统计指标以及工业产品质量统计指标。

在统计研究中,统计指标体系比单个的统计指标更具有重要意义。它的广泛存在和被使用是因为:

1. 现象之间客观联系的普遍性

任何社会经济现象的存在和发展都是与其他有关现象的存在和发展相联系的,都是受多种因素影响和制约的;同时每种现象的内部也是由许多种不同类型的部分组成的,这些不同的组成部分之间也是相互联系的。由于现象的本质与规律存在于诸方面的联系之中,统计要从数量方面来认识和研究现象,就必须从客观现象之间的这些联系出发。所以现象之间客观联系的普遍性是产生和运用统计指标体系的客观基础。

2. 同一现象存在多种数量特征

如人口,有数量、性别构成、年龄构成、文化构成、职业构成、城乡构成、地区分布等多种数量特征,这些特征各自从某个侧面说明人口的特征。统计要全面、深刻地认识和研究现象,也就必须要从现象的多种数量特征及其关系上着手。所以同一现象存在多种数量特征是运用统计指标体系的必然要求。

3. 统计指标体系在统计研究中具有重要的作用

利用统计指标体系可以认识现象的全貌和发展的全过程,分析产生各种结果的主要原因,揭示现象的内在矛盾,研究现象之间的联系和发展变化的规律性,并据此对未知的情况进行推算和预测,等等。总之,对任何问题的统计研究都离不开统计指标体系,统计指标体系是全面、正确、深刻认识和研究客观现象的一种有效工具与方法。

三、变异、变量和变量值

统计中的变异是普遍存在的,变异是指标志在总体单位之间的不同具体表现,分为品质变异和数量变异。品质变异指的是品质标志的的变化,如企业所有制的变异、规模的变异等。数量变异简称变量,指的是数量标志的具体变化,如职工人数、企业存货量等的增减变异。客观事物现象的变异是统计分组和统计分析的基础。

变量作为可变的数量标志,其具体表现是变量值,换言之,变量值是可变数量标志的数值表现。例如,企业职工人数就是一个变量,各个企业的职工人数不同。甲企业508人,乙企业237人,丙企业25人,这些都是企业职工人数这个变量的具体数值。要注意区分变量及变量值,如果要求甲、乙、丙三个企业职工人数的平均数,不能说是求三个变量的平均数,而是求三个变量值的平均数。变量值可以是标志的取值即数量标志值,也可以是指标的取值,即指标值。在社会经济统计中,变量包括各种数量标志和全部统计指标,都是以数值表示的,但是不包括品质标志。

变量按其取值是否连续,可以分为连续变量和离散变量两种。连续变量的取值可以是连续不断的,在相邻的两个整数值之间可以存在多个数值,其数值是靠测量或计算来获得的,如身高、体重、总产值、资金、利润等;离散变量的数值则是以整数位断开的,两个相邻的整数值之间不能再进行分割,其数值的取得是靠计数方法获得的,如人数、企业数、机器台数等。

四、流量与存量

流量是指一定时期测算的量。对于流量必须指明时期,具有时间量纲。如消费额是某一时期用于消费而支付的货币流量,产值则是某一时期生产经营活动成果的货币流量。

存量是指一定时点上测算的量。对于存量必须指明时点,不具有时间量纲。如一定时点的人口数、资产与负债、居民存款余额等。

流量和存量相互依存、缺一不可。一般来说,存量是流量的前提和基础,而流量在一定程度上又取决于存量的大小,因为一定时期各种经济流量的沉淀而形成期末经济存量,而经济存量的增加或减少又是经济流量的一种表现形式。同时,存量和流量又是相互转化的。例如,一国或地区的国民财富越多,那么在一定时期内创造的国民收入也越多;国民收入越多,反过来又将使一国或地区的财富也增加。

由此可见,经济流量统计是指对一定时期内发生的经济交易的累计发生额进行的统计,经济存量统计是指对某一特定时点的国民资产以及所承担的债务规模和结构进行的统计。

练习题

一、填空题

1. 一个完整的统计工作过程应包括_____、_____和_____。
2. "统计"一词的三种含义分别为_____、_____和_____。
3. 社会经济统计认识社会时,是一种_____活动过程,它具有以下特点:_____、_____、_____、_____。
4. 标志是说明_____特征的,而指标是说明_____特征的。
5. 凡是客观存在的,在_____基础上结合起来的许多个别事物的整体,称为_____。
6. 统计工作的职能包括_____、_____、_____,其中以_____为主。
7. 工人的年龄、工厂设备的价值,属于_____标志,而工人的性别、设备的种类是_____标志。

二、单项选择题

1. 社会经济统计学是一门(　　)。
   A. 方法论的社会科学　　　　　B. 方法论的自然科学
   C. 实质性的科学　　　　　　　D. 既是方法论又是实质性的科学
2. 要了解某企业职工的文化水平情况,则总体单位是(　　)。
   A. 该企业的全部职工　　　　　B. 该企业每一个职工的文化程度
   C. 该企业的每一个职工　　　　D. 该企业全部职工的平均文化程度
3. 总体与总体单位不是固定不变的,是指(　　)。
   A. 随着客观情况的变化发展,各个总体所包含的总体单位数也是在变动的
   B. 随着人们对客观认识的不同,对总体与总体单位的认识也是有差异的
   C. 随着统计研究目的与任务的不同,总体和总体单位可以相互转化
   D. 客观上存在的不同总体和总体单位之间,总是存在差异
4. 下列标志中,属于数量标志的是(　　)。
   A. 学生性别　　　　　　　　　B. 学生年龄

C．学生专业　　　　　　　　D．学生住址

5．下列标志中,属于品质标志的是(　　)。

A．工人性别　　　　　　　　B．工人年龄

C．工人体重　　　　　　　　D．工人工资

6．下列属于数量指标的有(　　)。

A．劳动生产率　　　　　　　B．废品量

C．单位产品成本　　　　　　D．资金利润率

7．下列属于质量指标的有(　　)。

A．平均工资　　　　　　　　B．工资总额

C．销售总量　　　　　　　　D．上缴利润额

8．标志与指标的区别之一是(　　)。

A．标志说明总体特征的,指标说明总体单位的特征

B．指标说明总体特征的,标志说明总体单位的特征

C．指标说明有限总体特征,标志说明无限总体特征

D．指标说明无限总体特征,标志说明有限总体特征

9．某单位有500名职工,把他们的工资额加起来除以500,则这是(　　)。

A．对500个标志求平均数　　B．对500个变量求平均数

C．对500个变量值求平均数　D．对500个指标求平均数

10．变异是指(　　)。

A．标志的具体表现不同　　　B．标志和指标各不相同

C．总体的指标各不相同　　　D．总体单位的标志各不相同

三、简答题

1．什么是统计？一般有几种理解？

2．为什么说有变异才有统计？

3．什么是标志和指标？两者有何区别与联系？

4．统计研究的基本方法有哪些？

第二章 统计调查

【案例导入】

某学校教务处为了了解本科生计划读研比例,及时为学生提供有效的辅导帮助,随机地在大一、大二、大三在校本科生中抽取男女各 50 人进行调查,调查内容如下:

1. 你的性别是(　　)。

   A. 男　　　　　　　　　B. 女

2. 你的年级是(　　)。

   A. 大一　　　　　　　　B. 大二　　　　　　　　C. 大三

3. 你的专业是(　　)。

4. 你有报考研究生的计划吗?(　　)(若选择 A 答案的同学请继续完成后面的内容)

   A. 有　　　　　　　　　B. 无

5. 你预计复习准备时间为(　　)。

   A. 3 个月以下　　　　　 B. 3 个月到 6 个月

   C. 6 个月到 12 个月　　　D. 12 个月以上

6. 你准备填报的学校为(　　)。

   A. 没想好　　　　　　　B. 本校

   C. 本省的学校　　　　　D. 外省的学校

7. 你觉得最大的困难是(　　)(可多选)。

   A. 时间太紧张　　　　　B. 学习量太大

   C. 没有人指导　　　　　D. 压力太大

8. 你认为学校最需要提供的帮助是(　　)(可多选)。

   A. 考研复习方法的指导　 B. 学习环境的提供

   C. 生活上的帮助　　　　 D. 考研经验介绍

这就是统计调查,也就是使用恰当的方法收集数据、了解情况。

【重点与难点】

本章阐述统计调查的意义、种类、调查方案及调查的各种方法等问题。通过教学,使学生了解统计调查的基本任务和要求,重点掌握统计调查的方法和调查方案的制订。

第一节 统计调查的意义、任务、要求和种类

一、统计调查的意义

统计调查是整个统计工作的基础,是统计汇总、整理、分析研究、推断、估算、预测等工作过程的基础,也是决定整个统计工作质量的重要环节。因为通过统计调查,可以获得有关研究对象的原始资料,后续工作都是根据统计调查的结果进行的。如果统计调查阶段工作做得不好,所得原始资料不准确、不完整,就会使整个统计工作得不出正确的结论,由此可见统计调查对整个统计工作过程的重要意义。

二、统计调查的基本任务和要求

(一) 统计调查的基本任务

统计调查就是按照预定的统计目的和要求,用科学的方法,有计划、有组织、系统地搜集统计资料的过程。通俗地说,统计调查就是统计资料的搜集。因此,统计调查的基本任务就是统计资料的搜集。

(二) 统计调查的要求

统计工作为社会主义现代化服务,首先表现在准确、及时、全面、系统地提供统计资料,作为编制计划、制定政策的依据,同时也从各方面来检查监督计划、政策的贯彻执行情况。因此,对统计调查的要求是准确、及时、全面、系统地搜集统计资料。

统计资料的准确性,就是实事求是地反映客观实际。只有资料准确,才能正确地反映被研究现象的真实状况,用这些资料进行整理和分析才能得出正确的结论。统计资料不真实,必将给我们的各项工作带来不良的影响,甚至造成严重的后果。《中华人民共和国统计法》规定,任何组织、个人提供统计资料都要实事求是,不允许虚报、瞒报,不允许伪造篡改。

统计资料的及时性,就是要在统计调查规定的时间内,尽快地提供规定的调查资料。及时性就是时效性,统计资料不及时就会失去它应有的作用。社会经济情况瞬息万变,如果经济信息不灵敏、不及时,将会失去战机,造成不应有的损失。

统计资料的全面性和系统性,就是要求按统计调查计划的规定,把每个调查单

位应当调查的资料全部搜集齐全,不得遗漏调查单位。系统性,就是要求统计指标系统、完整、自成体系,系统性反映出被研究现象的主要过程和主要方面。

统计资料的准确、及时、全面、系统,是相互结合的,其中最主要的要求是准确、及时。及时离不开准确的要求,而准确又是达到及时的重要途径。要把准和快辩证地统一起来,做到准中求快,快中求准。

三、统计调查的种类

社会经济现象多种多样、纷纭复杂。根据不同的调查对象和调查目的,选择合适的调查方法和组织形式,是统计调查的重要问题。统计调查可以按不同标志分类。

(一) 统计调查根据被研究总体的范围,分为全面调查和非全面调查

全面调查就是对调查对象的全部单位无一例外地进行调查。例如,要了解全国钢产量,就要对所有生产钢的企业进行统计调查;要了解全国人口数量及其详细分布状况,就要对全国的全部人口进行调查。全面调查主要以全面统计报表和普查的方法进行。

非全面调查是对调查对象中的一部分单位进行调查。非全面调查的目的,也是了解现象总体的特征,推算总体数量,了解总体水平、结构、比例等。例如,为了了解某地区的农作物产量,可以抽取一定数量的地块对农作物进行实割实测;为了研究职工生活水平,可以对一定数量的职工家庭收支进行调查;为了掌握钢铁企业的单位产量的消耗,可以对重点大中型钢铁企业进行调查。非全面调查的方法包括重点调查及抽样调查,典型调查虽具有某些特殊性,但作为一种调查方法,也属于非全面调查。

(二) 统计调查按调查登记的时间是否连续,分为经常性调查和一次性调查

经常性调查又称为连续调查,它要求随着被研究现象的变化,连续地进行登记。例如,工厂的产品生产、原材料的投放、燃料和动力的消耗等,必须在观察期内连续登记,然后加总。可见经常性调查是为了观察现象总体发生发展的过程,反映它在一定时期内数量的变化。

一次性调查是间隔一段相当长的时间所做的调查,主要是对总体现象在某一特定时点上的状态进行调查登记。如工业企业的固定资产净值、各种生产设备拥有量、产品生产能力等。这些指标短期内变化不大,不需要连续调查登记。

一次性调查根据调查任务的不同,又分为定期的和不定期的两种。我国政府已明确规定,一般每隔5年或10年进行一次重大国情国力(人口、工业、农业、建筑业、第三产业、基本统计单位等)普查,在两次人口普查中间进行一次人口状况的简易普查。不定期的一次性调查是根据需要临时组织进行的,如残障人士调查、某些问题

的民意调查等。

(三) 统计调查按组织方式的不同,分为统计定期报表和专门调查

统计定期报表是国家统计部门规定一定的调查内容、表式和报告期限,自上而下统一布置,自下而上层层上报的统计调查制度,其目的在于掌握经常变动的国民经济和社会发展情况的基本统计资料。统计定期报表的资料大多来自全面调查,也有一部分来自非全面调查。专门调查是为了研究某种情况或某项问题而专门组织的调查。这类调查不采用定期统计报表制度的组织形式,而采用专门组织的方式调查,包括普查、重点调查、典型调查和抽样调查。

(四) 统计调查按搜集资料方法的不同,分为直接观察法、采访法和报告法

1. 直接观察法

直接观察法是调查人员对调查对象直接进行观察、点数或度量以取得统计资料的方法。如进行农作物预计产量调查时,就是由调查人员亲自参加抽选样本、收割、脱粒、扬晒、称重等工作过程,以取得实际的调查资料。直接观察法可以保证所搜集的资料具有较高的准确性,但所需人力、物力和时间较多,同时,有些社会现象也不能用直接观察法来进行测量。

2. 采访法

采访法就是根据被采访者的答复来搜集资料的方法,它又分为个别访问法、开调查会法和被调查者自填法。

个别访问法是调查人员向被调查者逐一询问以搜集资料的方法。它的优点是,调查人员对调查项目有统一的理解,通过调查人员和被调查者直接接触,能够向被调查者解释问题,帮助他们得出正确答案,还可以随时纠正资料的错误,因而所获得的资料比较可靠和一致。但是这种方法需要花费较多的人力和时间。

开调查会法是为了研究某种专门问题,由调查人员有计划地邀请一些对这种问题熟悉的人进行座谈,通过大家讨论,从中搜集所需要的资料。在调查会上可以及时提问,展开讨论,因而有可能了解问题的实质,取得比较正确的资料,并提出解决问题的办法。

被调查者自填法是把调查表格交给被调查者,由被调查者根据实际情况,按照表中的项目与要求自己填写资料,填好之后由调查人员审核并收回。调查表格如果采取邮寄方式发出和收回,又称为通信法。这种方法比个别访问法节省人力和时间,但被调查者必须具有相当的政治觉悟和文化水平,否则难以保证资料的质量。

3. 报告法

报告法是企业和机关以原始记录、基层台账或有关核算资料为基础,向上级提供统计资料的方法。我国各地区、各部门、各单位所实施的统计报表,就是用这种方法来取得资料的。由于这种方法有原始记录、统计台账或有关核算资料为依据,只

要记录完整可靠,符合制度规定,所获得的资料就有较高的正确性。

第二节 统计调查方案

一、统计调查方案的设计

统计调查方案的设计是根据调查对象和研究目的,对调查工作各个方面与各个环节的通盘考虑和安排。设计好的统计调查方案将贯彻到调查工作的各个阶段,因此,应该认真对待统计调查方案的设计。

二、统计调查方案的内容

（一）确定调查目的

调查目的是决定调查内容和范围的依据。如果目的不明确,一方面调查所得的资料就可能是不需要的或用处很少,浪费了人力、物力和时间;另一方面也可能会在调查提纲中漏掉一些重要的调查项目,不能满足研究工作的需要。

统计调查的目的应该根据党的方针政策和党政领导提出的任务要求来确定。统计工作者应深入钻研党的方针政策,透彻了解党政领导提出的任务,明确所要求调查的目的。

对任何社会经济现象,都可以从不同的目的来研究。例如,对农村经济情况,既可以从农、林、牧、副、渔多种经济的发展来研究,也可以从农产品生产成本来研究,还可以从乡镇企业的发展方面来研究。研究目的不同,调查的项目也就不同。因此,调查目的必须提得明确具体,才能有针对性地制订调查计划,从而提高调查工作的质量。

（二）确定调查对象和调查单位

调查目的明确之后,就要确定调查对象和调查单位。所谓调查对象,就是所要进行统计研究的那些事物的总体,它是由性质上相同的许多单位(个体)所构成的集团,而组成调查总体的单位就是调查单位。确定调查对象和调查单位,就是要确定究竟对哪些社会现象进行统计调查,由谁来具体提供所需要的调查材料。例如,我们的调查目的若是在于取得乡镇企业的产品产量、产值、生产成本等资料,那么所有乡镇企业就是调查对象,而构成乡镇企业这个总体的每一个企业则是调查单位。

调查单位和报告单位是两个不同的概念。调查单位是调查内容的承担者,而报告单位是负责向统计调查机关报告调查内容的单位,两者不一定是同一个单位。例如,小学生健康状况调查的调查单位是每个小学生,报告单位则是每一所小学,两者是不同的。而乡镇企业生产情况调查的调查单位是每一个乡镇企业,报告单位也是每一个乡镇企业,两者是相同的。所以,调查单位和报告单位要根据具体情况来确定。

（三）确定调查项目，拟定调查表式

在调查目的、调查对象、调查单位确定之后，必须确定具体的调查项目。

调查项目就是所要调查的具体内容，是统计调查的核心部分，完全由调查对象的性质、调查的目的和任务决定，主要包括调查单位所须登记的标志和指标及其他附加情况。例如，2010年第六次全国人口普查根据调查项目拟定了人口增长、家庭户人口、性别构成、年龄构成、民族构成、受教育程度、城乡人口、人口的流动性八个方面的调查项目。统计调查就是按照调查项目去登记、搜集调查单位的材料。拟定调查项目要以统计设计阶段所确定的统计指标为依据，并注意以下几点：

（1）拟定调查项目应依据调查目的、要求和调查对象本身的特点，有针对性地提出必需的项目。调查项目要少而精，只列入为实现调查目的所必需的项目，否则会造成调查工作的浪费。

（2）应本着需要与可能的原则，只列出能够取得确切答案的项目。对所列项目的提法要含义确切、具体，有些项目要加以解释、规定统一的标准。

（3）各个调查项目之间，应相互联系、彼此衔接，以便于检查核对答案的准确性，了解现象发生变化的原因、条件和后果。

（4）要明确规定调查项目的答案形式，如是否式、文字式、数字式等。有的项目可拟定为选择式，例如文化程度就可分为大学毕业、大学肄业或在校学生、高中、初中、小学、识些字、不识字几栏，被调查者可根据自身实际情况选择。注意本次调查项目与过去同类调查项目间的衔接，以便于动态比较。

列出调查项目的表格形式就是调查表。调查表从形式上看，一般有单一表和一览表两种。单一表是指一份表上只登记一个调查单位的调查表。如果调查项目比较多，或者既是调查单位又是报告单位时，则可采用单一表，如表2-1所示。单一表的优点在于可容纳较多的标志，适用于较详细的调查。

表2-1　第六次全国人口普查百岁以上老人登记卡

姓名	性别	出生年月日	周岁	民族	文化程度	退休前职业

住址	
健康状况	
生活简历	
长寿经验	
家庭基本情况	
生育状况 （妇女填报）	生育过（活产）＿＿＿人 其中：男＿＿＿人，女＿＿＿人	备注	

一览表是指在一份表上登记若干个调查单位的调查表,适用于调查项目不多的调查。其优点是各调查单位的共同事项只登记一次,可节省人力、物力、财力、时间。调查表的设计必须科学,调查项目的排列应注意逻辑次序,表后附填表说明和指标解释。

调查表亦称为调查问卷,是以问题的形式系统地记载调查内容的一种印件。调查问卷可以是表格式、卡片式或簿记式。设计调查问卷是询问调查的关键。调查问卷设计质量的高低会直接影响到调查结果的好坏。因此,在设计调查问卷时应遵循一定的原则和程序,运用一定的技巧。

1. 调查问卷的设计原则

(1) 主题明确。根据所要调查的主题,联系实际拟题,明确提出问题,突出重点,避免模棱两可的问题。

(2) 结构合理。问题的排列次序应与答题者的逻辑思维程序相符,先易后难、先具体后抽象。

(3) 内容通俗易懂。问卷整体应让人一目了然,尽量避免使用专业术语,不需调查者进行过多的思考。注意用词语气,尽量增加亲和力。尽量避免主观性和暗示性问题,对敏感性问题要注意提问技巧。

(4) 时间长度适中。调查问卷的时间设置不宜过短或过长,尽量保持长度适中。

2. 调查问卷的设计程序

(1) 确定主题并搜集相关资料。根据调查目的的要求,确定调查主题,研究调查内容,明确调查范围,搜集相关调查资料。

(2) 分析调查对象特征。分析了解各类调查对象的社会阶层、社会环境、行为规范、观念习俗等社会特征;需求动机、潜在欲望等心理特征;理解能力、文化程度、知识水平等学识特征,以便针对其特征来拟定问题。

(3) 拟定并编排问题。首先针对各项资料拟定合适的提问句型,所列问题一开始尽量详细,随后对问题进行认真检查与筛选。

(4) 进行试问试答。问卷设计者可自己站在被调查者的立场上进行自问自答,思考所提问题是否合理、符合逻辑等。也可提前小范围内请其他人试答调查问卷,获得反馈并进行修改。

(5) 确定调查问卷。根据试答情况进行修改,再试答,再修改,直到完全合格后定稿。

3. 调查问卷的设计结构

调查问卷一般由卷首语(开场白)、正文和结尾三个部分构成。

(1) 卷首语。调查问卷的卷首语或开场白是致被调查者的信或问候语。其内容一般包括称呼,调查人的身份背景,调查的内容、目的及填写方法,调查的意义、所需作答时间,替被调查者保守秘密的声明、真诚感谢等。卷首语的语气应亲切、诚恳。语言简明扼要,切忌啰唆。

（2）正文。调查问卷的正文一般包括三个部分。具体来说,第一部分是了解被调查者最一般的问题,这些问题具有普遍适用性,无须过多思考便能回答。第二部分是与调查主题相关的内容,这部分内容结构安排应合理,循序渐进,符合一定的逻辑。第三部分的内容会涉及敏感性及态度性的问题(如被调查者的经济收入状况等),应注意提问的技巧。

（3）结尾。调查问卷的结尾可加上一两道开放式问题,便于被调查者自由发表意见。接着可重申对被调查者的配合的感谢。一般调查问卷最后可附上调查情况记录,包括调查人员的姓名或编号,受访者的姓名、地址及联系方式,问卷编号等。

（四）确定调查时间和调查期限

调查时间是指调查资料所属的时间,即调查资料所反映的社会经济现象客观存在的时间。如果调查的是时期指标,调查时间就是调查资料所反映的社会经济过程的起运日期；如果调查的是时点现象,调查时间就是统计资料所反映的社会经济现象的规定时点。

调查期限是指调查工作所需要的工作时间。例如,工业生产月报规定基层单位填写时间为次月 2 日,那么其调查时间是报告期的那一个月,调查工作期限为报告的次月 1 日至 2 日的 2 天时间；第一次至第四次人口普查规定 7 月 1 日 0 时为标准时点,要求普查登记在 7 月 10 日以前完成,那么调查时间便是 7 月 1 日 0 时,调查工作期限便是 7 月 1 日至 10 日的 10 天时间。一般说来,任何调查都应当在保证准确性的前提下尽可能缩短调查工作期限,以保证统计资料的及时性。调查时间则需要根据调查目的、调查对象、调查内容等情况,审慎地研究确定。

（五）制订调查的组织实施工作计划

调查的组织实施计划包括如下内容:调查工作的组织领导机构和调查人员的组成；调查的方式方法；调查工作规则和流程；调查准备工作,包括宣传、人员培训、文件印刷及试点工作等；资料的汇总方法及报送资料的办法；经费预算和开支办法；公布调查资料的方式和时间；等等。

（六）选择调查方法

统计调查方法很多,主要有普查、统计报表、重点调查、典型调查、抽样调查等。统计调查方法的选择在很大程度上取决于调查对象的状况、对调查的要求和调查的条件。

第三节 统计调查方法

一、普查

(一) 普查的概念和特点

普查是国家为了详细了解某项重要的国情国力而专门组织的一次性的全面统计调查。它既可提供基本统计信息,又可为各种抽样调查提供抽样框,因此在统计调查方法体系中处于基础地位。普查的规模大、任务重、质量要求高,需要由各级政府动员各方面的力量配合进行。

普查具有两个主要特点:

(1) 普查比任何其他调查方式所掌握的资料都更全面、更系统。例如,1985 年的第二次全国工业普查,对全国乡及乡以上全部工业企业进行详细调查,大中型企业调查指标达数百个(小型企业较少),包括工业生产的全部要素(劳动力、劳动工具、劳动对象),包括从投入到产出的全过程,包括经济活动的各个方面(产、供、销、人、财、物),并对行业、设备、原材料、产品等做了统一的详细分类。这次普查资料,仅国家一级就出版了 42 册,合计 2.3 万页,并建立了大型工业统计数据库,为指导我国工业建设提供了空前全面、准确而丰富的资料。

(2) 普查主要调查一定时点上的社会经济总体现象的数量。这些数量或是由于较短时间内变化不大,不需要连续观察,或是由于情况复杂难以定期统计,因而在相隔较长一段时间后做一次全面调查。

从普查的上述特点可以看出,普查和定期全面统计报表制度虽然都属于全面调查,但两者不能相互代替,定期全面统计报表制度不能取代像普查那样内容详尽、分类细致的统计资料;普查则由于耗费人力、物力、时间较多而不能像定期全面统计报表制度那样经常举行。

(二) 普查的组织

普查的组织形式有两种:一种是从上至下组织专门的普查机构,并配备一定数量的普查人员,对调查单位直接进行登记,如人口普查、经济普查、农业普查等采用的就是这种形式;另一种是利用调查单位的原始记录和日常核算资料,由调查单位自行填报调查表,如物资库存普查、商品库存普查常采用这种形式。

普查内容全面、单位多、涉及面广、工作量大、时间性强,要求集中领导统一行动,因此组织普查应遵守以下原则:

(1) 定一个统一的调查时点,即确定对被调查现象进行登记时所依据的统一时点。有一个统一的标准时点,才能避免搜集的资料因为自然变动或机械变动而产生重复和遗漏现象。

（2）要有统一的普查期限。整个普查范围内的调查登记工作要同时进行，在方法上和步调上保持一致，并力求在短时间内完成，以保证调查材料的时效性。

（3）普查内容必须一致。普查项目一经确定，不得任意更改或增减，同类普查内容各次普查应尽可能保持一致，便于对资料进行比较分析。

二、统计报表

（一）统计报表的概念和特点

统计报表是按照国家统一规定的表格形式、指标项目，统一的报送程序和报送时间，定期向国家和各级领导机关提供基本统计资料的一种统计调查方法。

统计报表同其他统计调查方法相比具有以下特点：

（1）由于统计报表具有统一的指标内容、口径范围、表格形式以及报送程序和报送时间，保证了调查资料的统一性、及时性和连续性。

（2）由于在调查进行之前已经把定期统计报表作为一种制度布置到基层单位，要求基层单位根据规定的要求建立原始记录和台账。只要基层单位认真按照执行，调查资料的来源就有了可靠的基础。

（3）定期统计报表从基层单位填报以后，经所在地区、所属部门的统计机构逐级整理上报，它的数字可以满足乡、县、地（市）、省和中央各级政府及其部门及时掌握统计信息的需要。

（4）新的统计报表按照统一规定的基层调查单位设计不同行业的一套表，统一组织向基层采集信息，调查内容打破所有专业分工界限，兼顾各有关专业统计的需要，避免相互重复交叉调查的状况。

（二）统计报表的种类

统计报表从不同的角度观察，有如下不同的分类：

1. 按调查范围不同分为全面统计报表和非全面统计报表

全面统计报表要求调查对象的每个调查单位都要填报。非全面统计报表只要求调查对象的一部分调查单位填报。

2. 按报送周期长短不同分为日报、旬报、月报、季报、半年报、年报等

各种报表报送周期长短与指标的繁简有密切的联系。一般地，报送周期短的，要求内容简要；报送周期长的，指标可以多一些，详细一些。年报的周期最长，因此内容比较详细。同时，报送周期短的强调及时性、准确性。如工业月报可以不包括非独立核算单位的工业产值，而工业年报则必须包括这部分产值，同时对月报中独立核算单位的累计产值也可以核实调整，以提高数字的准确性。

3. 按填报单位的不同分为基层报表与综合报表

基层报表是企业以及事业行政单位填报的报表。企业是自主经营、自负盈亏的法人实体和市场竞争主体，事业行政单位也是独立核算、具有法人资格的经济组织，

它们构成国民经济最基本的细胞。基层报表按照国民经济主要行业中的基层单位分为农林牧渔业企业、工业企业、建筑企业、交通企业、商业(含外贸、物资供应)及饮食业企业、服务企业、事业行政单位七套。

综合报表是以基层报表为基础,并广泛运用各业务部门的资料,灵活采用多种调查和推算方法填报,具体由主管部门或统计部门综合汇总境报。按照国民经济宏观管理的要求,分别拟订了农业、工业、建筑业、运输邮电业、商业、饮食业、服务业、行政事业、物资、劳动、固定资产投资等综合报表。

(三)统计报表的基础工作

统计报表的资料来源于基层调查单位的原始记录和统计台账。要保证统计报表资料的质量,建立健全基层调查单位原始记录和统计台账,是完善基层单位基本统计核算的重要基础。

1. 原始记录

原始记录是基层企业、事业单位以一定的表格形式,对各项生产经营或业务管理过程和成果所做的第一次记录,是未经任何加工整理的初级材料。原始记录在基层单位中广泛实行,哪里有生产经营活动,哪里就有原始记录。例如,工业企业的产品产量、质量记录,工人的出勤记录,原材料、燃料、动力消耗记录,成品、半成品出入库记录,商品销售记录,等等。

原始记录的种类、内容和格式均无统一的规定,一般由基层单位根据生产、经营的具体活动特点设置。但是原始记录均应具备三个基本要素:(1)时间,即生产经营活动发生的具体时间;(2)项目,即生产经营活动的具体内容,如某车间工人生产的某产品;(3)数量,即实际完成生产经营的数量。

原始记录涉及基层单位的生产、经营、管理等各方面的工作,具有记录范围的广泛性、记录内容的规定性、记录时间的经常性、记录工作的群众性等特点。因此,原始记录的设置必须从企业实际生产和管理需要出发,统筹兼顾统计核算、会计核算和业务核算的需要,把三种核算有机地结合起来,避免各搞一套,互相重复,彼此矛盾。在内容上要简明扼要、通俗易懂,便于群众参加管理和监督。

2. 统计台账

统计台账是统计资料整理和积累的一种重要形式,它是以原始记录为基础,按照各种报表和统计核算工作的要求,用一定的表格形式,将分散的原始记录资料,按时间先后顺序集中登录汇总的一种账册。

统计台账以广泛的原始记录资料为依据,因此具有综合性、分项性、系统性和连续性的特点。统计台账的作用是:(1)为编制统计报表做好准备工作,有利于提高统计报表的及时性和统计资料的时效性;(2)便于核算和核对各期统计资料的准确性,随时集中过录各项原始记录资料,便于前后对照,检查资料的准确程度;(3)是积累历史资料的有效工具,经常将原始记录和统计报表有关指标资料进行系统整理和汇总,保持统计资料系统化、条理化、档案化,避免统计资料的散失。

统计台账种类很多,应根据企事业单位的生产经营管理和核算工作的要求进行设置。统计台账是统计工作中的一项基础工作,各基层企事业单位都应尽量设置简明可行的统计台账,并力求做到统计资料台账化,统计台账规范化。

三、重点调查

重点调查是在调查对象中选择一部分重点单位进行调查的方法。所选择的重点单位虽然只是全部单位的一小部分,但它的主要标志的总量在总体的标志总量中占绝大部分比重。例如,对为数不多的大型钢铁企业进行调查,即可对全国钢铁产品的品种、质量等变化情况做出基本分析;又如,对32个大中城市的消费品价格变化进行调查,可以及时了解全国城市消费品价格变动的基本趋势。

重点调查能以较少的投入、较快的速度取得某些标志的主要情况或基本趋势。它可以用于不定期的一次性调查,也可用于经常的连续性调查。

在什么情况下采用重点调查的方法,取决于调查的目的和调查对象的特点。一般来说,当调查目的只要求了解发展趋势、水平或比例,不要求掌握全面数据,而少数重点单位又能反映所需要的数值时,可以采用这种调查方法。

重点调查的关键是确定重点单位,重点单位选多选少,要根据调查任务而定。一般说来,选出的单位应尽可能少些,而其标志值在总体中所占的比重应该尽可能大些。选中的单位经济管理应比较健全,统计基础工作扎实,这样才能取得准确、及时的统计资料。

四、典型调查

典型调查是一种专门组织的非全面调查。它是根据调查目的,在对所研究的对象进行初步分析的基础上,有意识地选取若干具有代表性的单位进行调查和研究,借以认识事物发展变化的本质及其规律性的方法。

典型调查大体上可以分为两种:一种是对个别典型单位所进行的调查和研究,即"解剖麻雀"式的典型调查,这是一般调查研究中采用的方法,在统计工作中也有必要应用这种典型调查。它的目的主要是通过对典型的调查来说明事物的一般情况或事物发展的一般规律。另一种则是采取划类选典型的方法。在了解总体大概情况的基础上,把总体分成一些类型,从每一种类型中按其在总体中所占比例的大小,选出一些类型单位形成一个总体。通过对这些典型总体的观察,从数量上推算整个总体。当然,这种推算是无法计算误差的,推算的结果只是比较粗略的估计。

典型调查具有从调查对象中有意识地选择少数具有代表性的单位进行调查的

特点,因此对问题的研究可以更深入、更细致。它既可以搜集到有关的数字资料,又可以了解到生动、具体的情况,同时所需的人力和物力也比较少,因此是一种比较灵活、简便的调查方法。

五、抽样调查

抽样调查是根据概率理论,按照随机原则,从调查对象中抽取一部分单位进行观察,并据以推断总体指标数值的一种非全面调查方法。这种调查方法在市场经济条件下对复杂多变的调查对象做调查,具有无可比拟的优越性,已成为世界上大多数国家普遍采用的方法。随着我国市场经济的发展,已基本确立了抽样调查在统计调查方法体系中的主体地位。

抽样调查具有广泛的适用性,归纳起来主要适用于下列情况:(1) 当被研究的对象为无限总体(如大气的污染程度、水源的污染程度、森林中的木材积蓄量调查等)时;(2) 当被研究的对象不可能或不必要进行全面调查,却又需要有全面资料(如破坏性或消耗性产品质量检验、商品需求调查、城市中每一户居民的收入和支出调查等)时;(3) 对全面调查资料进行检查、修正和补充。采用抽样调查可以节省人力、物力和时间,是非全面调查中最完善、最有科学根据的调查方法。

(一) 抽样法的意义和特点

在经济与商务活动全球化的时代,信息流动的容量和频率空前增加。企业决策者必须能够有效地利用所获得的有限信息对商务活动的各个方面做出相对准确的评判。比如,某品牌的空调供应商进行市场调研,以确定特价销售的促销方式能否有效地提高该品牌的市场份额。当然,他们只能通过调研收集的非常有限的市场销售数据来判断其空调在国内市场或某地区市场占有份额的变化。而这样的市场调研活动实际上就是统计学中抽样法的直接应用。统计抽样法是统计研究中的一种重要方法,包括抽样调查和抽样推断两部分。这里所说的抽样调查是指按照随机原则从全部研究对象中抽取部分单位进行观察,获得各项数据。而抽样推断则是进一步运用数理统计的原理,根据抽样调查的数据,对全体研究对象的数量特征做出具有一定可靠程度的估计和判断,以达到对现象总体的认识。所以简单地说,抽样法就是根据抽样的非全面调查资料来推断总体情况的一种统计研究方法。

抽样法归纳起来有如下几个特点:

1. 抽样调查是由部分推断总体的一种研究方法

统计研究的目的是认识现象总体的数量特征,但并不是所有的社会经济现象都可能进行全面调查来达到这种认识。在许多情况下我们只能对总体的部分单位组织调查,而在认识上又必须对总体的数量特征做出估计和判断。这里就存在统计研究上的部分依据和总体认识的矛盾,这种矛盾在现实中大量存在。例如,航空公司要了解国庆黄金周期间出游的游客数量,但不可能对每一位乘客进行调查;又比如,种子公司要了解某品种种子的发芽率,也不可能对所有种子都进行催芽试验。如果在方法上不能解决这个问题,那么统计的认识活动就要受到限制,统计科学也很难得到发展。抽样法解决了这个矛盾,它科学地论证了样本指标和相应的总体参数之间存在内在的联系,而且两者的误差分布也有规律可循。这就提供了从实际调查所得到的部分信息来推断总体数量特征的方法,因而大大提高了统计分析的认识能力和预见性。

2. 抽样调查是建立在随机取样基础上的方法

抽样法是按照随机原则抽取样本单位为前提的。所谓随机原则,就是总体中样本单位的中选不受主观因素的影响,每个单位都保证有相等的中选可能性。坚持随机原则的最主要特点是总体各单位有相等的中选机会,从而就有更大的可能性使所抽取的样本结构和总体结构相类似,因而这样的样本对被估计的总体有更大的代表性,抽样的误差也就小了。而且在随机抽样原则下,样本指标的分布可以加以描述,从而抽样误差的范围可以加以估计,而计算抽样误差又是抽样推断的基础,这也是其他抽样原则所办不到的。

3. 抽样调查是运用概率估计的方法

用部分关于总体的数据来估计总体的整体特征毕竟不可能100%可信,所以我们必须知道推断的可信程度有多大。实际上,利用样本指标来估计总体特征是运用不确定的概率估计法,而不是运用确定的函数分析法。因为样本数据和总体参数之间并不存在严格对应的自变量和因变量的关系,它不能利用一定的函数关系来推算总体参数。抽样推断原则上把由样本观察值所决定的统计量(或样本指标)看作随机事件,在实践中抽取一个样本,并计算样本指标作为相应总体指标的估计数,接着需要研究的问题便是用这样的样本指标来代表相应的总体指标可靠程度究竟有多大,这就是概率估计所要解决的问题。

4. 抽样推断的误差可以事先计算并加以控制

抽样估计虽然也存在一定误差,但与其他统计估算不同,抽样误差范围可以事先通过有关资料加以计算,并且能够采取一定的组织措施来控制这个误差范围,保证抽样推断的结果达到一定的可靠程度。换句话说,抽样调查就是根据事先给定的误差允许范围进行设计的,抽样推断则是具有一定概率保证程度的估计和判断。

(二) 抽样法的作用

由于抽样法具有许多优越性,例如节省人力、费用,提高调查的经济效果;节省时间,提高调查的时效性;可以增加调查项目,取得比较详细的资料,而且能提高统计资料的准确可靠程度。所以抽样推断在社会经济统计中应用广泛,发挥着多方面的作用。

1. 无法或很难进行全面调查时可应用抽样法了解全面情况

在无法或很难进行全面调查的场合下，对于无限总体就不可能进行全面调查，例如要研究某型号炮弹的平均射程，就不是指特定几发炮弹的射程，而是指所有可能发射炮弹的平均射程，从理论上说应该有无限发炮弹，相应射程也就有无限种取值，这种无限总体自然无法进行全面调查，只能从试验的几次射程来推算一般平均射程。

2. 应用抽样法可对全面调查的结果加以补充

许多社会经济现象虽然可以全面调查，但同时开展抽样调查，把两者结合起来应用也具有重要的意义。由于抽样调查范围小，可以多调查一些项目，或从事某项更深入的专题研究，以弥补全面调查的不足。例如一些国家的人口调查，每隔十年进行一次项目比较简单的"短表"普查，同时每两三年进行一次内容比较详细的"长表"抽样调查，这样不论在内容上还是在时间上都得到相互补充。

3. 抽样法应用于生产过程中产品质量的检查和控制

抽样法不仅应用于对现象结果的核算和估计，而且在生产过程中起经常性检查和控制作用。例如，工业生产的产品质量控制就是利用抽样检查，来观察生产工艺过程是否正常，是否存在某些系统性的偏误，并及时提供有关信息，分析可能的原因，便于采取措施、防止损失。

4. 运用抽样法可对总体的某种假设进行检验

运用抽样法可以对总体的某种假设进行检验，来判断这种假设的真伪，决定行动的取舍。例如，工厂设计某种新工艺或新配方推广后是否有显著性的效果，可以先做出某种假设，并确定接受或拒绝的标准；然后应用抽样调查的方法，进行抽样判断，加以检验，并在行动上做出抉择。这就是抽样法在决策上的应用。

练习题

一、单项选择题

1. 第六次全国人口普查于 2010 年 11 月 1 日进行，其中调查单位是(　　)。
   A. 全国人口　　B. 每一个人　　C. 每一户　　D. 工人工资

2. 对百货商店工作人员进行普查，调查对象是(　　)。
   A. 各百货商店　　　　　　B. 各百货商店的全体工作人员
   C. 某一个百货商店　　　　D. 每位工作人员

3. 某城市拟对占全市储蓄额 4/5 的几个大储蓄所进行调查，以了解全市储蓄的一般情况，则这种调查方式是(　　)。
   A. 普查　　B. 典型调查　　C. 抽样调查　　D. 重点调查

4. 有意识地选择三个农村点调查农民收入情况，这种调查方式属于(　　)。

A．重点调查　　　B．普查　　　C．抽样调查　　　D．典型调查

5．统计报表大多属于(　　)。

A．一次性全面调查　　　　　B．经常性全面调查

C．经常性非全面调查　　　　D．一次性非全面调查

6．区别重点调查和典型调查的标志是(　　)。

A．调查单位数目不同　　　　B．搜集资料方法不同

C．确定调查单位标准不同　　D．确定调查单位目的不同

7．问卷法属于(　　)。

A．直接观察法　　B．询问法　　C．报告法　　D．一次性调查

8．第六次全国人口普查的标准时点为2010年11月1日0点,11月1日调查员在各家调查时,得知王家10月31日23点38分生了一个小孩,过了半小时李家也生了一个小孩,则这两个小孩如何登记？(　　)。

A．两家小孩均应登记　　　　C．王家的小孩应登记,李家小孩不应登记

B．两家小孩均不应登记　　　D．王家小孩不应登记,李家小孩应登记

二、判断题

1．统计调查人员以调查表或有关材料为依据,逐项向调查者询问有关情况,并将结果记录下来,这种统计调查方法是直接观察法。(　　)

2．统计调查中,调查单位与填报单位是一致的。(　　)

3．调查时间是指调查工作所需的时间。(　　)

4．各种调查方式结合运用,容易造成重复劳动,故不宜提倡。(　　)

5．调查对象就是统计总体,而统计总体不都是调查对象。(　　)

6．对变化较大、变动较快的现象应采用经常性调查来取得资料。(　　)

7．调查问卷的信度,是指通过对调查问卷的使用,使得到的信息资料对企业的决策和其他研究问题的有用程度。(　　)

8．在特殊情况下,调查问卷上所拟答案有时也可以重复和相互交叉。(　　)

三、简答题

1．重点调查、典型调查、抽样调查有什么相同点和不同点？

2．调查单位与填报单位有何区别与联系？

3．某工业企业为了解本企业工人的文化程度,进一步加强工人业余文化技术学习,于2014年12月28日向所属各车间下发调查表,要求填报2014年年底所有工人的性别、姓名、年龄、工龄、工种、技术等级、现有文化程度七个项目。

(1) 上述调查属于什么调查？

(2) 调查对象、调查单位、填报单位各是什么？

(3) 具体指明调查时间。

第三章 统计整理

【案例导入】

第二章章首的调查案例共发放调查表格300份,回收292份,其中有效表格265份,现将各年级回收有效表格具体情况整理如下:

年级	男生	女生
大一	47	44
大二	42	48
大三	38	46
合计	127	138

这就是统计整理,它将统计调查得到的零星分散的个体资料变为一目了然的说明总体资料。

【重点与难点】

统计整理是统计工作过程中的中间环节,它既是统计调查的继续,又是统计分析的前提。通过本章的学习,要求学生一般了解统计整理的概念和内容、统计分组、分配数列及统计表等概念和内容,重点掌握统计分组的方法,在分组的基础上进行次数分配数列的编制,并学会用统计表来表示统计资料。

第一节 统计整理的概念和内容

一、统计整理的概念

统计整理是统计工作的第三阶段,是进行统计分析工作的前提,是根据统计研究任务的要求,对统计调查阶段所搜集到的统计资料进行加工汇总、再加工,使其系统化、条理化、科学化,从而得出反映事物总体特征的综合资料的工作过程。

统计调查搜集到的大量原始资料是分散的、不系统的,所反映的问题常常是事物的表面现象,不能揭示事物的本质特征,也不能反映事物发展变化的规律性,因此需要对原始资料进行科学的整理,以揭示事物的本质特征和发展规律。

统计整理是统计工作中一个十分重要的中间环节,是统计调查的继续,是统计分析的基础和前提,在统计工作中起着承前启后的作用,其工作质量的好坏会直接影响到对社会经济现象总体数量描述的准确性和统计分析的真实性,是人们对社会经济现象从感性认识上升到理性认识的过渡阶段。

二、统计资料整理的主要内容和步骤

（一）统计资料的审核

在统计整理之前,必须对原始资料进行认真的审核与检查,主要是审核原始资料的及时性、完整性和准确性;检查所有被调查单位的资料是否齐全,有无差错,并对差错进行查询和订正。资料的及时性,主要是检查资料是否按时上报;资料的完整性,主要是检查被调查单位的资料是否齐全,是否按规定的份数、项目等上报;而资料的准确性,是审查原始资料是否真实、可靠,审查原始资料是否符合逻辑、有关项目之间或指标之间是否有矛盾,以及检查资料的计算单位、计算方法、计算结果等是否有误。

（二）统计资料的分组和汇总

对经过审核的原始资料,根据统计研究的目的和要求,划分为若干类别或部分,并对个体资料加以归类,汇总计算各组和总体的总数。统计分组和汇总是统计整理的中心工作。

（三）编制统计图表

编制统计图表是指以简明扼要的表格或图形表达统计资料汇总的结果,是整理统计资料的重要工具。

第二节 统计分组

一、统计分组的概念

统计分组,是指根据统计研究的目的和要求,按照某个或某几个标志,将总体单位划分为若干性质不同的组的一种统计方法。其目的是把同质总体中的具有不同性质的单位分开,把性质相同的单位合在一起,使组与组之间有较明显的差异,而同一组内各单位的差异尽可能小,以便进一步运用各种统计方法,研究现象的数量特征,从而正确认识事物的本质以及规律性。例如,把某高校的全校教师分为助教、讲

师、副教授和教授四组,组与组之间的教师在职称上存在差异,而同一组内的教师则具有相同的职称。

二、统计分组的作用

(一) 划分现象的类型

社会经济现象存在复杂多样的类型,各种不同的类型有着不同的特点和发展规律,因此需要运用统计分组的方法将所要研究的现象总体划分为不同类型的组来进行研究。通过统计分组,可以将总体进行分门别类的研究,以便进行比较、分析和综合。

(二) 反映总体的内部结构

社会经济现象所包含的大量单位,不但在性质上不尽相同,在总体中所占的比重也不一样,而各组比重的大小,说明了它们在总体中所处的地位。因此,在对总体划分类型的基础上,可以计算各类型组数值在总体中所占的比重或各组之间的比例关系,从而反映总体的内部结构情况。

(三) 分析现象之间的依存关系

社会经济现象通常是一个复杂的整体,彼此之间既存在差异,也存在广泛的相互联系、相互依存、相互制约的关系。利用统计分组,可以揭示现象之间的依存关系,以及对现象发展过程中的影响程度。

三、分组标志的选择

分组标志是统计分组的依据。正确选择分组标志,能使分组作用得以充分发挥,也是使统计研究获得正确结论的前提。选择分组标志的方法主要有以下几种:

(一) 根据统计研究的目的和要求选择分组标志

任何事物都有许多标志,不同的分组标志反映总体的不同特征,如果分组标志选择不当,则分组结果必然不能正确反映总体的性质特征。因此,要选择能够反映现象本质特征的标志。例如,在某高校的教师中,如果要研究的任务是分析教师的职称分布情况,则应选择职称作为分组标志,将总体分为助教、讲师、副教授和教授四组;如果要研究的任务是分析教师的男女分布情况,则应选择性别作为分组标志。

(二) 要选择最能反映现象本质特征的标志

在选择分组标志时,要以有关的经济理论和客观事物为分析的依据,要选择最能反映现象本质特征的标志,才能揭示出事物的本质特征和发展规律。例如,在研究工业企业规模的大小时,可以选择的标志有职工人数、资金数量、占地面积、产品产量、产值、生产能力等,在这些标志中,如果是资本密集型企业,可以选择生产能力或固定资产作为分组标志,而不是职工人数;而如果是劳动密集型企业,则可以选择职工人数作为分组标志。

(三) 要结合对象所处的历史及经济条件来选择分组标志

经济现象随着时间地点条件的变化而变化,历史条件不同,现象特征也会变化,能反映现象本质的重要标志,会随着现象所处的时间、地点的变化而变化。因此,在选择分组标志时必须结合对象所处的历史及经济条件来选择。

四、统计分组的方法

由于总体单位的标志有品质标志和数量标志,因此统计分组的方法按分组标志的性质不同,可以分为品质标志分组和数量标志分组。

(一) 品质标志分组的方法

品质标志分组,是根据统计研究的目的,选择反映现象性质属性差异的品质标志对总体分组,在总体单位之间表现的差异性是性质上的差异。品质标志一般不能用数量来表示,它表明事物的质量特征,如人口按性别、民族、文化程度等进行分组。

按品质标志分组在一般情况下比较简单,组的名称和组数也随之确定,容易分清各组的界限。例如,人口按性别分为男、女两组,高校学生按学科分为文、理科两组,高校教师按职称分为助教、讲师、副教授、教授四组。按品质标志分组,有的品质分组取决于统计分析对分组层次的不同要求,一般把类别繁多的分组称为分类,例如我国把社会经济部门划分为第一产业、第二产业和第三产业,第三产业还可细分为农业、林业、畜牧业、渔业等;而有些品质分组比较复杂,组的界限不易划分,存在组界边缘不清等现象,对于这类现象,必须进行深入细致的分析,制定出具体的分类标准,然后按照标准进行分组。

(二) 数量标志分组的方法

数量标志分组,是根据事物的数量特征标志进行分组,它直接反映总体单位之间数量上的差异,通过各组的数量界限来反映各组性质上的不同。数量标志一般用数量来表示,比如产品数量、固定资产数量、班级人数等。

按数量标志分组时,首先,各组数量界限的确定必须能反映事物质的差别,例如,学生按学习成绩分组,不能把 55 分的和 65 分的分在一组,因为这样的分组不能区分及格与不及格的质的差别;其次,要根据所研究的现象总体的数量特征,采用适当的分组形式,确定相宜的组距、组限。因此,正确确定反映现象性质差异的数量界限,是按数量标志分组的关键。

五、统计分组体系

在进行统计分组时,根据所选择的分组标志个数的多少不同,可以分为简单分组和复合分组。

简单分组,是对所研究的现象总体只采用一个分组标志进行分组。例如,人口按性别分组、工业企业按所有制形式或规模分组。简单分组只能从某一方面说明总体的情况,而不能反映总体其他方面的情况,说明的问题比较简单明了。

复合分组,就是采用两个或两个以上有联系的分组标志层叠起来对总体进行分组。例如,高校学生先按"学科"分为文、理两组,然后在每组中又按"性别"分为男、女两组,如图3-1所示。复合分组选择两个或两个以上标志对总体进行层叠分组,可以从几个不同角度说明总体内部的差别和关系,能更深入、更全面地研究问题。但是复合分组的组数随着分组标志的增加而成倍增加,各组所包含的单位数会不断减少,不易看出总体单位的分布情况,因此在采用复合分组时,选择的分组标志的数量不宜过多,要适当控制,并且要考虑到只有在总体包含的单位数较多的情况下,才适宜采用复合分组。

$$
\text{按学科分组}\begin{cases}\text{文科} & \text{按性别分组}\begin{cases}\text{男}\\\text{女}\end{cases}\\\text{理科} & \text{按性别分组}\begin{cases}\text{男}\\\text{女}\end{cases}\end{cases}
$$

图 3-1　复合分组

简单分组和复合分组都只能反映现象总体的某一方面或某几个方面的内容,而统计研究需要对总体从多方面进行分析研究,仅仅依赖一个分组标志的一种分组是难以满足的,必须运用多个分组标志进行多种分组,形成一个分组体系,才能揭示总体的本质特征和发展规律。统计分组体系是根据统计研究的任务与分组要求,对同一总体进行多种不同分组而形成的整体,它是通过一种相互联系、相互补充的标志进行多种分组所形成的。

统计分组体系有平行分组体系和复合分组体系两种。

平行分组体系,是对同一总体选择两个或两个以上的标志分别进行简单分组。例如,对高校教师按年龄、职称、性别等标志分别进行简单分组,可得到一个平行的分组体系,如图3-2所示。

$$
\begin{array}{l}\text{按年龄分组}\begin{cases}\text{青年}\\\text{中年}\\\text{老年}\end{cases}\\\text{按性别分组}\begin{cases}\text{男教师}\\\text{女教师}\end{cases}\\\text{按职称分组}\begin{cases}\text{教授}\\\text{副教授}\\\text{讲师}\end{cases}\end{array}
$$

图 3-2　高校教师平行分组体系

平行分组体系的特点是,每一个分组只能反映各总体单位在一个标志上的差异,而不能反映其他标志的差异,在其他标志上的差异仍然存在。

复合分组体系,是对同一总体同时选择两个或两个以上标志层叠起来进行分组。例如,为了了解我国高等学校在校学生的基本状况,可同时选择学科、学历、性别三个标志进行复合分组,得到的复合分组体系如图3-3所示。

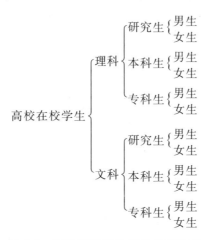

图3-3　高校在校学生复合分组体系

建立复合分组体系,应根据统计分析的要求,在选择分组标志的同时,确定它们的主次顺序。首先要按照主要标志对总体单位进行第一次分组,然后按次要标志在第一次分组的基础上进行第二次分组,依次按所有标志分组至最后一层为止。

第三节　分配数列

一、分配数列的概念和种类

(一) 分配数列的概念

在统计分组的基础上,将总体的所有单位按组归类整理,并按一定的顺序排列,形成总体单位在各组间的分布,称为分配数列、频数分布或次数分布。分配数列中各组所分配到的总体单位数,称为频数或次数;各组次数与总次数之比称为频率或比率。

分配数列是统计整理的一种重要形式,通过对零乱的、分散的原始资料进行有次序的整理,形成一系列反映总体各组之间单位分布状况的数列。分配数列可以反映总体分布的特征,通过频数分布可以研究总体中某一标志变动的规律性,同时可以计算某一数量标志的平均水平。

(二) 分配数列的种类

分配数列是统计分组的一种重要形式,可以反映总体的结构分布状况和分布特征,按所选用的分组标志性质的不同,可以分为品质分布数列和变量分布数列。

品质分布数列,简称品质数列,是按品质标志分组形成的分配数列。品质数列由各组的名称和次数组成,其中各组的次数可以用绝对数表示(即频数),也可以用相对数表示(即频率)。例如,对某个学院教师的性别构成状况进行调查,如表3-1所示。

表3-1 某学院教师的性别构成情况

按性别分组	人数(频数)	百分比(频率)(%)
男	8	36
女	14	64
合计	22	100

从表3-1可以看出,这个学院的性别构成特点是,男老师所占的比重小于女老师。一般来说,如果分组标志选择得好,分组标准定得恰当,品质分布数列通常能够准确地反映总体的分布特征。

变量分布数列,简称变量数列,是按数量标志分组形成的分配数列。变量数列中,组与组之间的性质差异是通过数量界限来反映的。

变量数列按其各组标志值的表示方法不同,可以分为单项数列和组距数列。单项数列是变量数列中各组的变量值只取一个值,一般适用于离散型变量且变量变动范围比较小的场合。离散型变量是指只能取整数的变量,例如工人人数、机器台数、学生人数、银行营业网点数等,如表3-2所示。

表3-2 某车间30个工人看管机器数量的情况表

机器台数(台)	工人人数(人)	频率(%)
2	4	10.33
3	7	20.33
4	12	40.00
5	5	10.67
6	2	6.67
合计	30	100.00

组距数列是指各组变量值的变动在一定范围内的变量数列,一般适用于连续型变量和取值范围比较大的离散型变量。连续型变量是指可以用小数表示的变量,例如身高、学习成绩、产值等,如表3-3所示。

表 3-3　52 名学生统计学成绩分布表

成绩(分)	人数(人)	频率(%)
50 以下	11	21.15
50—60	10	19.23
60—70	15	28.85
70—80	10	19.23
80—90	5	9.62
90—100	1	1.92
合计	52	100.00

组距数列根据各组组距是否相同,分为等距数列和异距数列。等距数列是各组组距均相等的变量数列,如果变量值在总体中的分布比较均匀,则采用等距数列,如学习成绩等;异距数列是各组组距不完全相等的变量数列,如果变量值的变动范围比较大,在总体中分布不均匀,则采用异距数列,如各年龄组人数占总人口的百分比。

(三) 影响次数分布的要素

编制频数分布牵涉的问题较多,不仅取决于分组标志的选择,而且要看分组界限的确定是否合理。在编制过程中,要正确处理以下影响要素:

1. 频数或次数

频数或次数指的是频数分布中各组所分配到的总体单位数。次数分布中各组的次数可以反映各组标志表现在总体中所起作用的大小,出现次数越多,作用越大;出现次数越少,作用越小。

2. 总次数

总次数指的是频数分布中的总体单位数。

3. 频率或比率

频率或比率指的是每组中出现的次数与总次数的比值。相对于频数来说,频率从另一个角度反映了各组标志出现的频繁程度,说明了总体各单位在各组间的分布,是频数分布的另一种表达形式。

4. 组数

一组原始资料应分多少组,这需要根据资料的特点来确定,应以能够显示数据的分布特征和规律为目的。若组数太少,数据的分布过于集中;组数太多,则数据的分布就会过于分散,不便于观察数据的分布特征。一般情况下,组数不少于 5 组,不多于 15 组。可参照美国学者 H. A. 斯特奇斯(H. A. Sturges)的经验公式计算,即 $k = 1 + \lg n/\lg 2$。公式中,k 为组数,n 为数据个数。实际应用时,要考虑数据本身的特点、数据的多少和分析的目的。

5．组限

组限是指每一组的上限和下限。组限的确定以保证变量值"不重不漏"为原则，即同一个变量值既不能被重复统计，也不能被遗漏。组限的形式有两种——重叠组限和不重叠组限。

6．组距

组距是每一组上限和下限之差。上限是一组最大值，下限是一组最小值。组距大小与组数相关，组数增多，组距必然变小；组数减少，组距必然变大。组距可以根据全部数据的最大值与最小值之差和组数来决定，即：

$$组距 = (最大值 - 最小值)/组数$$

实际中获得一个满意的组数和组距往往要经过反复尝试。各组组距相等时，称为等距分组；各组组距不相等时，称为异距分组。组距宜取整数，如5和10的倍数。

7．组中值

组中值是组距式中每个组的代表值，这个代表值一般取每一组中点位置的值。组中值是每一组中上限与下限中间的值。使用组中值代表一组数据的条件是，各组数据在本组内呈均匀分布或在组中值两侧呈对称分布。如果实际数据分布不符合这一假定，用组中值作为一组数据的代表值就会有一定误差产生。

$$组中值 = \frac{上限 + 下限}{2}$$

$$缺下限组的组中值 = 上限 - \frac{邻组组距}{2}$$

$$缺上限组的组中值 = 下限 + \frac{邻组组距}{2}$$

8．全距

全距指的是总体次数中最大值与最小值之差，又称为极差。它反映变量值变动的范围。

9．次数分布应遵循的原则

在重叠组限中应坚持"上限不在内"原则，以解决"不重"的问题，即当相邻两组的上下重叠时，恰好等于某一组上限的变量值不算在本组内，而计算下一组。

采用何种组限形式应考虑变量的类型，对于离散变量，两个整数之间没有小数，既可以采用不重叠组限形式，也可采用重叠组限形式；对于连续变量，由于两个整数之间有小数，所以应避免漏掉重叠组限的形式。

二、累计次数分布

累计次数分布，是指将变量数列各组的次数或比率逐组累计相加而成的次数分布，它表明总体在某一标志值的某一水平上下总共包含的总体次数或比率。累计次数有向上累计、向下累计两种计算方法。

（一）向上累计

向上累计,又称为以下累计,是将各组次数和比率,由变量值低的组向变量值高的组逐组累计。组距数列中的向上累计,表明各组上限以下总共所包含的总体次数和比率有多少,如表3-4所示。

表3-4 52名学生统计学成绩向上累计次数分布

成绩(分)	频数		向上累计	
	人数(人)	比率(%)	人数(人)	比率(%)
50以下	11	21.15	11	21.15
50—60	10	19.23	21	40.38
60—70	15	28.85	36	69.23
70—80	10	19.23	46	88.46
80—90	5	9.62	51	98.08
90—100	1	1.92	52	100.00
合计	52	100.00	—	—

（二）向下累计

向下累计,又称为以上累计,是将各组次数和比率,由变量值高的组向变量值低的组逐组累计。组距数列中的向下累计,表明各组下限及以上总共所包含的总体次数和比率有多少,如表3-5所示。

表3-5 52名学生统计学成绩向下累计次数分布

成绩(分)	频数		向下累计	
	人数(人)	比率(%)	人数(人)	比率(%)
50以下	11	21.15	52	100.00
50—60	10	19.23	41	78.85
60—70	15	28.85	31	59.62
70—80	10	19.23	16	30.77
80—90	5	9.62	6	11.54
90—100	1	1.92	1	1.92
合计	52	100.00	—	—

通过观察表3-4和表3-5,可以得出累计次数的特点:同一数列的向上累计和向下累计次数之和等于总体总次数,而累计比率之和等于1或100%。

三、次数分布的主要类型

次数分布是统计分析的一种重要方法,由于社会经济现象性质不同,各种统计总体各有不同的次数分布,形成各种不同类型的分布特征。常见的次数分布主要有三种类型：

（一）钟形分布

钟形分布的特征是"两头小，中间大"，即靠近中间的变量值分布的次数多，靠近两端的变量值分布的次数少。钟形分布可以分为两种——对称分布和偏态分布，如图3-4所示，(a)为对称分布，(b)和(c)为偏态分布。

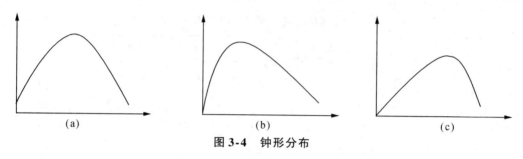

图 3-4 钟形分布

1．对称分布

对称分布的特征是中间变量值分布的次数最多，两侧变量值分布的次数随着与中间变量值距离的增大而渐次减少，并且围绕中心变量值两侧呈对称分布。

2．偏态分布

偏态分布的特征是中间变量值分布的次数最多，两侧变量值分布的次数逐渐减少，但两侧减少速度快慢不同，致使分布曲线向某一方向偏斜。分布曲线偏斜分为右偏分布和左偏分布两种情况。

（二）U形分布

U形分布的形状与钟形分布相反，其特征是"两头大，中间小"，即靠近中间的变量值分布的次数少，靠近两端的变量值分布的次数多，其分布曲线图形像英文字母"U"。例如，人口死亡率分布，人口总体中，幼儿和老年人死亡率高，而中青年死亡率低，如图3-5所示。

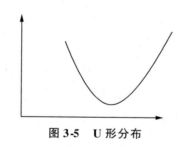

图 3-5 U形分布

（三）J形分布

J形分布的特征是"一边小，一边大"，即大部分变量值集中在某一端分布，分布曲线图形像英文字母"J"。J形分布有两种类型，一种是次数随着变量的增大而增多的，称为正J形分布；另一种是次数随着变量增大而减少的，称为反J形分布，如

图 3-6 所示。

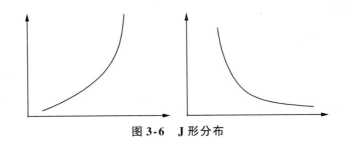

图 3-6　J 形分布

四、统计图

统计图是根据统计数字绘制而成的各种图形，具有直观、形象、生动、具体等特点。统计图可以使复杂的统计数字简单化、通俗化、形象化，使人一目了然，便于理解和比较，是统计资料的一种重要形式。从统计图中的数量关系可以显示出研究对象的规模、水平、结构、发展趋势和比例关系。常见的统计图有直方图、折线图、饼图、曲线图等。

（一）直方图

直方图是用直方形的宽度和高度来表示次数分布的图形，在平面坐标上以横轴表示各组组距，对于等距数列，纵轴表示各组的频数，对于异距数列，纵轴表示各组的频数密度。

某企业 2014 年在不同地区的销售情况如表 3-6 所示，以直方图可表示为图 3-7。

表 3-6　某企业 2014 年销售情况　　　　　　　　　　单位：万元

	第一季度	第二季度	第三季度	第四季度
东部	20.4	27.4	90.0	20.4
西部	30.6	38.6	34.6	31.6
北部	45.9	46.9	45.0	43.9

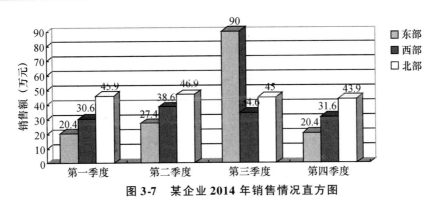

图 3-7　某企业 2014 年销售情况直方图

（二）折线图

折线图是在直方图的基础上，用折线将各组次数高度的坐标连接而成，也可以通过组中值与频数（频数密度）求坐标点连接而成。

表3-6中的资料以折线图可表示为图3-8。

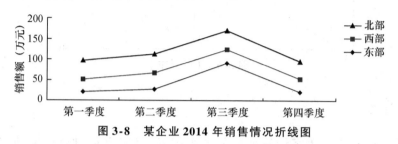

图3-8　某企业2014年销售情况折线图

（三）饼图

饼图主要是用于反映现象在某一方面特征的内部结构，通过饼图可以显示出统计数据中各项的大小和各项总和比例。以表3-6中的资料为例，以饼图可表示为图3-9。

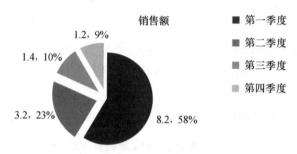

图3-9　某企业2014年销售情况饼图

（四）曲线图

当资料较多、组数无限增多时，折线便近似地表现为一条平滑的曲线，一般曲线图有钟形分布图、U形分布图、J形分布图等。

第四节　统　计　表

统计调查所得来的数字资料，经过汇总整理后，得出一些系统化的统计资料，将这些统计资料按一定的顺序填列在一定表格内，就形成了统计表，它是统计用数字说话的一种最常用的形式。广义的统计表包括统计工作各个阶段中所使用的一切表格，如调查表、整理表、分析表等；本节的统计表主要是指统计整理结果所用的表格。

一、统计表的作用

统计表的作用主要包括以下四点：

(1) 能使统计数字条理化、系统化,更清晰地表述统计资料的内容；
(2) 便于分析研究对象各项目之间的相互关系,便于比较分析；
(3) 便于把研究对象的发展规律显著地表述出来,同时便于显示各项目之间的显著差别；
(4) 便于检查数据的完整性和正确性。

二、统计表的结构

从结构上看,统计表包括以下四个部分：

(1) 总标题,就是统计表的名称,是表明全部统计资料所属范围和内容的,一般都置于表的正上方。如某企业职工工资收入情况表。
(2) 横行标题,就是分组的名称,是表明研究总体及其总体各组成部分和说明统计表所要研究对象的,一般置于表的左侧。
(3) 纵栏标题,就是指标的名称,是表明总体特征的,用来说明主词的指标名称,一般置于表的右上方。
(4) 统计数字,是各项统计指标的具体数值,如表3-7所示。

表3-7 2013年全国国内生产总值(GDP)(总标题)

(主词) 产业	(宾词) 产值(亿元)	比重(%)(纵栏标题)
(横行标题) 第一产业	56 957	10.0
第二产业	249 684	43.9
第三产业	262 204	46.1
合计	568 845	100.0

(统计数字)

由表3-7可知,2013年全国国内生产总值(GDP)就是总体,这里即总标题；横行标题是对总体进行的分组,包括第一产业、第二产业、第三产业三个标题；纵栏标题包括产值和比重两项；统计数字反映了总体的规模和数量特征。

从内容上看,统计表由主词和宾词两个部分组成。主词是统计表所要说明的总体及其组成部分；宾词是统计表用来说明总体数量特征的各个统计指标。如表3-7所示,主词一般列在表的左方,宾词一般列在表的右方。

三、统计表的种类

统计表按总体分组情况不同,可以分为简单表、分组表和复合表三类。

1. 简单表

简单表是主词未经任何分组的统计表,也称为一览表。简单表的主词一般按时间顺序排列,或按总体各单位名称排列。简单表通常是对调查来的原始资料初步整理所采用的形式,如表 3-8 所示。

表 3-8　2005—2013 年中国国内生产总值情况表

年份	GDP(亿元)
2005	182 321
2006	209 407
2007	246 619
2008	300 670
2009	335 353
2010	397 983
2011	473 104
2012	519 470
2013	568 845

2. 分组表

分组表,是指对表内的主词按某一标志分组所形成的统计表,也称为简单分组表。分组表用来揭示现象不同类型的不同特征,研究总体的内部构成,分析现象之间的依存关系,如表 3-6 所示。

3. 复合表

复合表是主词按两个或两个以上的标志重叠进行分组所形成的统计表,也称为复合分组表。如表 3-9 所示,该高校的学生分别按学科和性别进行分组,第一次按学科进行分组,第二次按性别进行分组。

表 3-9　某高校学生分布情况表

按学科及性别分组	人数(人)	比重(%)
理科	9 000	38.79
男生	7 550	83.89
女生	1 450	16.11
文科	14 200	61.21
男生	5 350	37.68
女生	8 850	62.32
合计	23 200	100.00

复合表能更深刻、更详细地反映客观现象,揭示客观现象的内部结构以及各个部分所占的比重,但是使用复合表进行分组时,要恰到好处,分组并不是越细越好。因为复合表中多进行一次分组,组数将成倍地增加,会增加统计分析的难度。

四、编制统计表应注意的问题

(1)统计表的各种标题,特别是总标题的表达,应该十分简明确切,概括地反映出表的基本内容。总标题应标明资料所属的地区和时间;纵横各栏的排列要注意表述资料的逻辑系统,反映现象的内在联系。

(2)主词和宾词的排列要符合逻辑关系,一般应按先局部后整体的原则排列,即先列各个项目,后列总体。

(3)如果统计表的栏数较多,通常需要编号,主词栏常用甲、乙、丙、丁等文字标明,宾词栏用1、2、3、4等数字编号。

(4)表中数字应该填写整齐,对准位数,数字相同时要照样填写,不能用"同上""同左"等字样,没有的数字用"—"表示,当缺乏某项资料时用"……"表示。

(5)统计表的表式,一般是开口式,即表的左右两端不画封口,表的上下端用粗横线,其余用细线。

(6)统计表必须注明数字资料的计量单位,若全表的计量单位相同,可将其写在表的右上角;必要时,统计表应加以注解,连同数字的资料来源等一般写在表的下端。

练习题

一、单项选择题

1. 将统计总体按照一定标志划分为若干个组成部分的统计方法是( )。
   A. 统计整理　　B. 统计分析　　C. 统计调查　　D. 统计分组
2. 反映统计对象属性的标志是( )。
   A. 主要标志　　B. 品质标志　　C. 辅助标志　　D. 数量标志
3. 国民收入水平分组是( )。
   A. 品质标志分组　B. 数量标志分组　C. 复合标志分组　D. 混合标志分组
4. 将25个企业按产值分组而编制的变量数列中,变量值是( )。
   A. 产值　　　　B. 企业数　　　C. 各组的产值数　D. 各组的企业数
5. 一般情况下,按年龄分组的人口死亡率表现为( )。
   A. 钟形分布　　B. 正J形分布　　C. U形分布　　D. 对称分布

6. 统计分组的核心问题是( )。

A. 选择分组的标志　　　　　　B. 划分各组界限

C. 区分事物的性质　　　　　　D. 对分组资料再分组

7. 有12名工人分别看管机器台数资料如下：2、5、4、4、3、4、3、4、4、2、2、4，按以上资料编制变量数列，应采用( )。

A. 单项式分组　　　　　　　　B. 等距分组

C. 不等距分组　　　　　　　　D. 以上几种分组均可

8. 某连续变量数列，其末组为开口组，下限为500，又知其邻组的组中值为480，则末组的组中值为( )。

A. 520　　　　B. 510　　　　C. 500　　　　D. 490

二、判断题

1. 统计分组的关键问题是确定分组标志和划分各组界限。( )

2. 无论是变量数列还是品质数列，都是通过现象的数量差异来反映现象之间的本质区别的。( )

3. 由于电子计算机的广泛使用，手工汇总已没有必要使用了。( )

4. 进行组距分组时，当标志值刚好等于相邻两组上下限数值时，一般把此值归并列作为下限的那一组。( )

5. 组中值可以近似地表示各组变量值的平均水平。( )

6. 按一个标志分组的就是简单分组，按两个或两个以上标志分组的就是复合分组。( )

7. 统计分组是编制次数分配数列的基础。( )

三、简答题

1. 统计资料整理的作用是什么？主要内容有哪些？

2. 统计分组的作用是什么？如何选择分组标志？

3. 什么是组中值？为什么说组中值只是每组变量值的代表数值而不是平均数？

四、计算题

1. 某地区工业企业按职工人数分组如下：

100人以下

100—499人

500—999人

1 000—2 999人

3 000人以上

说明分组的标志变量是离散型的还是连续型的，属于什么类型的组距数列。

2. 下表是某公司工人月收入水平分组情况和各组工人数情况：

月收入（元）	工人数（人）
400—500	20
500—600	30
600—700	50
700—800	10
800—900	10
合计	120

指出这是什么组距数列，并计算各组的组中值和频率分布状况。

3. 抽样调查某省 20 户城镇居民平均每人全年可支配收入（单位：百元）如下：
88 77 66 85 74 92 67 84 77 94 58 60 74 64 75 66 78 55 70 66

（1）根据上述资料进行分组整理并编制频数分布数列。
（2）编制向上和向下累计频数、频率数列。
（3）根据所编制的频数分布数列绘制直方图和折线图。

第四章 总量指标与相对指标

【案例导入】

某市的国有企业为1 000家,职工人数为300万人,工业增加值为150亿元,职工的平均劳动生产率为5 000元/人。其中某一家企业的工业增加值为542万元,职工人数为5 000人。在这份统计报告中,"某市的国有企业"是统计学中的什么概念?"其中某一家企业"是统计学中的什么概念?职工人数、工业增加值、职工的平均劳动生产率等又分别是什么呢?这些都将在本章中一一得到解释。

【重点与难点】

广义上说,所有的统计指标都可以称为综合指标。根据数字的表现形式,可将综合指标分为三大类,即总量指标、相对指标和平均指标。本章对总量指标和相对指标作了详细的介绍。通过本章的学习,一般了解总量指标和相对指标的概念、作用及种类,理解各种综合指标的特点和应用场合并熟练掌握其计算方法,能进行简单的分析。

第一节 总量指标

一、总量指标的概念和作用

(一)总量指标的概念

总量指标是反映社会经济现象在一定时间、地点、条件下的总规模、总水平或工作总量的一种综合指标。总量指标也称为绝对指标,其表现形式是绝对数,但与数学中的绝对数不同,它不是抽象的绝对数,而是一个有名数。例如,2013年我国国内生产总值568 845亿元,财政收入129 143亿元。有时,总量指标也表现为总量之间的绝对差数。例如,2013年年末我国就业人员76 977万人,比上年增加273万人;全年财政收入129 143亿元,比上年增加11 889亿元。

（二）总量指标的作用

总量指标是最基本的综合指标,在社会经济统计中起重要作用,具体表现为:

(1) 总量指标是认识社会经济现象的基础。它可以反映一个国家的基本国情和国力,反映某部门或单位人、财、物的基本数据。例如,要了解一个国家的基本国情和国力,就必须了解其人口数、土地面积、粮食产量、钢产量、国内生产总值、进出口贸易额等总量指标。要了解一个企业的基本情况,就要掌握企业的员工人数、产量、产值、利润、固定资产等总量指标。

(2) 总量指标是制定政策、编制计划、实行社会经济管理的基本依据之一。对一个国家或一个企业进行计划、分析、决策和预测的管理活动,首先必须掌握反映国民经济基本状况或反映企业经济活动的一些总量指标,才能以此为依据做一些计划、分析、决策和预测的相关管理工作。如制定人口发展的计划和政策,就要以人口的一些基本数据为依据。

(3) 总量指标是计算相对指标、平均指标以及各种分析指标的基础指标。例如,人口密度是人口总数与土地面积的对比,产品单位成本是总成本与产量的对比,人均工资是工资总额与职工人数的对比,等等。其他指标都是总量指标的派生指标。因此,总量指标的计算正确与否,直接影响到其他指标的计算结果是否正确。

二、总量指标的种类

（一）按反映总体内容的不同,分为总体单位总量和总体标志总量

总体单位总量是一个总体内所包含的总体单位总数,即总体本身的规模大小。总体标志总量是总体各单位某种数量标志值的总和,是说明总体特征的总数量。例如,研究某地区工业企业生产经营情况时,全部工业企业构成一个总体,其中每一个工业企业为一个总体单位,全部工业企业数则构成了总体单位总量指标,用以反映总体规模的大小,而其他如工人数、总产值、实现利税、年末固定资产总值等,则构成总体标志总量指标。

对于一个特定的总体而言,总体单位总量是确定的、唯一的,而总体标志总量可以有多个。此外,一个总量指标是总体单位总量还是总体标志总量,并不是固定不变的,随着研究目的的变化,总体和总体单位就会发生变化,而总体单位总量和总体标志总量也会随之变化。仍如上例,若研究目的变为了解该地区工业企业职工状况时,总体为全体职工,总体单位为每一个职工,那么该地区工业企业职工人数则不再是总体标志总量而是总体单位总量,而该地区工业企业职工工资总额、劳动总工时、总产量等则是总体标志总量。

（二）按反映时间状况的不同,分为时期指标和时点指标

时期指标反映现象在某一时期发展过程的总数量,例如一定时期的产品产量、

总成本、产值、工资总额、社会总产值、国内生产总值、贸易总额、基本建设投资额,等等。时点指标反映现象在某一时刻(瞬间)上状况的总量,例如人口数、商品库存数、企业数、银行存款余额、商业网点数,等等。

时期指标和时点指标各有不同的特点,主要表现在以下三个方面:

(1)时期指标的数值是连续计数的,它的每一个数值是表示现象在一段时期内发生的总量,如1月的总产量是1月中每天产量的总和。而时点指标的数值是间断计数的,它的每一个数值是表示现象发展到一定时点时所处的水平,如年末职工人数,是指年初的职工人数经过一年的变化后至年末实有的职工人数。

(2)时期指标具有累加性。各期数值相加可以说明现象在较长时间内发生的总量,如一年的总产量是12个月产量之和。而时点指标不具有累加性,即各时点数值相加是没有意义的,如我们不能将某企业全年各月末或月初的工人人数相加作为本年度该企业的全部工人人数。

(3)时期指标数值大小与包含的时期长短有直接关系,通常时期越长,指标数值越大,如一年的总产量必然大于一个月的总产量。而时点指标数值的大小与时点间的间隔长短无直接的关系,如年末的职工人数不一定大于月末的职工人数。因此,在应用时期指标时,应明确统计数字所属的时期范围。例如,某企业产值30万元,应说明是哪一时期的产值。而对时点指标,则要注意它的时刻特性。例如,某企业2月初职工人数300人,指的是1月31日和2月1日之交的人数,所以它与上月末人数为同一数字,而2月1日的人数是2月1日末的人数,经过2月1日一整天的变化,已经不一定是300人了。

(三)按计量单位不同,分为实物指标、价值指标和劳动量指标

1. 实物指标

实物指标是用实物单位计量的总量指标,用来表现社会经济现象的使用价值,是基础的总量指标。实物指标能够直接反映事物的使用价值和现象的具体内容,能够具体表现事物的规模和水平。在掌握国民经济的基本情况,计划、管理各项生产任务,研究各种物资的消耗和库存,分析各种产品对生产和国民需要的满足程度等方面,实物指标都有广泛应用。但实物指标的综合性较差,不能反映多种不同类事物的总规模和总水平。例如,制造、纺织、采掘是三个不同的行业,我们不能用一个指标数值来表示不同行业的产品总量。

2. 价值指标

价值指标是用货币单位计量的总量指标,用来表现社会经济现象的价值总量,如国内生产总值、基建投资额、商品销售额、财政收入、工资总额、实现利税等。价值指标具有最广泛的综合性和概括能力,能弥补实物指标不能跨实物形态而综合的缺点,从而综合说明不同使用价值量的总规模和总水平,用途非常广泛。价值指标也

有局限性,就是它脱离了物质内容,比较抽象,有时不能准确反映实际情况。在实际工作中,价值指标和实物指标常常结合运用,有助于我们全面地认识问题。

3. 劳动量指标

劳动量指标是用劳动量单位计量的总量指标,一般用来反映工业企业的各种产品(主要是半成品、在产品等)的工作总量。在劳动统计中常采用工时、工日、劳动日等来计量工作总量,从而将不能直接相加的实物产量变换为可以相加的劳动时间数量。当然,由于具体条件不同,不同企业的劳动量指标不具有可比性,所以劳动量指标多限于企业内部在确定劳动定额、计算劳动生产率、编制和检查生产作业计划时使用。

三、总量指标的计量单位

总量指标的计量单位,是根据事物的性质和研究的任务来决定的,主要分为实物单位、货币单位和劳动量单位。

(一) 实物单位

实物单位是根据事物的属性和特点而采用的计量单位。

实物单位包括:

1. 自然单位

它是根据被研究现象的自然属性来计算其数量的单位。例如,人口以"人"为单位,机器设备以"台"为单位,汽车以"辆"为单位,等等。

2. 度量衡单位

它是根据度量衡制度规定的计量单位来计算的。例如,粮食产量以"吨"或"千克"为单位,棉布长度以"米"为单位,电机容量以"千瓦"为单位,木材体积以"立方米"为单位,等等;另外,有时也是为了更准确地反映客观事物的数量,如禽蛋不以"个"为单位,而以"千克"为单位。

3. 双重或多重单位

它是采用两种或两种以上的计量单位来表明某一种事物的数量。例如,电动机以"千瓦/台"为单位,起重机以"吨/台"为单位,拖拉机以"马力/台"为单位,这些单位属于双重单位;船舶以"吨/马力/艘"为单位,高炉生产能力以"吨/(立方米·座·年)"为单位,这两个单位属于多重单位。

4. 复合单位

它是采用两种单位结合在一起表明某一事物的数量。例如,发电量以"千瓦时(度)"、货运量以"吨公里"等为单位。

5. 标准实物单位值

在实物单位中,有时须把性质相似的各种实物单位折算成标准实物单位。例如，牌号、马力不同的拖拉机以15匹马力为一个标准台来进行折算；将含热量不同的煤以每公斤发热量7 000大卡的煤为标准单位进行折算等。

(二) 货币单位

货币单位是用货币作为价值尺度来计算社会物质财富或劳动成果的价值量的计量单位。按货币单位来计算的总量指标在统计研究中应用十分广泛，例如利用货币单位可计算国内生产总值、工业总产值、工业增加值、固定资产投资总额、成本、利润、税金等指标。货币单位有现行价格和不变价格之分。现行价格是各个时期的实际价格；不变价格是在综合不同产品产量并反映它们的总动态时，为了消除不同时期价格变动的影响所用的固定价格。

(三) 劳动量单位

劳动量单位是用劳动时间表示的计量单位，也是一种复合单位，如"工时""工日""台时"等。工时是工人数和劳动时数的乘积；工日是工人数和劳动日数的乘积；台时是设备台数和开动时数的乘积。如果把生产各种产品所耗费的劳动量加总，就是劳动消耗总量。劳动量单位主要用于编制和检查基层企业的生产作业计划，以及为实行劳动定额管理提供依据。

四、正确应用总量指标的原则

总量指标的计算和运用不是一个简单加总的技术问题，要使总量指标能够正确地反映社会经济现象的数量特征，必须遵循以下原则：

(一) 总量指标的含义及计算范围的确定应科学

计算总量指标必须科学地明确其经济内容，划清总量指标所包括的计算范围。如对职工工资总额进行统计时，首先必须明确"工资"所包括的内容，即职工什么性质的收入可以计入"工资总额"的范围，其次还需要界定"工资总额"所属的时间和空间，这样才能正确地统计"工资总额"。

(二) 总量分析应注意现象的同类性

只有同类现象才能直接汇总。将粮食、棉花、钢铁、煤炭等不同产品产量直接加总没有任何经济意义，不能说明任何问题。

(三) 计算口径、计量单位、计算价格和计算方法应一致

实际统计工作中，不同时期、不同国家(地区)的同一现象，在计算总量指标时常常会出现计量单位、计算价格、计算方法不一致的情况。在计算或分析这些总量指标时必须将其调整为同一口径。如地区间的区域经过调整后，其前后的人口、土地、国内生产总值等指标在计算口径上就需要调整。

第二节 相 对 指 标

一、相对指标的概念、作用和表现形式

社会经济现象是相互联系的。为了分析现象总体的数量关系,就需要运用相对指标,将有关的指标加以比较。

(一)相对指标的概念

相对指标又称为相对数,是两个有联系的指标数值对比的结果。用来对比的两个数,既可以是绝对数,也可以是平均数和相对数。例如,人口密度是人口数与土地面积两个绝对数之比,产品产量计划完成程度是实际完成产量与计划完成产量之比,等等。相对指标的特点是把两个对比的具体数值概括化或抽象化,使人们对现象之间所存在的固有联系有了较为深刻的认识。借助于相对指标对现象进行对比分析,是统计分析的基本方法。

(二)相对指标的作用

在统计分析中,相对指标的作用主要表现如下:

1. 能具体表明社会经济现象之间的比例关系

总量指标反映现象总的规模、水平的情况,其发展速度是快是慢、是大是小难以看出,而相对指标是把有关指标联系起来进行比较分析,能够把问题的实质和全貌反映出来。例如,我国 2013 年全社会固定资产投资 447 074 亿元,比上年增长 19.3%。其中,固定资产投资(不含农户) 436 528 亿元,增长 19.6%;农户投资 10 547 亿元,增长 7.2%。东部地区投资 179 092 亿元,增长 17.9%;中部地区投资 105 894 亿元,增长 22.2%;西部地区投资 109 228 亿元,增长 22.8%。这些相对指标具体反映了我国全社会固定资产投资在城乡之间、地区之间的比例关系。

2. 能使一些不能直接对比的事物找出共同比较的基础

例如,我们考察不同类型企业生产经营情况,由于条件不同、产品不同,一般不能用产值指标直接对比,但如果都以各自的工人人数、能源消耗和利润指标作为依据计算劳动生产率、单位产值能耗、产值利润率等指标,就使它们有了共同比较的基础,从而能相互对比,找出差距,深入分析。

3. 便于记忆、易于保密

在一定情况下相对指标比总量指标说明问题突出、给人印象鲜明,从而便于人们记忆。在社会经济指标中,有些绝对数是不便公之于众的,但为了公布其发展状况,则可以用其发展速度等相对指标。

(三)相对指标的表现形式

相对指标的表现形式有两种:一种是无名数,另一种是名数。

1. 无名数

无名数是一种抽象化的数值，一般分为系数、倍数、成数、百分数、千分数等。系数或倍数是将对比的基数抽象化为 1 所计算的相对数。两个数对比，其分子与分母数值相差不多时，可用系数形式表示，如固定资产磨损系数、相关系数、工资等级系数，等等；反之，分子数值与分母数值相差很大时，则常用倍数，如 2009 年我国原油产量 1.89 亿吨，约为 1949 年原油产量 12 万吨的 1 575 倍。

成数是将对比的基数抽象化为 10 所计算的相对数。例如，今年粮食产量比去年增加一成，即增长 1/10。

百分数是将对比的基数抽象化为 100 所计算的相对数。它是相对指标中最常用的一种表现形式。当相对指标中的分子数值和分母数值较为接近时采用百分数较合适。百分之一用"1%"表示。百分点是百分数的另一种表达形式，它是百分数中相对 1% 的单位，即一个百分点相当于 1%，它主要在两个百分数相减的场合应用。百分点表明对比基准相同的百分数相减的实际经济意义，是分析百分数增减变动不可缺少的一种方法。例如，某企业规定劳动生产率比去年同期提高 10%，实际提高了 12%，这说明实际劳动生产率比计划任务规定多了 2 个百分点。

千分数是将对比的基数抽象化为 1 000 所计算的相对数。它适用于对比的分子数值比分母数值小得多的情况。千分之一用"1‰"表示。例如，2013 年我国原油产量 4.87 亿吨，约为 1949 年原油产量 12 万吨的 4 058 倍。

以上几种无名数究竟采用哪一种，主要看什么表现形式更能明显地表明所要反映的社会经济现象的数量关系以及所使用的语言环境。

2. 名数

名数也称为有名数或复名数，是将对比的分子指标和分母指标的计量单位结合使用，以表明事物的密度、普遍程度、强度等。如人口密度用"人/平方公里"、平均每人分摊的粮食产量用"千克/人"，等等。

二、相对指标的种类及计算方法

随着研究目的和任务的不同，相对指标对比的基础也不同，也就产生了不同的相对指标，通常分为结构相对指标、比例相对指标、比较相对指标、强度相对指标、计划完成程度相对指标和动态相对指标。现将各种相对指标的计算方法和作用介绍如下：

（一）结构相对指标

如前所述，总体是在同一性质基础上由各种有差异的部分所组成的。结构相对指标就是利用分组法，将总体区分为不同性质（即差异）的部分，以部分数值与总体全部数值对比而得出比重或比率，来反映总体内部组成状况的综合指标。其计算公式为：

$$结构相对指标 = \frac{总体部分数值}{总体全部数值} \times 100\%$$

结构相对指标一般用百分数表示，各组比重的总和等于1或100%。其分子和分母可以同是总体单位数，也可以同是总体的标志数值，当然分子的数值仅是分母数值的一部分，即分子分母是一种从属关系，所以分子分母不可以互换。

结构相对指标是统计分析中常用的指标，其作用如下：

（1）反映总体内部结构的特征。例如，2013年我国国内生产总值568 845亿元，其中，第一产业占10%，第二产业占43.90%，第三产业占46.10%，这些百分数反映了我国国内生产总值中三次产业的构成情况。

（2）通过不同时期相对数的变动，可以看出事物的变化过程及其发展趋势。例如，历年我国各年龄段人口构成情况，如表4-1所示。

表4-1 我国各年龄段人口占总人口比重　　　　　　　　　　　单位：%

	1982年	1990年	2000年	2008年	2013年
0—14岁	33.6	27.7	22.9	19.0	17.5
15—64岁	61.5	66.7	70.1	72.7	82.5
65岁以上	4.9	5.6	7.0	8.3	9.7

资料来源：《中国统计摘要》，中国统计出版社2013年版。

上述资料表明，我国各年龄段人口比重变化的过程，反映了各年龄段人口在全国总人口中的比重变化趋势。从数据的变化反映出了我国人口向老年化发展的变化趋势。

（3）反映对人力、物力、财力的利用程度及生产经营的效果。例如，工业企业对成本构成进行分析，有利于发现成本项目中的薄弱环节，以便采取改进措施，降低成本；人口的文盲率、半文盲率、中小学入学率等，可以在文化教育方面表明我国人口总体的素质；产品的合格率、废品率、商品流通费用率等，可以表明工业和商业部门的工作质量等；企业中的出勤率、工时利用率、设备利用率等，可以反映企业的人力、物力、财力的利用状况等。

（4）在平均数计算中用于分析加权算术平均数指标的大小及其变动的原因。

（二）比例相对指标

比例相对指标是同一总体内不同组成部分的指标数值对比的结果，用来表明总体内部各个局部、各个分组之间的比例关系。其计算公式为：

$$比例相对指标 = \frac{总体中某部分数值}{总体中另一部分数值}$$

比例相对指标可以用百分数表示，也可以用一比几或几比几的形式。2013年年末我国人口总数136 072万人。其中，男性69 728万人，女性66 344万人，则人口的性别比例指标为106%(以女性为100)或男性与女性之比为1.051∶1,也可以表示为51.2∶48.8。分析总体中若干部分的比例关系时可采用连比形式。我国2013年国内生产总值568 845亿元,其中第一产业增加值56 957亿元,第二产业增加值249 684亿元,第三产业增加值262 204亿元,三个产业增加值比例可表示为11∶47∶50,也可表示为1∶4.4∶4.6。

比例相对指标一般以总量指标进行对比。依据分析任务和提供资料的情况,我们也可以用现象总体各部分的平均值或相对数进行对比。例如,2013年我国农村居民人均纯收入为8 896元,城镇居民人均可支配收入为26 955元,城乡居民收入水平对比为3.03∶1。

比例相对指标对于国民经济宏观调控具有重要意义。利用比例相对指标可以分析国民经济中的各种比例关系。例如,国民收入中的积累与消费比例、人口的性别比例、工农业总产值中的农轻重比例、社会固定资产投资中城乡投资比例、农林牧渔业总产值中农林牧渔业比例、国内生产总值中三次产业比例等,从而调整不合理的比例,促使社会主义市场经济稳步协调发展。

(三) 比较相对指标

比较相对指标又称为类比相对数或静态相对数,是将两个同类指标作静态对比得出的综合指标,表明同类现象在不同条件(如在各国、各地、各单位)下的对比关系。其计算公式为:

$$比较相对指标 = \frac{某条件下的某类指标数值}{另一条件下的同类指标数值} \times 100\%$$

公式中,分子与分母所属统计指标的含义、口径、计算方法和计量单位必须一致。比较相对数一般用百分数或倍数表示。例如,中国的国土面积为960万平方公里,美国的国土面积为936.3万平方公里,用中国的国土面积除以美国的国土面积得出,中国国土面积是美国的1.025倍或102.5%。

计算比较相对数时,作为比较基数的分母可取不同的对象。一般有两种情况:

1. 比较标准是一般对象

如上例中分子与分母为两个国家的国土面积,这时,既可以用中国的国土面积除以美国的国土面积,得出中国国土面积是美国的1.025倍或102.5%,也可以用美国的国土面积除以中国的国土面积,得出美国国土面积是中国的0.975倍或97.5%,由此可见,这种情况下的分子与分母的位置可以互换。

2. 比较标准(基数)典型化

这时分子与分母的位置不能互换。例如,将本单位产品的质量、成本、单耗等各项技术指标和国家规定的水平比较,和同行业的先进水平比较,和国外先进水平比较,等等,这时比较相对数的分子与分母的位置不能互换。例如,某地区工业企业劳动生产率最高的是甲企业,最低的是乙企业,指标数值分别为40 000元/人和15 000

元/人。全地区工业企业劳动生产率平均为 25 000 元/人,则甲企业的劳动生产率是全地区平均水平的 1.6 倍,是乙企业的 2.67 倍,这说明甲企业的劳动生产率指标远远高于乙企业和全地区平均水平。

比较相对数可以用总量指标进行对比,也可以用相对指标或平均指标进行对比。但由于总量指标易受总体范围大小的影响,因此计算比较相对数时,更多地采用相对指标或平均指标。

利用比较相对指标,其作用主要是对事物发展在不同地区、不同部门、不同单位或不同个人之间进行比较分析,以反映现象之间的差别程度。另外,计算比较标准典型化的比较相对数,还可以找出工作中的差距,从而为提高企业的生产水平和管理水平提供依据。

(四) 强度相对指标

1. 强度相对指标的概念

分析不同事物之间的数量关系,需要计算强度相对数。强度相对指标是两个性质不同,但有一定联系的总量指标对比的结果,用来表明现象的强度、密度和普遍程度的综合指标。其计算公式为:

$$强度相对指标 = \frac{某一总量指标数值}{另一有联系而性质不同的总量指标数值}$$

例 4-1 2013 年年末我国总人口为 136 072 万人,则人口密度计算如下:

$$人口密度 = \frac{136\ 072\ 万人}{960\ 万平方公里} = 142(人/平方公里)$$

又如,2013 年我国电话普及率达到 90.8 部/百人,互联网普及率达到 45.8%,等等。

强度相对指标的数值表示有两种方法:(1) 一般用复名数表示,如例 4-1 中的"人/平方公里""部/百人"。(2) 少数用百分数或千分数表示。如例 4-1 中的互联网普及率用百分数表示,其他情况如产值利润率、人口自然增长率、人口自然死亡率等则用千分数表示。需要注意,强度相对数虽有"平均"的含义,但它不是同质总体的标志总量与总体单位数之比,所以不是平均数。

2. 强度相对指标的正逆指标

强度相对指标是两个有联系的不同事物的总量指标数值的对比,因为分子与分母可以互换,所以有些强度相对指标有正指标和逆指标两种。

例 4-2 某地区人口为 100 万人,有零售商业机构 10 000 个,则:

$$商业网点密度 = \frac{某地零售商业机构数}{某地人口数} \frac{10\ 000\ 个}{1\ 000\ 千人} = 10\ 个/千人(正指标)$$

$$或 = \frac{某地人口数}{某地零售商业机构数} \frac{1\ 000\ 000\ 人}{10\ 000\ 个} = 100\ 人/个(逆指标)$$

正指标的数值越大,表示零售商业网点密度越大;逆指标的数值越大,表示零售商业网点密度越小。前者是从正方向说明现象的密度,后者是从相反方向说明现象的密度。在实际工作中,一般选择其中一个指标计算。

3．强度相对指标的作用

（1）说明一个国家、地区、部门的经济实力或为社会服务的能力。如大国与小国,若用总量指标进行比较是不合理的,也不便于分析,而用强度相对指标进行比较,则可以提高其可比性。例如,人均国内生产总值、人均主要产品产量、医疗网密度、商业网点密度,等等。

（2）反映和考核社会经济效益。例如,流通费用率、资金利润率等都是两个不同现象的数值对比的强度相对数,这些经济指标的数值大小反映了企业管理工作的好坏。

（3）为编制计划和长远规划提供参考依据。例如,在研究移民计划时,各地人口密度指标就是一个重要的参考数据。

（五）计划完成程度相对指标

1．计划完成程度相对指标的概念

它是用来检查、监督计划执行情况的相对指标,通常以"%"表示,又称为计划完成百分比。其计算公式为:

$$计划完成程度相对指标 = \frac{实际完成数}{计划数} \times 100\%$$

用这个公式计算出来的相对指标,表示计划的完成程度,而子项数值减母项数值的差额（正或负）则表明执行计划的绝对效果。计划完成程度指标的子项是根据实际完成情况进行统计而得到的数据,母项是下达的计划指标。由于计划数是用来衡量计划完成情况的标准,所以该公式的子项和母项不能互相换位,而且公式的子项和母项的指标含义、计算口径、计算方法、计量单位、时间长短、范围等都要一致。

2．计划完成程度相对指标的计算

在实际应用上,因计划指标既有可能是总量指标,也有可能是相对指标或平均指标,所以在具体计算时,要根据不同情况来用不同的方法。

（1）计划数为绝对数时,计划完成程度相对数的计算。其计算公式为:

$$计划完成程度相对指标 = \frac{实际总量}{计划总量} \times 100\%$$

例4-3 某企业2014年2月计划产量为500台,实际完成的生产量为580台,则超额的绝对值 = 580 - 500 = 80 台。

$$产量计划完成程度相对指标 = \frac{580}{500} \times 100\% = 116\%$$

计算结果表明该企业2014年2月超额16%完成生产计划,超产80台。

（2）计划数为相对数时,计划完成程度相对数的计算。

在经济管理中,有些计划任务数是以本年计划数比上年实际数提高或降低多少的相对数表示的,如劳动生产率提高率、成本降低率、原材料利用率降低率等。其计算公式为:

$$计划完成程度相对指标 = \frac{实际完成数(\%)}{计划数(\%)}$$

$$= \frac{100\% + 实际提高率(或 - 实际降低率)}{100\% + 计划提高率(或 - 计划降低率)}$$

例 4-4 某厂 2014 年计划劳动生产率比上年提高 10%,而实际劳动生产率提高了 15%,同时,计划单位产品成本比上年降低 2%,实际降低了 4%,则:

$$单位产品成本计划完成相对指标 = \frac{100\% - 4\%}{100\% - 2\%} = \frac{96\%}{98\%} = 97.96\%$$

$$劳动生产率计划完成相对指标 = \frac{100\% + 15\%}{100\% + 10\%} = \frac{115\%}{110\%} = 104.5\%$$

计算结果表明,该厂劳动生产率超计划完成 4.5%;单位产品成本超计划完成 2.04%。

（3）计划数为平均数时,计划完成程度相对数的计算。其计算公式为:

$$计划完成相对指标 = \frac{实际平均数}{计划平均数} \times 100\%$$

此公式可以用来检查单位成本计划完成情况、平均工资计划完成情况等。

例 4-5 某企业生产某产品,单位成本计划为 50 元,实际为 48 元,则:

$$单位成本计划完成相对指标 = \frac{48}{50} \times 100\% = 96\%$$

计算结果表明,该企业产品单位成本实际比计划降低 4%,即超额 4% 完成单位成本计划,单位成本节约 2 元。

在实际工作中,由于人们对经济指标的要求不同,对计划完成程度指标的评价也不同。对于像产量、利润、劳动生产率等越高越好的指标,计划任务一般以最低限额规定,则计算出的计划完成程度指标以等于或大于 100% 为完成或超额完成计划,小于 100% 为没完成计划;对于像单位成本、流动资金周转天数等越小越好的指标,则计划任务一般以最高限额规定,计算的计划完成程度指标以等于或小于 100% 为完成或超额完成计划,大于 100% 为没完成计划。

3. 计划执行进度的考核

如果实际完成数所包含的时期只是计划期的一部分,这种情况被称为计划执行进度,它不是在计划期末,而是在计划执行的过程中来进行计算的。一般适用于检查计划的执行进度和计划执行的均衡性。其计算公式为:

$$计划执行进度 = \frac{累计完成数}{全期计划数} \times 100\%$$

以检查年度计划的进度为例,上式中累计完成数是指从年初至报告期止的逐日、逐月或逐季实际完成的累计数,全期计划数是指全年的计划任务数。

例 4-6 某企业全年计划总产值为 2 000 万元,截至第二季度累计实际完成产值 1 200 万元,则:

$$计划执行进度 = \frac{1\ 200}{2\ 000} \times 100\% = 60\%$$

计算结果表明,该企业上半年完成全年计划的 60%。全年的时间过半,任务完成 60%,如果按此进度年底将超额完成全年计划。

4. 长期计划的检查

下面以五年计划为例来说明这个问题。根据客观现象的性质不同,五年计划指标数值的规定有水平法和累计法两种方法,即有的规定计划期末应达到的水平,有的规定全期应完成的累计总数,因而统计上检查五年计划的完成情况,亦有水平法和累计法之分。

(1) 水平法。它是在五年计划中只规定最后一年应达到的水平。用水平法检查五年计划执行情况的公式为:

$$五年计划完成程度 = \frac{五年计划末年实际达到的水平}{五年计划规定的末年水平} \times 100\%$$

提前完成五年计划的时间:在 5 年中,从前往后考察,只要有连续 1 年时间(不论是否在一个日历年度,只要连续 12 个月即可),实际完成的水平达到了计划规定的最后 1 年的水平,就算完成了五年计划,所余时间即为提前完成五年计划的时间。

例 4-7 某企业五年计划规定产品第 5 年年产量达到 120 万吨的水平,实际执行结果为从第 4 年 8 月起到第 5 年 7 月止连续 12 个月产量已达到 120 万吨的水平,第 5 年年产量实际达 135 万吨,则:

$$五年计划完成程度 = \frac{135}{120} \times 100\% = 112.5\%$$

计算结果表明,该企业产品产量五年计划完成程度为 112.5%,产品产量计划超额完成 12.5%,提前完成计划任务时间为 5 个月。

(2) 累计法。它是在五年计划中规定 5 年累计完成量应达到的水平。用累计法检查五年计划执行情况的公式为:

$$五年计划完成程度 = \frac{五年计划期间实际累计完成数}{五年计划规定的累计数} \times 100\%$$

提前完成五年计划的时间:从期初往后连续考察,只要实际累计完成数达到计划规定的累计任务数,即为完成五年计划,所余时间为提前完成五年计划的时间。

例 4-8 某五年计划基本建设投资总额为 1 200 亿元,实际上自第 1 年年初至第 5 年 4 月底累计完成基本建设投资总额已达到 1 200 亿元,至第 5 年年底累计完成

1 320亿元，则：

$$五年计划完成程度 = \frac{1\,320}{1\,200} \times 100\% = 110\%$$

计算结果表明，该地区基本建设投资总额计划完成程度为110%，基本建设投资总额计划超额完成10%，提前完成计划的时间为8个月。

5．计划完成相对数的作用

（1）可以准确地说明各项计划指标的完成程度，为搞好经营管理提供依据。

（2）可以反映计划执行进度，以便及时发现问题，提出措施，推动经济建设的良好发展。

（3）可以反映经济计划执行中的薄弱环节，鼓励执行计划的落后者向先进者看齐，为组织新的平衡提供依据。

（六）动态相对指标

动态相对指标是同类指标在不同时期上的对比。其计算公式为：

$$动态相对指标 = \frac{报告期水平}{基期水平} \times 100\%$$

公式中，作为对比标准的时间叫做基期，而同基期比较的时期叫做报告期，有时也称为计算期。动态相对数的计算结果用百分数或倍数表示。

例4-9 2013年我国粮食产量60 194万吨，上年粮食产量58 957万吨，则：

$$动态相对指标 = \frac{60\,194}{58\,957} \times 100\% = 102.1\%$$

计算结果表明，2013年我国粮食产量为上年粮食产量的102.1%，增产2.1%。动态相对数在统计分析中应用广泛，本书"动态数列"一章将详细探讨。

三、正确运用相对指标的原则

（一）注意分子和分母指标的可比性

可比性是计算和运用相对指标的最重要条件。所谓可比性，主要指对比的分子指标和分母指标在经济内容上要具有内在联系，在总体范围及指标口径上要求一致或相适应。另外，还要注意计算方法、计算价格的可比。例如，在新的一年里，某企业兼并了另一个原来独立的企业，企业规模被人为地扩大了，产量动态资料反映了不同的对象范围，因而不可比；不属于同一个地区的粮食产量和人口数字，将由于分子与分母在范围上的不一致而没有可比性；比较两个企业的劳动生产率水平，其中一个企业是产量与全体职工人数对比，另一个企业却是产量与全体工人数对比，那么这两个企业的劳动生产率是不可比的；一个地区以GDP与常住人口数对比，另一个地区却以GDP与户籍人口数对比，那么这两个地区的人均GDP是不可比的。在对某些经济指标进行国际比较时，计算方法统一尤其重要，要将指标调整为可比后才能进行比较，这样的对比才符合统计研究的要求，对比的结果才能正确反映社会经济现象的实质。

（二）相对指标要与总量指标结合起来运用

相对数具有抽象化的特点，从而掩盖了现象间绝对量的差别。为了全面分析问题，运用相对数时，必须与计算相对数所依据的绝对水平联系起来考察，要看到相对数背后所隐藏的总量指标数值，这样才能使我们对客观事物有正确的认识。结合运用的方法有两种：一是计算分子与分母的绝对差额；二是计算每增长1%的绝对值。例如，统计我国历年社会消费品零售总额发展对比情况，如表4-2所示。

表4-2　我国社会消费品零售总额发展情况

年份	1994	1995	2012	2013
社会消费品零售总额(亿元)	18 622.9	23 613.8	207 167.0	234 380.1
发展速度(%)	100.0	126.8	100.0	113.1
增长量(亿元)	—	4 990.9	—	27 213.1
增长1%的绝对量(亿元)	—	186.2	—	2 071.7

其中

$$\text{增长1\%的绝对值} = \frac{\text{增长量}}{(\text{发展速度}-1) \times 100} = \frac{\text{基期水平}}{100}$$

$$\text{增长量} = \text{报告期水平} - \text{基期水平}$$

表4-2列出了我国社会商品零售总额在两个不同阶段的发展差异。从发展速度看，1995年是1994年的126.8%，发展速度较快，而2013年是2012年的113.1%，发展速度较慢。然而我们结合绝对数来看，1995年相比于1994年，虽然速度快，但一年零售总额只增加4 990.9亿元，每增长1%只增加186.2亿元；而2013年相比于2012年，虽然速度慢，但一年零售总额增加27 213.1亿元，每增长1%可增加2 071.7亿元。

由此可见，大的相对数背后的绝对数可能很小，而小的相对数背后的绝对数可能很大，即同样的相对数背后隐藏的绝对数可能不同。因此，我们不能只凭相对数大小来判断事物，只有将相对数和绝对数结合起来分析，才能对问题的实质做出正确的判断。

（三）多种相对指标结合运用

在进行对比分析时，我们不仅要把相对指标与总量指标结合起来，还要利用多种不同相对指标之间的相互关系和各自的特点结合起来进行分析。因为一种相对指标从一个角度出发，只能说明问题的一个方面，要更全面、更深刻地说明问题，就必须把多种相对指标结合起来运用。例如，要评价一个企业的生产发展情况，就要结合运用生产计划的完成情况指标，分析资金利用情况的强度指标，分析生产发展的动态指标，以及与同行业先进单位的比较指标等，以全面反映企业的生产发展情况。

（四）注意事项

在比较两个相对指标时,是否适宜相除来求一个相对指标,应视情况而定:若除出来有实际意义,则除;若不宜相除,只宜相减求差数,则用百分点(即百分比,相当于1/100的单位)表示。

练习题

一、简答题

1. 什么叫总量指标?计算总量指标有什么重要意义?总量指标的种类如何划分?
2. 什么是相对指标?相对指标的作用有哪些?
3. 在分析长期计划执行情况时,水平法和累计法有什么区别?
4. 结构相对指标和比例相对指标有何区别?
5. 在组距数列中,组中值为什么只是一个近似值?

二、判断题

1. 强度相对指标的数值是用复名数表示的,因此都可以计算它的正指标和逆指标。(   )
2. 结构相对指标和比较相对指标之和都等于100%。(   )
3. 计划完成相对指标数值越大,说明完成计划的情况越好。(   )
4. 根据组距数列计算的平均指标是一个近似值。(   )
5. 众数是总体中出现最多的次数。(   )
6. 用加权平均数法计算标准差,适用于未经分组的原始资料。(   )
7. 平均指标反映总体各单位变量值分布的集中趋势,变异指标则反映其离散趋势。(   )
8. 平均差和标准差都表示各标志值对算术平均数的平均离差。(   )
9. 在一个总体中,算术平均数、中位数和众数始终是相等的。(   )
10. 两个企业的职工平均工资比较,若 $\overline{x_甲} > \overline{x_乙}$、$\sigma_甲 > \sigma_乙$,则甲企业职工工资的变异程度一定比乙企业高。(   )

三、单项选择题

1. 总量指标按其反映时间状况不同,可以分为(   )。
   A. 总体总量和标志总量   B. 总体总量和时期指标
   C. 标志总量和时期指标   D. 时点指标和时期指标
2. 总量指标按其反映内容的不同,可以分为(   )。
   A. 时点指标和时期指标   B. 时期指标和标志总量

C. 总体总量和标志总量　　　　　　D. 总体总量和时点指标

3. 某厂的劳动生产率计划比去年提高5%，执行结果提高8%，则劳动生产率计划执行提高程度为(　　)。

　　A. 8% − 5% = 3%　　　　　　　B. 5% + 8% = 13%

　　C. 105%/108% − 100% = −2.78%　　D. 108%/105% − 100% = 2.86%

4. 总量指标(　　)。

　　A. 有计量单位　　　　　　　　　B. 没有计量单位

　　C. 有的有计量单位，有的无计量单位　D. 是抽象的无什么经济内容的数字

5. 比例相对指标是用来反映总体内部各部分之间内在的(　　)。

　　A. 计划关系　　　　　　　　　　B. 质量关系

　　C. 强度关系　　　　　　　　　　D. 数量关系

6. 在相对指标中，主要用名数表示的指标是(　　)。

　　A. 结构相对指标　　　　　　　　B. 强度相对指标

　　C. 比较相对指标　　　　　　　　D. 动态相对指标

7. 某厂2013年的工业总产值，按2012年不变价格计算为606万元，按2002年不变价格计算为632万元，该厂2014年工业总产值实际为652万元（按2002年不变价格计算），完成当年计划的102%，则该厂2002年计划工业总产值（按2012年不变价格计算）应该是(　　)。

　　A. $\dfrac{632}{606} \times 652 \div 1.02$　　　　　B. $\dfrac{606}{632} \times 652 \times 1.02$

　　C. $\dfrac{632}{652} \times 606 \div 1.02$　　　　　D. $\dfrac{606}{632} \times 652 \div 1.02$

8. 某种产品按五年计划规定，最后一年产量应达到450万吨，计划执行情况如下：

（万吨）

时间	第一年	第二年	第三年		第四年				第五年			
			上半年	下半年	一季度	二季度	三季度	四季度	一季度	二季度	三季度	四季度
产量	300	320	170	190	100	100	110	120	120	120	130	130

该产品五年计划任务(　　)。

　　A. 提前一年完成　　　　　　　　B. 提前9个月完成

　　C. 提前半年完成　　　　　　　　D. 提前3个月完成

9. 按人口平均计算的钢产量是(　　)。

　　A. 算术平均数　　　　　　　　　B. 比例相对数

　　C. 比较相对数　　　　　　　　　D. 强度相对数

10. 某地区有40个工业企业,职工人数为8万人,工业总产值为4.5亿元,在研究工业企业职工分布和劳动生产率的情况时,(   )。

A. 40个企业既是标志总量又是总体单位总量

B. 8万人既是标志总量又是总体单位总量

C. 4.5亿元既是标志总量又是总体单位总量

D. 每个企业的产值既是标志总量又是总体单位总量

四、计算题

1. 某企业生产情况如下:

	2013年总产值			2014年总产值		
	计划(万元)	实际(万元)	完成计划(%)	计划(万元)	实际(万元)	完成计划(%)
一分厂		200	105	230		110
二分厂	300		115	350	315	
三分厂		132	110	140		120
企业合计						

要求:(1) 填满表内空格。

(2) 对比全厂两年总产值计划完成程度的好坏。

2. 某工厂2014年计划工业总产值为1 080万吨,实际完成计划的110%,2014年计划总产值比2013年增长8%,试计算2014年实际总产值与2013年的百分比。

3. 某地区2015年计划利税比上年增长20%,实际为上年利税的1.5倍,试计算该地区2015年利税计划完成程度。

4. 某种工业产品单位成本,本期计划比上期下降5%,实际下降了9%,问该种产品成本计划执行结果。

5. 某城市2014年年末和2015年年末人口数和商业网点的有关资料如下:

年份	2014	2015
人口数目(万人)	110	210
商业网点(个)	54 000	12 500
商业职工(人)	138 000	96 000

计算:(1) 平均每个商业网点服务人数。

(2) 平均每个商业职工服务人数。

(3) 指出是什么相对指标。

第五章 平均指标

【案例导入】

现要从甲乙两名射击运动员中挑选一名代表参加比赛,于是对他们进行射击测试。每名运动员分别射击10次,甲的成绩分别为9.6、9.6、9.5、9.5、9.5、9.4、9.4、9.3、9.3、9.3,乙的成绩分别为10.0、10.0、9.9、9.9、9.9、9.4、8.8、8.5、8.5、8.1。那么我们怎样从两名运动员的成绩分析出谁更应该参加比赛呢?

我们应该从这众多的数据中找到可以说明运动员的技术水平的指标,一般可以计算两名运动员的平均成绩来表示他们的技术水平,甲的平均成绩为9.44;乙的平均成绩为9.30。所以根据两名运动员的成绩,我们应该让甲作为代表参加比赛。

【重点与难点】

广义上说,所有的统计指标都可以称为综合指标。本章对各种平均指标做了详细的介绍。通过本章学习,重点了解平均指标的概念、作用以及种类,理解各种平均指标的特点和应用条件,并熟练掌握其计算方法,能做简单的分析。

第一节 平均指标的概念和作用

一、平均指标的概念

平均指标指同质总体某一标志在一定时间、地点、条件下所达到的一般水平,是总体的代表值。它也是描述分布数列集中趋势的指标。在次数分布数列中,多数变量值聚集于平均数周围,因而平均数总是处在频率分布集中的位置或附近,反映现象的集中趋势。例如,某地区2014年多数职工的年工资收入在20 000元左右,职工平均货币工资为20 200元。这里,该地区职工是同质总体,每一职工是总体单位,职工的平均货币工资则反映该地区工资收入达到的一般水平,即平均水平。

二、平均指标的特点

(一) 将数量差异抽象化

平均指标是把各个变量之间的差异抽象化,从而说明总体的一般水平。如某企业的平均工资就是把职工之间不同工资的差异抽象化,用以说明该企业职工工资的一般水平。只有数量标志才能求其平均数,品质标志一般不能计算平均数,但个别能以数量大小来表示其变异的品质标志,如产品质量等级用自然数表示,可以求其平均等级指标来反映其质量变动情况。

(二) 只能就同类现象计算

计算平均指标的各单位必须具有同类性质,这是计算平均数的前提。只有对本质相同的现象进行计算,其平均数才能正确反映客观实际情况;否则,将性质不同的个体混杂在一起计算的平均数只会掩盖事物的本质,让人得出错误的结论。

(三) 能反映总体变量值的集中趋势

从总体变量分布的情况看,多数现象的分布服从钟形分布,即不管用什么方法求得的平均数,都靠近分布的中间,而不会在两头。这就说明多数标志值集中在平均数附近,所以平均指标是标志值集中趋势的测度数,是反映总体变量集中倾向的代表值。

三、平均指标的作用

平均指标不论从统计理论上或统计实践上来看,都是一个十分重要的指标,其基本作用主要表现在以下几个方面:

(一) 用来比较同类现象在不同总体发展的一般水平,以说明生产水平、经济效益或工作质量的差距

例如,评价不同的工业企业或乡村的生产水平,不能用工业总产值、总收获量等总量指标进行对比,因为受到企业或乡村生产规模大小不同的影响。如果用平均指标,如劳动生产率或单位面积产量来进行比较,就可以较好地评价不同总体的生产情况,反映其工作成绩和存在的问题,这对于认识差距、挖掘潜力、增强自身竞争能力有着重要的作用。

(二) 用作同一总体不同时期的比较,反映事物的发展趋势或规律

例如,由于各月的日历天数不相同,往往会影响企业产品总产量的多少,使各月的总产量不可比。如果计算出各月的每日平均产量,就可以进行对比了,它能明确地反映每日生产效率的一般情况。

(三) 作为论断事物的一种数量标准或参考

例如,对企业工人劳动效率的评定,通常以他们的平均劳动生产率水平为依据。

又如,在企业管理中,劳动、生产、消耗等各种定额往往是以实际的平均水平为基础,结合其他条件来制定的。

(四) 用来分析现象之间的依存关系

例如,将就业人口按文化程度分组,再将各组的人均收入按序排列,可以反映文化程度与收入水平高低的依存关系。在统计估计推算中,还往往根据部分标志值计算的平均数推算总体平均数,或由总体平均数来推算总体标志总量,等等。

第二节　平均指标的种类和计算

一、算术平均数

(一) 算术平均数的基本形式

算术平均数是总体各单位标志值总和除以总体单位总数得到的平均数值,是统计研究和统计实务中应用最为广泛的一种平均指标。它之所以能得到广泛应用,是因为它的计算方法与许多社会经济现象中客观存在的数量关系相符合。例如,职工的平均工资就等于工资总额除以职工人数。算术平均数的基本计算公式是总体标志总量与总体单位总量之比,即:

$$算术平均数 = \frac{总体标志总量}{总体单位总量}$$

(二) 算术平均数与强度相对数的区别

平均数的大小,不仅取决于总体各单位标志值 x,同时也取决于各标志出现的次数 f,次数多的标志值对平均数的影响大,次数少的标志值对平均数的影响则相应就小。可见各标志值出现次数的多少对平均值有权衡轻重的作用。

$$强度相对数 = \frac{某一总量指标数值}{另一性质不同而有联系的总量指标数值}$$

平均数计算公式的分母是次数,分子与分母之间是从属的关系;强度相对数计算公式的分母是另一不同性质而又有联系的数值,一般是在两个总体之间比较。平均数反映的是对象个体的一般水平,强度相对数反映的是对象的总体水平。有的强度相对指标的分子分母可倒置,平均数则不可。强度相对指标一般由对比双方原有的计量单位构成,平均数计量单位则与标志值指标计量单位相同。

(三) 简单算术平均数

如果没有直接掌握基本计算公式的分子分母资料,而掌握的是总体各单位的标志值,则应将各单位的标志值相加而得到标志总量,再除以总体单位总数求得平均数。这种计算平均数的方法称为简单算术平均数。其计算公式为:

$$\overline{X} = \frac{X_1 + X_2 + X_3 + \cdots + X_n}{n}$$

例 5-1 某学习小组 8 个同学英语统考分数分别是 82、85、76、69、73、80、75、68 分,则他们的平均分数为:

$$\overline{X} = \frac{X_1 + X_2 + X_3 + \cdots + X_n}{n}$$

$$= \frac{82 + 85 + 76 + 69 + 73 + 80 + 75 + 68}{8}$$

$$= 76(\text{分})$$

(四)加权算术平均数的概念

当被研究的现象总体单位数相当多,且各单位又有相同或相近的标志值时,在资料整理过程中,往往将其分组并编制成变量数列。在这种情况下,则需要用加权算术平均数的公式来计算。

加权算术平均数就是用变量数列中各组标志值乘以相应的各组单位数(次数),求出各组的标志总量,并将它们相加得出总体的标志总量,然后除以总体单位总数,求得平均数。

(五)加权算术平均数的计算

由于变量数列有单项数列和组距数列之分,所以它们的计算方法各有不同。下面分别介绍根据单项数列和根据组距数列计算加权算术平均数的方法和计算公式。

1. 根据单项数列计算加权算术平均数

如果掌握的资料是一个单项数列,可直接利用各组总体单位数(次数)对各组变量值加权计算平均数。

例 5-2 某厂甲车间有 200 名职工,他们每月加工的零件数如表 5-1 所示。

表 5-1 某厂甲车间职工每月加工的零件数

零件数(件) x	工人数(人) f	产量(件) xf
30	20	600
32	50	1 600
34	76	2 584
35	40	1 400
36	14	504
合计	200	6 688

$$\text{职工平均加工零件数} = \frac{30 \times 20 + 32 \times 50 + 34 \times 76 + 35 \times 40 + 36 \times 14}{20 + 50 + 76 + 40 + 14}$$

$$= \frac{6\,688}{200} = 33.44(\text{件})$$

表 5-1 中若以各组工人数 f 代表次数,以上计算可用公式表示为:

$$\bar{X} = \frac{X_1 f_1 + X_2 f_2 + X_3 f_3 + \cdots + X_n f_n}{f_1 + f_2 + f_3 + \cdots + f_n}$$

$$= \frac{\sum Xf}{\sum f}$$

可见,平均数的大小不仅取决于总体各单位标志值 x,还取决于各组次数 f。这里,次数多的标志值对平均数的影响相应大些,次数少的标志值对平均数的影响相应小些。各组次数的多少,在计算平均数的过程中有权衡轻重的作用。所以,又将次数称为权数。相应地,在计算平均数的过程中,将各组次数分别乘以各组的标志值,称为加权。这种用权数计算算术平均数的方法称为加权算术平均法。

2. 根据组距数列计算加权算术平均数

如果我们所掌握的资料不是单项数列资料,而是组距数列资料,计算算术平均数的方法与上述方法基本相同,只是要先计算出各组的组中值作为代表标志值进行计算。

例 5-3 某企业按职工工资水平分组的组距数列资料如表 5-2 所示。

表 5-2 某企业职工工资水平

月工资(元)	组中值(元) X	职工人数(人) f	工资总额(元) Xf
300—400	350	14	4 900
400—500	450	19	8 550
500—600	550	35	19 250
600—700	650	30	19 500
700—800	750	26	19 500
800—900	850	20	17 000
900—1 000	950	4	3 800
1 000 以上	1 050	2	2 100
合计	—	150	94 600

平均工资 $\bar{X} = \dfrac{X_1 f_1 + X_2 f_2 + X_3 f_3 + \cdots + X_n f_n}{f_1 + f_2 + f_3 + \cdots + f_n}$

$= 94\,600 \div 150$

$= 630.7(元)$

利用组中值计算算术平均数是假定各组内的标志值是均匀分配的,且开口组的组距与邻组组距相同,而实际并非如此,因此计算结果只是一个近似值。

(六) 权数对平均数的影响作用

这里,权数对算术平均数的影响作用,主要体现在比重权数上,即体现在各组单位数占总体单位数的比重上。变量数列中,哪组比重权数大,哪组标志值对平均数的影响就大。所以,权数的实质就是各组单位数占总体单位数的比重。如果各组次数相等,则各组单位数占总体单位数的比重相等,即各组比重权数相等,则对各组标志值来说就失去了权衡轻重的作用,权数的作用也就没有了。这时,可直接通过将各组标志值相加再除以组数求得。

(七)权数的选择

计算加权算术平均数有时会遇到权数的选择问题。在分配数列的条件下,一般来说,次数就是权数。但也有次数是不合适的权数的情况,这在以相对数或平均数计算平均数时经常遇到。

例 5-4 某公司所属 15 个企业的资金利润率分组资料如表 5-3 所示,要求计算该公司 15 个企业的平均利润率。

表 5-3 某公司企业资金利润率分组

资金利润率(%) X	企业数(个)	平均占用资金(万元) f	利润总额(万元) Xf
12	6	50	6
15	6	80	12
24	3	150	36
合计	15	280	54

该例的平均对象是各企业的资金利润率,表中的企业数虽然是次数,却不是合适的权数。因为各企业平均占用资金不同,利润多少也有差别。要正确计算公司所属 15 个企业的平均资金利润率,需要用平均占用资金来加权,即通过对 15 个企业的利润总额和平均占用资金总额的对比来确定。

$$\text{平均资金利用率} = \frac{\text{利润总额}}{\text{平均占用资金}} \times 100\% = \frac{54}{280} \times 100\% = 19.3\%$$

(八)简单算术平均数与加权算术平均数的关系

在加权算术平均数的计算中权数是很重要的,但是如果各组单位数的权数相同的话,加权算术平均数的算法就和简单算术平均数的算法一样了。用公式表示为:

$$f_1 = f_2 = \cdots = f_n = A$$

$$\bar{x} = \frac{\sum xf}{\sum f} = \frac{x_1 f_1 + x_2 f_2 + \cdots + x_n f_n}{f_1 + f_2 + \cdots + f_n}$$

$$= \frac{x_1 A + x_2 A + \cdots + x_n A}{nA}$$

$$= \frac{A \sum X}{n \cdot A} = \frac{\sum X}{n}$$

二、调和平均数

（一）调和平均数的概念

调和平均数又称为倒数平均数，它是标志值的倒数的算术平均数的倒数，有简单调和平均数和加权调和平均数两种。

在社会经济统计中，调和平均数主要作为算术平均数的变形来使用。因为在实际工作中，由相对数或平均数计算平均数时，往往由于掌握资料的限制，不能直接用加权算术平均数计算，而需要用调和平均数。

（二）加权调和平均数与加权算术平均数的关系

如以 X 代表各组的标志值，m 代表各组的标志总量，$\bar{x}$ 代表平均标志值，则：

$$\bar{x} = \frac{\sum m}{\sum \left(\frac{m}{X}\right)} = \frac{\sum m}{\sum \frac{1}{X}m}$$

这就是加权调和平均数的公式。

如果以 f 代表各组的单位数，则：

$$f = \frac{m}{X}, \quad m = Xf$$

代入公式得：

$$\bar{x} = \frac{\sum m}{\sum \frac{1}{X}m} = \frac{\sum Xf}{\sum f}$$

这就成了算术平均数计算公式。可见，调和平均数可以看作是算术平均数的一种变形，它仍然是用标志值总量除以总体总量。

（三）加权调和平均数的计算

加权调和平均数是各单位标志值倒数的加权算术平均数的倒数，若以 m 代表各项权数，则计算公式为：

$$H = \frac{m_1 + m_2 + m_3 + \cdots + m_n}{\frac{m_1}{X_1} + \frac{m_2}{X_2} + \frac{m_3}{X_3} + \cdots + \frac{m_n}{X_n}}$$

例 5-5 红星制造厂本月购进甲种原材料三批，每批采购价格和采购金额如表 5-4 所示，求本月购进甲种原材料的平均价格。

表 5-4　红星制造厂原材料采购价格和采购金额

	价格(元/千克) X	采购金额(元) m	采购量(千克)
第一批	50	25 000	500
第二批	55	44 000	800
第三批	60	18 000	300
合计	—	87 000	1 600

原材料平均价格为：

$$H = \frac{m_1 + m_2 + m_3 + \cdots + m_n}{\frac{m_1}{X_1} + \frac{m_2}{X_2} + \frac{m_3}{X_3} + \cdots + \frac{m_n}{X_n}}$$

$$= 87\,000 \div 1\,600$$

$$= 54.38(元)$$

（四）根据相对数或平均数的资料求平均数

在统计实务中，经常遇到被平均的对象是相对数或平均数的情况。例如，某公司要根据其所属各企业的计划完成程度计算平均的计划完成程度，或要根据所属各企业的劳动生产率计算平均的劳动生产率，等等。遇到此类现象，应根据掌握的资料情况，包括被平均指标的性质(是相对数还是平均数)和权数资料来决定选用算术平均数还是选用调和平均数来反映其平均水平。下面分别举例说明。

1．由相对数计算平均数

例 5-6　某农村供销社下属 45 个供销点的收购计划完成情况及计划收购额如表 5-5 所示。

表 5-5　某农村供销社收购计划完成情况及计划收购额

计划完成情况 (%)	组中值(%) X	供销点(个)	计划收购额(元) f	Xf(元)
90 以下	85	2	30 000	25 500
90—100	95	17	180 000	171 000
100—110	105	11	328 100	344 500
110—120	115	14	310 000	356 500
120 以上	125	1	20 000	25 000
合计	—	45	868 100	922 500

某供销社收购计划完成情况的计算公式为：

$$收购计划平均完成程度(\%) = \frac{实际收购总额}{计划收购总额} \times 100\%$$

从表 5-5 看，缺分子资料，故应以计划收购额为权数，采取加权算术平均数形式计算收购计划平均完成程度。

$$\text{收购计划平均完成程度}(\%) = 922\,500 \div 868\,100$$
$$= 1.0627 \text{ 或 } 106.27\%$$

若下列资料,缺少计划收购总额$(1/X) \cdot Xf$,则应以实际收购总额(Xf)为权数,采用加权调和平均数形式计算收购计划平均完成程度。

2．由平均数计算平均数

例 5-7 某童装厂上月工人人数及月童装产量资料如表 5-6 所示,求该厂上月人均童装产量。

表 5-6 某童装厂上月工人人数及月童装产量

按熟练程度分组	人均产量(件) X	工人数(人) f	总产量(件) Xf
非熟练工	400	2 400	960 000
熟练工	700	3 600	2 520 000
合计	—	6 000	3 480 000

本例中,已知工人人数,计算总人均产量应该采用算术平均数。

$$\text{总人均产量 } \bar{x} = \frac{\sum Xf}{\sum f} = \frac{3\,480\,000}{6\,000} = 580 (\text{件})$$

如果掌握的是不同熟练程度工人的平均产量和总产量的资料,缺乏工人人数的资料,计算总平均产量则应该采用调和平均数,如表 5-7 所示。

表 5-7 某工厂职工平均产量和总产量

按熟练程度分组	人均产量(件) X	总产量(件) m	工人数(人) m/X
非熟练工	400	960 000	2 400
熟练工	700	2 520 000	3 600
合计	—	3 480 000	6 000

$$\text{总人均产量 } H = \frac{\sum m}{\sum \frac{m}{X}} = \frac{3\,480\,000}{6\,000} = 580 (\text{件})$$

由以上计算过程可以看出,总人均产量的计算,由于掌握的资料不同,所采用的权数不同,分别采用了算术平均数和调和平均数的形式,但两种方法计算的结果相同,总人均产量都是 580 件。

三、几何平均数

几何平均数是 n 个变量值乘积的 n 次方根,用 G 表示。几何平均数常用于计算平均比率和平均速度。按计算过程中是否加权,分为简单几何平均数和加权几何平均数。几何平均数适用于变量各值相互联系与非相互独立的情况,如各年发展速度之间、流水作业条件下各车间的合格率之间就属于这种情况。

(一) 简单几何平均数

简单几何平均数就是 n 个变量值连乘积的 n 次方根。其计算公式为:

$$G = \sqrt[n]{X_1 \cdot X_2 \cdot X_3 \cdots X_n} = \sqrt[n]{\Pi X}$$

公式中,G 代表几何平均值,X 代表各个变量,n 代表变量值项数。

例 5-8 某地区上个五年计划期间,经济的发展速度如表 5-8 所示。

表 5-8 某地区五年计划期间经济发展速度

时间	第一年	第二年	第三年	第四年	第五年
发展速度(%)	104.1	107.7	110.5	114.0	118.0

则:

$$平均发展速度\ G = \sqrt[n]{\Pi x} = \sqrt[5]{1.041 \times 1.077 \times 1.105 \times 1.14 \times 1.18}$$
$$= \sqrt[5]{1.667} = 1.1075\ 或\ 110.75\%$$

(二) 加权几何平均数

当计算几何平均数的各个变量的次数不相等时,则要应用加权几何平均数。其计算公式为:

$$G = \sum \sqrt[f]{X_1^{f_1} X_2^{f_2} \cdots X_n^{f_n}} = \sum \sqrt[f]{\Pi X^f}$$

四、众数

(一) 众数的概念和意义

众数是指总体中最常见的标志值,亦即在分配数列中重复出现次数最多的标志值,通常以符号 M_0 表示。在实际工作中,有时利用众数来说明社会经济现象的一般水平。例如,要了解消费者一般需要的衣服或鞋帽的尺寸、号码及数量;要掌握集市贸易上某些商品普遍的成交价格等,都可应用众数来说明其一般水平。应当指出,众数只有在总体单位数比较多而又有明显的集中趋势的资料中才有意义。如果总体单位数少,或单位虽多,但各变量值并无集中趋势,则无众数可言。

(二) 众数的计算方法

计算众数的方法视所掌握的资料而定。在未分组资料或单项数列中,可以直接观察来确定众数,即直接取总体中具有最多次数的标志值为众数。

例 5-9 某村农民家庭按儿童人数分组资料如表 5-9 所示。

表 5-9　农村家庭儿童人数分组

家庭儿童数分组	0	1	2	3	4	合计
家庭用户	40	90	160	70	20	380

显然,该例中众数是 2,因为与这个标志值相对应的家庭数最多。

由组距数列计算众数,分两步计算,第一步确定众数所在的组,第二步通过公式计算众数值。计算众数的公式分为下限公式和上限公式,分别介绍如下。

下限公式:

$$M_0 = L + \frac{\Delta_1}{\Delta_1 + \Delta_2} \times d$$

上限公式:

$$M_0 = U - \frac{\Delta_2}{\Delta_1 + \Delta_2} \times d$$

公式中,L 代表众数组的下限值,U 代表众数组的上限值,Δ_1 代表众数组次数与前一组次数之差,Δ_2 代表众数组次数与后一组次数之差,d 代表众数组组距。

例 5-10　以某乡农民家庭人均纯收入资料为例说明众数的计算方法,如表 5-10 所示。

表 5-10　某乡农民家庭纯收入

农民家庭人均年纯收入(元)	农民家庭数(户)
800—1 000	240
1 000—1 200	480
1 200—1 400	1 050
1 400—1 600	600
1 600—1 800	270
1 800—2 000	210
2 000—2 200	120
2 200—2 400	30
合计	3 000

本例最大次数为 1 050,故 1 200—1 400 组为众数所在组,具体众数值按下限和上限公式计算确定为:

$$M_0 = L + \frac{\Delta_1}{\Delta_1 + \Delta_2} \times d$$

$$= 1\,200 + \frac{1\,050 - 480}{(1\,050 - 480) + (1\,050 - 600)} \times 200$$

$$= 1\,311.8(元)$$

或

$$M_0 = U - \frac{\Delta_2}{\Delta_1 + \Delta_2} \times d$$

$$= 1400 - \frac{1050 - 600}{(1050 - 480) + (1050 - 600)} \times 200$$

$$= 1311.8(元)$$

由此可见,上限公式与下限公式得出的结果相同。

五、中位数

(一) 中位数的概念和意义

如果将总体各单位标志值按大小顺序排列,居于中点位置的那个标志值就是中位数,通常以符号 M_e 表示。由于中位数位于次数分布的中点,不受极端值的影响,所以在许多场合用它来反映现象的一般水平,亦有其实际意义。例如,社会成员收入悬殊的国家或地区,用社会成员年收入的中位数更能代表社会成员年收入的一般水平。

(二) 中位数的计算方法

中位数的计算方法要视所掌握的资料而定。

由未分组资料确定中位数,首先将该资料的各个数值按大小顺序排列,其次确定中间位置 $(n+1)/2$,最后根据其位置所在确定中位数。如果总体单位的项数是奇数,则居于中间位置的那个标志值就是中位数;如果总体单位的项数是偶数,则居于中间位置的两个标志值的算术平均数为中位数。

例 5-11 8 个工人生产某种产品,他们的日产量分别为:12、16、17、9、11、12、10、9,求其中位数。

(1) 排序:9、9、10、11、12、12、16、17;
(2) 确定中间位置:$(8+1) \div 2 = 4.5$;
(3) 确定中位数:$(11+12) \div 2 = 11.5$(件)。

由组距数列确定中位数,先累计次数,即排序,再按 $\sum f/2$ 的公式求出中间位置,然后按下限公式或上限公式确定中位数。应该指出的是,若将标志值从小到大排列,即向上累计,应采用下限公式,否则,应采用上限公式。

下限公式(向上累计时用):$M_e = L + \dfrac{\dfrac{\sum f}{2} - S_{m-1}}{f_m} \times d$

上限公式(向下累计时用):$M_e = U - \dfrac{\dfrac{\sum f}{2} - S_{m+1}}{f_m} \times d$

公式中,L 为中位数所在组的下限值,U 为中位数所在组的上限值,f 为众数组次数,

f_m 为中位数所在组的次数,S_{m-1} 为中位数所在组前面各组的累计次数,S_{m+1} 为中位数所在组后面各组的累计次数,d 代表中位数所在组的组距。仍以例 5-10 资料为例,说明中位数的计算,如表 5-11 所示。

表 5-11　某乡农民家庭纯收入数及农户数

人均年纯收入(元)	农民家庭数(户)	农户数累计(户)	
		向上累计	向下累计
800—1 000	240	240	3 000
1 000—1 200	480	720	2 760
1 200—1 400	1 050	1 770	2 280
1 400—1 600	600	2 370	1 230
1 600—1 800	270	2 640	630
1 800—2 000	210	2 850	360
2 000—2 200	120	2 970	150
2 200—2 400	30	3 000	30
合计	3 000	—	—

首先排序,即向上累计或向下累计,其次计算中间位置 $\sum f/2 = 3\,000/2 = 1\,500$,因而中位数在第三组内,同时 $f_m = 1\,050, s_{m-1} = 720, s_{m+1} = 1\,230, L = 1\,200, U = 1\,400$,则由下限公式和上限公式分别计算得:

$$M_e = 1\,200 + \frac{1\,500 - 720}{1\,050} \times 200 = 1\,348.6(元)$$

$$M_e = 1\,400 - \frac{1\,500 - 1\,230}{1\,050} \times 200 = 1\,348.6(元)$$

可见,由上限和下限公式计算的结果相同。

六、正确应用平均指标的原则

平均指标在统计分析、抽样推断和预测等方面的应用都十分广泛,为了正确计算并充分发挥其作用,必须遵循以下基本原则。

(一) 同质性原则

总体的同质性是计算平均指标的前提,平均数之所以能作为总体的代表值,是因为总体各单位间具有某种性质一致性,只有同质总体计算出来的平均数,才能真正反映事物的真实情况和本质。因此,不能将不同质的总体单位标志值加以平均,否则将造成"虚假平均数",歪曲事实真相,得出错误的结论。例如,计算职工的平均工资时,既不能包括非职工的工资,也不能包括职工的非工资收入。否则,计算出来的平均工资就不能真正反映职工的工资收入水平。

(二) 与组平均数结合应用的原则

平均指标虽然是在同质的前提下计算出来的,但它掩盖了总体内部的差别。因此,我们利用总平均数进行统计分析时,还要计算组平均数,以补充说明总平均数,以便进一步深入地反映被研究现象的特征和内部结构的影响。

(三) 与具体事例结合应用的原则

平均指标不仅掩盖了全体与局部之间的差异,也掩盖了总体与个体之间的差异。所以,为了更充分地说明问题,统计分析时,还需将平均指标与具体事例结合应用,使先进水平、落后水平和平均水平三者形成鲜明的对比,丰富人们对现象的认识。

练习题

一、单项选择题

1. 加权算术平均数 $\bar{x}$ 的大小(　　)。
   A. 受各组次数 f 的影响最大
   B. 受各组标志值 x 的影响最大
   C. 只受各组标志值 x 的影响
   D. 受各组标志值 x 和次数 f 的共同影响

2. 权数对算术平均数的影响作用,决定于(　　)。
   A. 权数本身数值的大小
   B. 作为权数的单位数占总体单位数的比重大小
   C. 各组标志的大小
   D. 权数的经济意义

3. 分配数列中,当标志值较小而权数较大时,计算出来的算术平均数(　　)。
   A. 接近于标志值大的一方   B. 接近于标志值小的一方
   C. 接近于大小合适的标志值   D. 不受权数影响

4. 平均指标反映了(　　)。
   A. 总体变量值分布的集中趋势   B. 总体分布的特征
   C. 总体单位的集中趋势   D. 总体变动趋势

5. 计算平均指标的基本要求是,所要计算的平均指标的总体单位是(　　)。
   A. 大量的   B. 同质的   C. 差异的   D. 少量的

6. 某公司下属5个企业,共有2 000名工人。已知每个企业某月产值计划完成百分比和实际产值,要计算该公司月平均产值计划完成程度,应采用加权调和平均数的方法计算,其权数是(　　)。
   A. 计划产值   B. 实际产值   C. 工人数   D. 企业数

7. 我国第五次人口普查结果,我国男女之间的对比关系为1.063∶1,这个指标是( )。

A. 比较相对数　　　　　　　　B. 比例相对数

C. 强度相对数　　　　　　　　D. 结构相对数

二、判断题

1. 结构相对指标和比较相对指标之和都等于100%。( )
2. 计划完成相对指标数值越大,说明完成计划的情况越好。( )
3. 根据组距数列计算的平均指标是一个近似值。( )
4. 众数是总体中出现最多的次数。( )
5. 在一个总体中,算术平均数、中位数和众数始终是相等的。( )

三、简答题

1. 什么是平均指标?平均指标有何特点?
2. 什么是众数和中位数?研究众数和中位数有何意义?
3. 加权算术平均数和加权调和平均数在计算上有什么不同?
4. 平均指标的计算原则是什么?有何作用?

四、计算题

1. 某企业工人按日产量分组如下:

工人按日产量分组	工人数(人)	
	7月份	8月份
20以下	30	18
20—30	78	30
30—40	108	72
40—50	90	120
50—60	42	90
60以上	12	30
合计	360	360

试计算7、8月份平均每人日产量,并简要说明8月份比7月份平均每人日产量变化的原因。

2. 某地甲乙两个农贸市场三种蔬菜价格及销售额资料如下:

品种	价格(元/公斤)	销售额(万元)	
		甲市场	乙市场
甲	0.30	75	37.5
乙	0.32	40	30.0
丙	0.36	45	45.0

试比较该地区哪个农贸市场蔬菜平均价格高,并说明原因。

3. 某企业2014年计划比上年增产甲产品10%，乙产品8%，丙产品5%；实际产量甲产品为上年的1.2倍，乙产品为上年的85%，丙产品为上年的2.03倍。试确定三种产品的计划完成程度指标。

4. 某企业产值计划完成103%，比上年增长55%，试问计划规定比上年增长多少？又该企业某产品成本应在去年600元的水平上降低12元，实际上今年每台572元，试确定降低成本计划完成指标。

第六章 标志变异指标

【案例导入】

第五章的案例导入中，我们列举了两名射击运动员的成绩，从平均成绩看甲比乙高，如果他们的平均成绩相同，我们又将如何选择呢？例如，要从甲乙两名运动员中挑选一名代表参加比赛，于是对他们进行射击测试。每名运动员分别射击10次，甲的成绩分别为9.6、9.6、9.5、9.5、9.5、9.4、9.4、9.3、9.3、9.3；乙的成绩分别为10.0、10.0、9.9、9.9、9.9、9.4、9.2、9.0、9.0、8.1。那么我们怎样从两位运动员的成绩分析，选拔谁作为代表参加比赛呢？

甲10次射击成绩的平均分数是94.4，而乙10次射击的平均分数也是94.4。如果我们只用平均分数去衡量运动员的技术，就不能判断出谁的水平更高，但从甲的成绩可以看出，其射击分数是比较集中的，而从乙的成绩可以看出其射击分数则相对不稳定，这样就涉及标准差的计算，甲成绩的标准差为0.1173，而乙成绩的标准差为0.624。从而我们可以看出甲的状态比较稳定，更适合作为代表参加比赛。

【重点与难点】

通过本章的学习，一般了解标志变异指标的概念、作用及种类，理解各种标志变异指标的特点和计算方法，重点掌握平均差和标准差的计算方法，难点是交替标志的标准差计算。

第一节 标志变异指标的概念、作用和种类

一、标志变异指标的概念

变异度指标是综合反映总体各单位标志值及其分布的差异程度的指标，也称为标志变动度。

标志变异指标在统计研究中具有重要意义。如果说通过平均指标可以反映统

计分布数列的集中趋势,通过变异度指标则可反映统计分布数列的离散程度,有助于全面认识总体的分布特征。可以说,在对许多社会经济现象的研究中,分析总体各单位间的差异程度与分析总体的平均水平同等重要。

二、标志变异指标的作用

（一）标志变异指标是衡量平均数代表性的重要尺度

平均数作为总体某一数量标志的代表值,其代表性的高低取决于总体各单位标志值差异程度的大小。也就是说,标志变异指标数值越大,平均数的代表性越低;标志变异指标数值越小,则平均数的代表性越高。同时,在相同平均数的情况下,标志值的差异越大,标志变异指标的数值越大,则平均数的代表性越差。

例 6-1 有两组学生的数学成绩如下:

甲组:60、70、80、90、100;$\bar{X}=80($分$)$

乙组:78、79、80、81、82;$\bar{X}=80($分$)$

显然,甲组 5 人成绩悬殊,标志变动度大,所以平均数 80 分代表甲组成绩的代表性较差;乙组 5 人情况与之相反。

（二）标志变异指标可以衡量现象变动的稳定性和均衡程度

标志变异指标可用于测定工业产品质量的稳定性和检验农产品收获率的稳定性。产品某项质量指标的差异程度越小,则其质量越稳定;同样,某农产品平均每公顷产量的差异程度越小,其收获率也越稳定。标志变异指标还可以测定工业生产过程的均衡程度,检查生产过程中或计划执行过程中是否有时紧时松的现象。

（三）标志变异指标可以研究总体标志值分布偏离正态的情况

一般来说,标志值分布越集中,频数分布的形态也越尖峭;标志值分布越分散,频数分布的形态也越平坦。这也可以通过标志变异指标来测度。

（四）标志变异指标是进行抽样推断等统计分析的一个基本指标

在统计分析中,进行相关分析、趋势分析、抽样推断、统计决策等,都需要利用标志变异指标。

三、标志变异指标的种类

反映总体内部各总体单位之间差异程度的指标很多,按其比较标准不同,大致可以分为以下几类:

（一）全距和四分位差

其中,全距是总体中极端值之差,四分位差则是根据第三分位点标志值与第一分位点的标志值之差来计算的。

（二）平均差、标准差和方差

平均差是各标志值与其平均数离差绝对值的平均水平,方差是各标志值与其平均数离差平方的平均水平,标准差则是方差的平方根。

第二节　标志变异指标的计算

一、全距

全距是总体各单位标志值中最大值与最小值之差。因它是总体中两个极端值之差,因此也称为极差,一般以 R 表示。其计算公式为:

$$R = X_{\max} - X_{\min}$$

公式中, $X_{\max}$ 表示最大标志值, $X_{\min}$ 表示最小标志值。

仍以上述甲、乙两组学生的数学成绩为例,则有:

$$R_{甲} = 100 - 60 = 40(分)$$

$$R_{乙} = 82 - 78 = 4(分)$$

这说明甲组资料的标志变动度远大于乙组资料的标志变动度。如果总体资料已分组,且为组距数列,则全距的近似值计算公式为:

$$R = 最高组的上限 - 最低组的下限$$

例 6-2　某车间工人日产量资料如表 6-1 所示。

表 6-1　车间工人日产量

日产量(件)	工人数(个)
5—10	10
10—20	24
20—30	40
30—40	20
40—50	6
合计	100

最高上限 = 50,最低下限 = 5。

$$R = 50 - 5 = 45(件)$$

全距是测定总体差异程度的一种粗略方法,优点是计算简便。但是它并没有太多地反映数据的情况,所以准确度不够,故其实用价值比较小。

二、四分位差

四分位差是四分位数中间两个分位数之差,一般以 Q 表示。若将总体各单位标志值顺序排列后划分为总体单位数相等的四部分,使每部分单位数各占 25%,它们的端点依次为 Q_0、Q_1、Q_2、Q_3、Q_4,且 Q_1—Q_3 的总体单位数占 50%,则 $Q_0 = X_{\min}$, $Q_4 = X_{\max}$, $Q_2 = $ Me,四分位差的计算公式为:

$$Q = Q_3 - Q_1$$

公式中，Q_3 为第三个四分位数，Q_3 的位置 $= \frac{3}{4}(n+1)$，Q_1 为第一个四分位数，Q_1 的位置 $= \frac{n+1}{4}$。

例 6-3 某车间 12 个工人，其日产量按数量大小依次排列为 10、20、22、24、25、26、27、28、30、32、34、35，求其四分位差。

$$Q_1 \text{ 的位置} = \frac{n+1}{4} = \frac{12+1}{4} = 3.25$$

则：

$$Q_1 = \frac{22+24}{2} = 23（件）$$

$$Q_3 \text{ 的位置} = \frac{3}{4}(n+1) = \frac{3 \times (12+1)}{4} = 9.75$$

则：

$$Q_3 = \frac{30+32}{2} = 31（件）$$

所以，$Q = Q_3 - Q_1 = 31 - 23 = 8$（件），该总体各单位间差异程度为 8 件。

若以全距来反映该总体各单位间的差距程度，则为：

$$R = X_{\max} - X_{\min} = 35 - 10 = 25（件）$$

三、平均差的计算

平均差是总体各单位标志值对其算术平均数的离差绝对值的算术平均数，表明总体各单位标志值与算术平均数的平均差异程度。平均差越大，则表示标志变动度越大；反之亦然。由于掌握的资料不同，计算平均差时可有简单平均差和加权平均差两种。

（一）简单平均差

掌握未分组的统计资料时，采用简单平均的方法。其计算公式为：

$$MD = \frac{\sum |x - \bar{x}|}{N}$$

仍然以例 6-1 中甲、乙两组同学的成绩为例，计算平均差如下：

$$MD_{甲} = \frac{|60-80|+|70-80|+|80-80|+|90-80|+|100-80|}{5} = 12（分）$$

$$MD_{乙} = \frac{|78-80|+|79-80|+|80-80|+|81-80|+|82-80|}{5} = 1.2（分）$$

可见甲组学生数学成绩的变异程度远远高于乙组，所以乙组学生的平均分数代表性较大。

（二）加权平均差

如果掌握的统计资料是分布数列,则要计算加权平均差。其计算公式为:

$$A.D = \frac{\sum |x - \bar{x}|f}{\sum f}$$

现以某企业职工月平均工资资料为例（如表 6-2 所示）,说明由组距数列计算平均差的方法。

表 6-2　某企业职工月平均工资

职工月平均工资(元)	职工人数(个)(f)	组中值(元)(X)	工资总额(元)(Xf)	离差绝对值($\lvert X-\bar{X} \rvert f$)
500—700	15	600	9 000	5 884.5
700—900	25	800	20 000	4 807.5
900—1 100	50	1 000	50 000	385.0
1 100—1 300	30	1 200	36 000	6 231.0
1 300—1 500	10	1 400	14 000	4 077.0
合计	130	—	129 000	13 231.0

$$\bar{X} = \frac{X_1 f_1 + X_2 f_2 + X_3 f_3 + \cdots + X_n f_n}{f_1 + f_2 + f_3 + \cdots + f_n} = 129\,000 \div 130 = 992.3(元)$$

$$A.D = 13\,231.0 \div 130 = 101.8(元)$$

平均差的含义明确,计算也比较简便,同时它避免了全距和四分位差的不足。又因为它是根据总体各单位标志值计算出来的,综合了各单位标志值的变异情况,所以它能够充分、客观地反映总体各单位标志值之间的差异程度。但是也要看到,平均差是以标志值与算术平均数离差的绝对值为计算基础的,这就不利于进一步进行代数运算。所以,在统计实务中,它的应用受到一定的限制。

四、标准差

标准差又称为均方差,是测定标志变异程度最常用、最主要的指标。常以 σ 代表标准差,根据资料是否分组,有简单和加权两种计算方式。

（一）简单标准差

根据未分组资料计算标准差时,采用下列公式:

$$\sigma = \sqrt{\frac{\sum (X - \bar{X})^2}{n}}$$

公式中,σ 代表标准差。

（二）加权标准差

若资料已经分组,则可采用下列加权平均式计算:

设 x 代表组标，f 代表各组次数，各组项目与平均数离差的平方用 f 加权为 $(x-\bar{x})^2 f$。则简单平均式可改写为：

$$\sigma = \sqrt{\frac{\sum (x-\bar{x})^2 f}{\sum f}}$$

（三）标准差的数学性质

标准差的平方 σ^2 称为方差，方差具有以下几个数学性质：

（1）变量的方差等于变量平方的平均数减变量平均数的平方，即：

$$\sigma^2 = \frac{\sum (x-\bar{x})^2}{n} = \frac{\sum (x^2 - 2x\bar{x} + \bar{x}^2)}{n}$$
$$= \frac{\sum (x-\bar{x})^2}{n} - 2\bar{x}\frac{\sum x}{n} + \frac{\sum \bar{x}^2}{n}$$
$$= \overline{x^2} - (\bar{x})^2$$

（2）变量对算术平均数的方差，小于对任意常数的方差。

设 A 为任意常数，D 为变量对 A 的方差。则有：

$$D = \frac{\sum (x-A)^2}{n} = \frac{1}{n}\sum (x^2 - 2Ax + A^2)$$
$$= \overline{x^2} - 2A\bar{x} + A^2$$
$$= A^2 - 2A\bar{x} + \bar{x}^2 + \overline{x^2} - \bar{x}^2$$
$$= (A-\bar{x})^2 + \sigma^2$$

只有当 $A = \bar{x}$ 时，$D = \sigma^2$ 为最小。

（3）n 个性质相同的独立变量和的方差等于各个变量方差之和。

设 n 个独立变量 x_1、x_2、x_3、$\cdots$、x_n，其方差分别为 σ_1^2、σ_2^2、$\cdots$、σ_n^2，令 $x = x_1 + x_2 + \cdots + x_n$，其方差为 σ^2，则有：

$$\sigma^2 = \sigma_1^2 + \sigma_2^2 + \cdots + \sigma_n^2$$

由于

$$x = x_1 + x_2 + \cdots + x_n$$
$$\bar{x} = \bar{x}_1 + \bar{x}_2 + \cdots + \bar{x}_n$$

则：

$$\sigma^2 = \frac{\sum (x-\bar{x})^2}{n} = \frac{1}{n}\sum [(x_1 + x_2 + \cdots + x_n) - (\bar{x}_1 + \bar{x}_2 + \cdots + \bar{x}_n)]^2$$
$$= \frac{1}{n}\left[\sum (x_1 - \bar{x}_1)^2 + \sum (x_2 - \bar{x}_2)^2 + \cdots + \sum (x_n - \bar{x}_n)^2 \right.$$
$$\left. + \sum_{i \neq j} (x_i - \bar{x}_i)(x_j - \bar{x}_j)\right]$$

由于 x_i 和 x_j 相互独立,则:

$$\sum (x_i - \bar{x}_i)(x_j - \bar{x}_j) = 0$$

所以 $\sigma^2 = \sigma_1^2 + \sigma_2^2 + \cdots + \sigma_n^2$。

五、交替标志的标准差

当一个总体可以按某一标志划分为两个组成部分,其中一部分总体单位具有某一标志,而另一部分总体单位不具有这一标志时,可以用"是""否""有""无"来表示的标志即交替标志,也叫是非标志。在社会经济现象中,有些现象的特征只表现为两种性质上的差别。例如,人的性别表现为男和女;产品的质量表现为合格与不合格;对某一电视节目,观众表现为收看或不收看;农田按灌溉情况分为水浇田或旱田,等等。在进行统计调查如统计合格产品数量时,若某件产品合格,则标志表示为"是",若某件产品不合格,则表示为"否",这就是交替标志。在进行抽样估计时,交替标志的标准差或方差有重要的意义。

(一) 成数

总体中,交替标志只有两种,我们把具有某种表现或者不具有某种表现的单位占总体单位的比重叫做成数。例如,一批产品一共 5 000 件,合格产品 4 750 件,不合格产品 250 件,合格产品占总体的 95%,不合格产品占总体的 5%。在这里 95% 和 5% 表示成数。若用 N_1 表示具有某一标志的总体单位数,用 N_0 表示不具有某一标志的单位数,N 表示总体单位数,则成数可以写成:

$$p = \frac{N_1}{N} \text{ 或 } q = \frac{N_0}{N}$$

公式中,p、q 分别代表具有与不具有某种标志的成数。

由于

$$N_1 + N_0 = N$$

所以,同一总体两种成数之和等于 1。用公式表示为:

$$p + q = 1 \text{ 或 } q = 1 - p$$

(二) 交替标志的平均数

交替标志表现了现象质的差别,其标志表现为文字,若要计算其平均数,首先必须将其标志表现进行量化处理。由于交替标志只有两种表现:是或否、有或无,所以可以用"1"表示是或有,表示总体单位具有某种性质;用"0"表示否或无,表示总体单位不具有某种性质。例如,在前面的例子中,以"1"代表合格,以"0"代表不合格,然后将"1"和"0"作为变量值,计算其加权平均数。其计算公式为:

$$\bar{X} = \frac{1 \times N_1 + 0 \times N_0}{N_1 + N_0} = \frac{N_1}{N} = p$$

$$\overline{X} = 1 \times p + 0 \times q = p$$

例 6-4　仍用前面产品的例子说明,如表 6-3 所示。

表 6-3　产品的合格情况

交替标志	变量值 X	单位数 N_i(件)	成数(%)
合格	1	4 750	95%
不合格	0	250	5%
合计	—	5 000	100%

$$\overline{X} = \frac{1 \times 4\,750 + 0 \times 250}{4\,750 + 250} = \frac{4\,750}{5\,000} = 95\%$$

或者

$$\overline{X} = 1 \times 95\% + 0 \times 5\% = 95\%$$

可以看出,交替标志的平均数即个别研究标志表现的成数。在例 6-4 中,即合格品占全部产品的比重,即合格率。

(三) 交替标志的标准差

根据前面所述的计算标准差的方式,交替标志的标准差是将变量值"1"和"0"分别减去其平均数"p",对其离差平方求平均数,再开方。即：

$$\sigma = \sqrt{\frac{(1-p)^2 \times N_1 + (0-p)^2 \times N_0}{N}}$$

$$= \sqrt{(1-P)^2 \times \frac{N_1}{N} + (0-P)^2 \times \frac{N_0}{N}}$$

$$= \sqrt{pq} = \sqrt{p(1-p)}$$

由此可见,交替标志的标准差为被研究标志表现的成数 p 与另外一种表现的成数 q 乘积的平方根。

例 6-5　仍用前面产品的例子,其合格产品的成数为 95%,其标准差为：

$$\sigma = \sqrt{p(1-p)} = \sqrt{95\% \times 5\%} = 21.79\%$$

(四) 总方差、组内方差和组间方差

用组距数列计算标准差时,可以按总体各单位标志值来计算,也可以按组距分组的组平均数代表各组水平来计算,其结果不同,前者是整个总体的总离差,它是各单位标志值与总平均数计算的标准差,后者是组间离差。总方差除了包括组间方差外,还包括组内方差。组内方差是各组内各单位标志值与组平均数计算的方差。它们的关系如下：

$$总方差 = 组间方差 + 组内方差的算术平均数$$

即：

$$\sigma^2_{总} = \sigma^2_{组间} + \overline{\sigma^2_{组内}}$$

上面各个方差的计算公式如下：

（1）组内方差（$i = 1, 2, 3 \cdots$）

$$\sigma^2_{组内} = \frac{\sum (X_i - \overline{X})^2}{n_i}$$

公式中，$\sigma^2_{组内}$为组内方差；X_i为各组内单位的标志值；$\overline{X}_i$为各组平均值；n_i为各组单位值。

组内方差的算术平均数为：

$$\overline{\sigma^2_{组内}} = \frac{\sum \sigma^2_{组内} \times n_i}{\sum n}$$

（2）组间方差

$$\sigma^2_{组间} = \frac{\sum (\overline{X}_i - \overline{X})^2 \times n_i}{\sum n_i}$$

公式中，$\sigma^2_{组间}$为组间方差；$\overline{X}$为总体平均数；$\overline{X}_i$为各组平均数。

（3）总方差

$$\sigma^2_{总} = \sigma^2_{组间} + \overline{\sigma^2_{组内}}$$

例 6-6 某班 10 名同学数学考试成绩如下：

50、52、62、66、71、73、76、78、80、82

按学习成绩分为不及格和及格两组。

不及格组：50、52

及格组：62、66、71、73、76、78、80、82

根据上面资料可计算：

总平均学习成绩 = 69（分）

学习成绩的总方差 = 114.8

第一组平均学习成绩 = 51（分）

组内方差 = 1

第二组平均学习成绩 = 73.5（分）

组内方差 = 42（分）

组内方差的算术平均数 = $(1 \times 2 + 42 \times 8) \div 10 = 33.8$

组间方差 = $\frac{(51-69)^2 \times 2 + (73.5-69)^2 \times 8}{10} = \frac{648 + 162}{10} = 81$

$$\sigma^2_{总} = \sigma^2_{组间} + \overline{\sigma^2_{组内}}$$

所以

$$114.8 = 81 + 33.8$$

六、变异系数

全距、平均差和标准差都有与平均指标相同的计量单位,也就是与各单位标志值的计量单位相同。其数值的大小,不仅受各单位标志值变异程度的影响,还受总体单位标志值水平高低的影响。为了对比分析不同水平的变量数列之间的标志变异程度,就不宜直接通过上述变异指标进行比较,还必须消除水平高低的影响,才能真正反映出变量数列的离散程度。这就需要计算变异系数,即变异指标与算术平均数之比的相对变异指标,有全距系数、平均差系数和标准差系数。常用的是标准差系数。其计算公式为:

$$\text{全距系数 } V_R = \frac{R}{\overline{X}} \times 100\%$$

$$\text{平均差系数 } V_{A.D} = \frac{A.D}{\overline{X}} \times 100\%$$

$$\text{标准差系数 } V_\sigma = \frac{\sigma}{\overline{X}} \times 100\%$$

例 6-7 甲乙两企业职工的平均月工资资料如表 6-4 所示。

表 6-4 甲乙两企业职工平均月工资表

企业名称	平均月工资(M)	标准差(σ)	标准差系数(V_σ)(%)
甲	800	90	11.25
乙	1 100	103	9.36

从表 6-4 可以看出,用标准差和标准差系数评价平均月工资的变异程度大小将得出相反的结论。由于甲、乙两企业平均月工资水平高低差别较大,故应消除水平高低的影响,以标准差系数作为评价指标。因此,正确的结论应是乙企业平均月工资变异程度较小,平均月工资代表性较大。

此外,在实际中,经常要比较不同性质标志的变异程度,比如身高与体重、企业的利润与销售额、价格与销售量、职工工资与工龄等的变异程度,比较标志的性质不同,计量单位也可能不同,这似乎是不可想象的。但是,相对指标的理论告诉我们,用变异系数完全可以比较这些标志的变异程度。所以,变异系数既可以用于比较不同总体同一标志的变异,也可以用于比较同一总体不同标志的变异。

练习题

一、单项选择题

1. 标志变异指标中易受极端数值影响的是(   )。

   A. 全距　　　　　　　　　　　　　　B. 平均差

C. 标准差 　　　　　　　　　　D. 标准差系数

2. 用是非标志计算平均数,其计算结果为(　　)。
A. $p+q$　　　B. $p-q$　　　C. $1-p$　　　D. p

3. 利用标准差比较两个总体的平均数代表性大小时,要求这两个总体的平均数(　　)。
A. 不等　　　B. 相差不大　　　C. 相差很大　　　D. 相等

4. 同质总体标志变异指标反映(　　)。
A. 离中趋势　　　B. 集中趋势　　　C. 变动情况　　　D. 一般水平

5. 两个总体的平均数不等,但标准差相等,则(　　)。
A. 平均数小,代表性大　　　　　　B. 平均数大,代表性大
C. 两个平均数代表性相同　　　　　D. 无法进行正确判断

6. 标准差数值越小,则反映变量值(　　)。
A. 越分散,平均数代表性越低　　　B. 越集中,平均数代表性越高
C. 越分散,平均数代表性越高　　　D. 越集中,平均数代表性越低

7. 标准差属于(　　)。
A. 强度相对指标　　B. 绝对指标　　C. 相对指标　　D. 平均指标

8. 若把全部产品分为合格品与不合格品,所采用的标志属于(　　)。
A. 不变标志　　　B. 是非标志　　　C. 品质标志　　　D. 数量标志

9. 在甲、乙两个变量数列中,若$\sigma_甲<\sigma_乙$,则(　　)。
A. 两个数列的平均数代表性相同
B. 甲数列的平均数代表性高于乙数列
C. 乙数列的平均数代表性高于甲数列
D. 不能确定哪个数列的平均数代表性高

二、判断题

1. 平均指标反映总体各单位变量值分布的集中趋势,变异指标则反映其离散趋势。(　　)
2. 平均差和标准差都表示各标志值对算术平均数的平均离差。(　　)
3. 两个企业的职工平均工资比较,若$\overline{x_甲}>\overline{x_乙}$、$\sigma_甲>\sigma_乙$,则甲企业职工工资的变异程度一定比乙企业高。(　　)
4. 用加权平均数法计算标准差,适用于未经分组的原始资料。(　　)

三、简答题

1. 为什么要研究标志变异指标?
2. 为什么说标准差是各种标志变异指标中最常用的指标?
3. 在比较两个数列的两个平均数代表性大小时,能否直接用标准差进行对比?

4. 用全距测定标志变异度有哪些优缺点？

5. 什么是标志变动度？测定的方法有几种？

四、计算题

1. 某商店售货员的工资资料如下：

工资额（元）	销货员人数（人）
375	4
430	3
510	7
590	3
690	3

根据上表计算该商店售货员工资的全距、平均差和标准差，以及平均差系数和标准差系数。

2. 某工厂生产一批零件共10万件，为了解这批产品的质量，采取不重复抽样的方法抽取1 000件进行检查，其结果如下：

使用寿命（小时）	零件数（件）
700 以下	10
700—800	60
800—900	230
900—1 000	450
1 000—1 200	190
1 200 以上	60
合计	1 000

根据质量标准，使用寿命800小时及以上者为合格品。试计算平均合格率、标准差及标准差系数。

3. 某厂400名职工工资资料如下：

按月工资分组（元）	职工人数（人）
900—1 100	60
1 100—1 300	100
1 300—1 500	140
1 500—1 700	60
1 700—1 900	40
合计	400

试根据上述资料计算该厂职工的平均工资和标准差。

第七章 动态数列

【案例导入】

中国和美国 GDP 对比　　　　　　　　　　　　单位:亿美元

年份	CNY 年平均汇率	中国	美国
2009	6.8310	49 905.26	138 983.00
2010	6.7695	59 312.03	144 194.00
2011	6.4588	73 249.53	149 913.00
2012	6.3125	82 292.29	156 847.50

数据来源:中国国家统计局、美国商务部。

通过上表的观察你能预计 2016 年的中美 GDP 数据及中国 GDP 最早可以在哪一年超过美国吗?

【重点与难点】

动态数列分析是认识事物的发展规律的重要的统计分析方法。通过本章的学习,应了解动态数列的概念、种类及编制的原则。掌握现象发展水平指标和现象发展速度指标的计算,了解时间数列的影响因素,重点掌握直线趋势测定的方法,研究现象发展变化的原因及其规律性,为预测未来和决策提供依据。

第一节　动态数列的编制

一、动态数列的概念和作用

(一) 动态数列的概念

动态数列亦称为时间数列或时间序列,是把反映某一现象的同一指标在不同时间上的取值,按时间的先后顺序排列所形成的一个时间数列。

动态数列的构成要素如下:

（1）现象所属的时间。时间可长可短，可以以日为时间单位，也可以以年为时间单位，甚至更长。

（2）统计指标在一定时间条件下的数值。如表7-1所示。

表7-1　某地区2008—2012年商品出口额

年份/商品出口额（亿美元）

2008	4 589.00
2009	5 309.90
2010	6 229.30
2011	6 900.30
2012	7 702.80

资料来源：2009年中国金融年鉴。

（二）动态数列的作用

研究动态数列具有重要的作用。通过编制动态数列，可以进行前后时期的对比分析，研究社会经济现象发展变化的趋势、速度及其规律性。具体可以概括为：

（1）描述社会经济现象的发展状况和结果；

（2）研究社会经济现象的发展速度和发展趋势，探索现象发展变化的规律，并据以进行统计预测；

（3）对不同时期的经济现象进行对比分析。

二、动态数列的种类

动态数列的分类在动态数列分析中具有重要的意义。因为在很多情况下，动态数列的种类不同，则动态数列的分析方法就不同。因此，为了保证对动态数列进行准确分析，首先必须正确判断动态数列的类型。而要正确判断动态数列的类型，其关键又在于对有关统计指标的分类进行准确理解。

由于动态数列由统计指标和时间两个要素所构成，因此动态数列的分类实际上和统计指标的分类是一致的。

动态数列分为总量指标动态数列、相对指标动态数列和平均指标动态数列。

（一）总量指标动态数列

总量指标动态数列又称为绝对数动态数列，是指由一系列同类的总量指标数值所构成的动态数列。它反映事物在不同时间上的规模、水平等总量特征。总量指标动态数列又分为时期数列和时点数列。

1. 时期数列

时期数列是指由反映某种社会经济现象在一段时期内发展过程累计量的总量指标所构成的总量指标动态数列。

时期数列的特点为:

(1) 时期数列中各项指标值反映现象在一段时期内发展过程的总量。

(2) 各项指标值随着现象的发展进程进行连续登记,因而各项指标值可以相加,相加后的指标值反映现象在更长时期内发展过程的总量。

(3) 每项指标值的大小与其所包括的时间长短有直接关系,时期长,指标值大;时期短,指标值小,因此其时期间隔一般应该相等。

2. 时点数列

时点数列是指由反映某种现象在一定时点(瞬间)上的发展状况的总量指标所构成的总量指标动态数列。

时点数列的特点为:

(1) 时点数列中各项指标值反映现象在一定时点上的发展状况。

(2) 各项指标值只能按时点所表示的瞬间进行不连续登记,相加无实际经济意义,因而不能直接相加。

(3) 各项指标值的大小,与其时点间隔的长短没有直接关系。

(二) 相对指标动态数列

相对指标动态数列是指由一系列同类的相对指标数值所构成的动态数列。它可以反映社会经济现象数量对比关系的发展过程。

它包括:① 由两个时期数列对比所形成的相对数动态数列;② 由两个时点数列对比所形成的相对数动态数列;③ 由一个时期数列和一个时点数列对比所形成的相对数动态数列。

相对数动态数列反映事物数量关系的发展变化动态,由于各期相对数的对比基数不同,故其各项水平数值不能直接相加。

(三) 平均指标动态数列

平均指标动态数列是指由一系列同类的平均数指标数值所构成的动态数列。它可以反映社会经济现象一般水平的发展变化过程。

这类动态数列可以揭示研究对象一般水平的发展趋势和发展规律。平均指标动态数列中各项水平数值也不能直接加总。

三、编制动态数列的原则

编制动态数列的目的,在于通过数列中各项指标值的对比,说明社会经济现象的发展过程和规律性。因此,为了保证同一动态数列中指标值的可比性,即数列中前后各项指标值可以相互比较,应遵守以下几个基本原则:

(一) 时间方面的可比性

一般来说,时期数列数值的大小与时期的长短成正比。时期越长,指标值越大;

反之,则越小。因此,时期数列中各项指标值所属的时期长短只有前后一致,才能对比,如果时期长短不同,应进行必要的调整。关于时期间隔,为了便于对比分析,间隔最好相等,也可以编制间隔不等的数列。

对于时点数列来说,不存在指标值所属时期长短问题,只要求注意时点间隔是否一致即可。由于时点数列指标值的大小与时点间隔的长短没有直接关系,其时点间隔虽然可以不一致,但是为了明显地反映社会经济现象发展变化的规律性,时点间隔也应力求一致。

(二) 空间的可比性

总体范围是指动态数列指标值所包括的地区范围、隶属关系范围等。在进行动态数列分析时,要查明所依据的指标值总体范围是否前后一致。只有范围一致才能对比,如有变动应进行必要调整。

(三) 指标口径的可比性

指标口径是统计实践中的一种说法,它是指指标所包括的经济内容的多少。一般来说,只有同质的现象才能进行动态对比,才能表明现象发展变化的过程及趋势。在经济分析中,经常存在这样一种情况,即有些指标从指标名称上看,在不同时间上并没有什么变化,但随着时间的推移,其经济内容却发生了很大的变化。

(四) 指标的计算方法和计量单位方面的可比性

指标的计算方法和计量单位方面应该一致。各个指标的计算方法如果不一致,不便于动态对比。指标数值的计量单位也应该一致,否则也不可比。

第二节 动态数列分析指标

动态数列分析的第一个层次,即最基本的层次,就是从时间的角度对事物发展变化的基本状态进行描述。这种描述包括两个方面的基本内容:一个是回答"多少"的问题;另一个是回答"快慢"的问题。在统计学的动态数列分析中,一般将描述前者的动态分析指标称为"水平指标";将描述后者的动态分析指标称为"速度指标"。

一、发展水平和平均发展水平

(一) 发展水平

发展水平是指动态数列中各时间上所对应的指标数值的统称。它反映某种社会经济现象在一定时期或时点所达到的规模和水平,通常用 a_i 表示。$a_0, a_1, \cdots, a_n$ 是动态数列中各个时期或时点的发展水平。

在统计分析中规定,处于动态数列中第一期的指标值,称为最初发展水平(a_0);处于最后一期的指标值,称为最末发展水平(a_n);处于第一期指标值和最后一期指标值之间的指标值,称为中间发展水平。

在作动态对比时,将作为对比基准期的时期称为基期,其指标值也相应地被称为基期发展水平;将用以分析研究的时期称为报告期,其指标值被称为报告期发展水平。发展水平的这些不同内容,随着研究目的的不同而改变。

(二) 平均发展水平

平均发展水平是将不同时间的发展水平加以平均而得到的平均数,由于它是不同时间的、动态上的平均,故又称为序时平均数或动态平均数。

平均发展水平(序时平均数)与一般平均数都反映现象的一般水平,但两者之间却有区别。一般平均数是根据同一时期总体标志总量与总体单位总量对比求得的,是根据变量数列计算的,从静态上说明总体某个数量标志的一般水平;序时平均数则是根据时间数列中不同时间的指标值的总和与时间的项数对比求得的,是根据时间数列计算的,从而说明某一现象在不同时间数值的一般水平。

在动态分析中,利用序时平均数分析社会经济现象的动态变化有很重要的作用:(1) 可以反映社会经济现象在一段时间内所达到的一般水平,并对其作出概括的说明;(2) 可以消除现象在短期内波动的影响,便于观察现象的发展趋势和规律;(3) 可以对不同单位、不同地区等在某一段时间内某一事物的一般水平进行比较。

序时平均数可以根据各种时间数列进行计算,由于时间数列中指标的性质不同,计算方法也不同。因此,计算平均发展水平的基本思路是:首先,要判断时间数列的类型,不同类型的时间数列,平均发展水平的计算方法也不同;其次,选择具体的计算公式。下面分别讲述各种不同时间数列的平均发展水平的计算方法。

1. 绝对数时间数列的序时平均数

(1) 时期数列的序时平均数。

同一时期数列中各项指标值所属时期的长短相等,可以直接将各项指标值相加除以项数,用简单算术平均法计算序时平均数。其计算公式为:

$$\bar{a} = \frac{a_1 + a_2 + \cdots + a_n}{n} = \frac{\sum_{i=1}^{n} a_i}{n}$$

公式中,$\bar{a}$ 为序时平均数,a_i 为各时期的发展水平,n 为时期数。

(2) 时点数列的序时平均数。

时点数列的序时平均数,根据掌握资料的不同而有不同的计算方法。

① 根据每日时点(连续时点)资料计算序时平均数。

在掌握整个研究时期中每日资料的情况下,序时平均数的计算方法与时期数列相同,即将每日数字相加再除以日数,用简单算术平均法计算序时平均数。该方法计算的平均发展水平是最为准确的。其计算公式为:

$$\bar{a} = \frac{\sum_{i=1}^{n} a_i}{n}$$

公式中，a_i 为各时点发展水平，n 为指标项数（天数）。

如果我们掌握了一段时期中每次变动的资料，则可以将每一资料所存在的日数为权数，对各时点指标值加权，用加权算术平均法来计算序时平均数。其计算公式为：

$$\bar{a} = \frac{\sum_{i=1}^{n} a_i f_i}{\sum_{i=1}^{n} f_i}$$

公式中，a_i 为每次变动的时点水平，f_i 为各时点水平所持续的间隔长度（天数）。

② 根据间断时点资料计算序时平均数。

a. 根据间隔相等的间断时点资料计算序时平均数。

在掌握间隔相等时点资料的情况下，计算序时平均数，可以用简单算术平均法，先依次将相邻两个时点指标值相加除以 2，得到两个时点指标值的序时平均数，然后再将这些序时平均数进行简单算术平均，就可以计算出整个时点数列的序时平均数。

时间间隔相等时点数列序时平均数的一般公式为：

$$\bar{a} = \frac{\frac{a_1}{2} + a_2 + \cdots + a_{n-1} + \frac{a_n}{2}}{n-1}$$

公式中，a_1，a_2，$\cdots$，a_n 代表各时点水平，n 代表项数，该公式又称为首尾折半法。

时点数列的序时平均数
= （1/2 首项数值 + 第二项数值 + $\cdots$ + 1/2 末项数值）/（项数 – 1）

根据时间间隔相等的时点数列计算序时平均数的方法，是假定现象在各个时点之间的变动是均匀的，但是实际上并不完全如此，所以计算的序时平均数只能是近似值。由于间隔越短，误差越小，因此为了使序时平均数能基本反映实际情况，时点数列的间隔不宜过长。

例 7-1 某厂 2014 年各时点职工人数如表 7-2 所示，求其 2014 年平均每月职工人数。

表 7-2 某厂 2014 年各时点职工人数

时间	1月1日	4月1日	7月1日	10月1日	12月31日
职工人数（人）	208	214	222	220	217

求解这个问题时，可先用公式 $\left(\text{期中水平} = \frac{\text{期初水平} + \text{期末水平}}{2}\right)$ 求出每个季度的水平。

$$第一季度水平 = \frac{208 + 214}{2}$$

$$第二季度水平 = \frac{214 + 222}{2}$$

$$第三季度水平 = \frac{222 + 220}{2}$$

$$第四季度水平 = \frac{220 + 217}{2}$$

相邻两个时期的期初期末可看作是同一时刻,即 4 月初作为 3 月末,7 月初作为 6 月末,等等,则上述计算结果变成了每个时期的期中水平,代表每个季度的月平均水平,这就是"首末折半法"。

$$\bar{a} = \frac{\frac{208+214}{2} + \frac{214+222}{2} + \frac{222+220}{2} + \frac{220+217}{2}}{4}$$

$$= \frac{\frac{208}{2} + 214 + 222 + 220 + \frac{217}{2}}{5-1}$$

解:该厂 2014 年平均每月职工人数为:

$$\bar{a} = \frac{\frac{208}{2} + 214 + 222 + 220 + \frac{217}{2}}{5-1} = 217(人)$$

b. 根据间隔不相等的间断时点资料计算序时平均数。

在掌握间隔不等时点资料的情况下,可用不同的时点间隔长度作为权数,用加权算术平均法计算序时平均数。其计算公式为:

$$\bar{a} = \frac{\frac{a_1+a_2}{2}f_1 + \cdots + \frac{a_{n-1}+a_n}{2}f_{n-1}}{\sum_{i=1}^{n-1} f_i} = \frac{\sum_{i=1}^{n-1}(\frac{a_i+a_{i+1}}{2})f_i}{\sum_{i=1}^{n-1} f_i}$$

公式中,f_i 为各时点间隔长度。

例 7-2　某大学 2015 年在册学生统计资料如表 7-3 所示。

表 7-3　某大学 2015 年在册学生人数

时间	1月1日	3月1日	7月1日	9月1日	12月31日
在册学生人数(人)	3 408	3 258	3 250	3 590	3 575

则 2015 年该大学平均每月在册学生数为:

$$\bar{a} = \frac{\frac{3\,408+3\,258}{2}\times 2 + \frac{3\,258+3\,250}{2}\times 4 + \frac{3\,250+3\,590}{2}\times 2 + \frac{3\,590+3\,575}{2}\times 4}{2+4+2+4}$$

$$= 3\,404(人)$$

2. 相对数时间数列和平均数时间数列的序时平均数

相对数和平均数时间数列的序时平均数,是由两个总量指标时间数列对比形成的。由于各相对数和平均数的分母不同,不能直接将不同时间的相对数或平均数相加来计算序时平均数,而应根据时期数列和时点数列序时平均数的求法,分别求出构成相对数和平均数时间数列的子项与母项数列的序时平均数,然后将它们对比求出相对数和平均数时间数列的序时平均数。其基本计算公式为:

$$\bar{c} = \frac{\bar{a}}{\bar{b}}$$

公式中,$\bar{a}$ 为分子数列的序时平均数,$\bar{b}$ 为分母数列的序时平均数,$\bar{c}$ 为相对数或平均数时间数列的序时平均数。

例 7-3 某企业产值和职工人数资料如表 7-4 所示,计算该企业的年平均劳动生产率。

表 7-4 某企业职工人数与总产值统计表

年份	2007	2008	2009	2010	2011	2012	2013	2014
年末职工人数(人)	790	810	810	830	850	880	870	885
总产值(万元)	70.61	73.71	76.14	83.83	90.1	108.24	98.25	106.86

分析:劳动生产率是一个相对指标,而用每年的总产值除以相应年份的年平均职工人数所编制的年劳动生产率时间数列就属于相对指标时间数列。根据公式,只从计算相对数时间数列序时平均数的角度讲,就不一定需要把该数列编制出来了,直接分别计算其子项数列——总产值和母项数列——职工人数的序时平均数,然后将它们对比就可以了。但是,需要特别注意的是,职工人数和总产值两个时间数列在各自计算序时平均数时要注意时间口径的一致性。根据资料,对于年平均职工人数我们只能计算出 2008—2014 年这 7 年的平均数。所以总产值这一总量指标时间数列虽然能计算出 2007—2014 年这 8 年的平均数,但为了保持时间口径的可比性,它同样只能计算 2008—2014 年这 7 年的平均数。因此,只能计算出 2008—2014 年这一时期的年平均劳动生产率。

年平均劳动生产率:

$$\bar{a} = \frac{\sum a_i}{n} = \frac{73.71 + 76.14 + 83.83 + 90.10 + 108.24 + 98.25 + 106.86}{7}$$

$$= \frac{637.13}{7} = 91.02(万元)$$

$$\bar{b} = \frac{\frac{b_1}{2} + b_2 + b_3 + \cdots + \frac{b_n}{2}}{n-1} = \frac{\frac{790}{2} + 810 + 810 + 830 + 850 + 880 + 870 + \frac{885}{2}}{7}$$

$$= \frac{5887.5}{7} = 841.07(人)$$

$$\bar{c} = \frac{\bar{a}}{\bar{b}} = \frac{91.02}{841.07}$$

$$= 0.108219(万元／人年)$$

$$= 1082.19(元／人年)$$

二、增长量与平均增长量

（一）增长量

增长量是动态数列中报告期发展水平与相比较的基期发展水平之差，反映社会经济现象报告期比基期增加或减少的数量，即：

$$增长量 = 报告期发展水平 - 基期发展水平$$

一般而言，分析的目的不同，选择的基期就不同。因此，根据基期的不同，可将增长量分为逐期增长量和累计增长量。

1. 逐期增长量

逐期增长量是指时间数列中各期发展水平与其前期发展水平之差，说明现象逐期增加或减少的数量，用公式表示为：

$$逐期增长量 = 报告期发展水平 - 报告期上期发展水平$$

$$= a_i - a_{i-1}$$

在实际工作中，利用历年各月（季）的资料编制的时间数列，还可以计算一种特殊的逐期增长量——年距增长量，即用报告年的某月（季）的发展水平减去上一年同月（季）的发展水平，其意义在于消除由于季节不同对某些社会经济现象的影响。

2. 累计增长量

累计增长量是指时间数列中报告期发展水平与某一固定基期发展水平之差，说明现象在一定时期内总的增加或减少的数量，用公式表示为：

$$累计增长量 = 报告期发展水平 - 固定基期发展水平$$

$$= a_i - a_0$$

在同一时间数列中，各逐期增长量的代数和一定等于相应时期的累计增长量，即 $\sum_{i=1}^{n}(a_i - a_{i-1}) = a_n - a_0$，同时相邻两期的累计增长量之差等于该期的增长量。

（二）平均增长量

平均增长量是指动态数列中各逐期增长量的序时平均数，说明某社会经济现象在一段时期内平均每期增加或减少的数量。一般用简单算术平均法计算。其计算公式为：

$$平均增长量 = \frac{\sum_{i=1}^{n}(a_i - a_{i-1})}{n} = \frac{a_n - a_0}{n}$$

即：

$$\text{平均增长量} = \frac{\text{逐期增长量之和}}{\text{逐期增长量个数}} = \frac{\text{累计增长量}}{\text{动态数列项数} - 1}$$

公式中第一步可以认为是平均增长量的定义公式,而第二步是根据累计增长量和逐期增长量的关系所得到的。还需要说明的一个问题是,增长量虽然有两类——累计增长量和逐期增长量,但由于累计增长量在不同时间上不具有可加性,即将累计增长量再累计没有什么经济意义,因此所谓平均增长量就是指逐期增长量的序时平均数。

增长量和下面要讲的增长速度实际上是从两个不同的角度说明同一个问题,即分别从绝对数和相对数方面说明经济现象的增长程度。

三、发展速度与增长速度

（一）发展速度

发展速度是反映社会经济现象发展变化快慢程度的动态相对指标,是根据两个不同时期的发展水平对比求得的,其计算结果一般用倍数或百分数表示,用公式表示为：

$$\text{发展速度} = \text{报告期发展水平} / \text{基期发展水平}$$

根据对比的基期不同,可分为环比发展速度和定基发展速度两种。

定基发展速度是时间数列中报告期发展水平与固定基期发展水平对比所得到的相对数,说明某种社会经济现象在较长时期内总的发展方向和速度,故也称为总速度,即报告期的水平是该固定基期的多少倍或百分之多少。

环比发展速度是时间数列中报告期发展水平与前期发展水平之比,说明某种社会经济现象的逐期发展方向和速度,即报告期是上一期的多少倍或百分之多少。其计算公式为：

定基发展速度

$$\frac{a_1}{a_0}, \frac{a_2}{a_0}, \frac{a_3}{a_0}, \cdots, \frac{a_n}{a_0}$$

环比发展速度

$$\frac{a_1}{a_0}, \frac{a_2}{a_1}, \frac{a_3}{a_2}, \cdots, \frac{a_n}{a_{n-1}}$$

不难看出,定基发展速度与环比发展速度存在一定的数量关系,即：

(1) 相邻若干个环比发展速度的连乘积等于相应的定基发展速度。

$$\frac{a_n}{a_0} = \prod_{i=1}^{n} \frac{a_i}{a_{i-1}}$$

(2) 相邻两个定基发展速度之商等于相应的环比发展速度。

$$\frac{a_i}{a_0} \div \frac{a_{i-1}}{a_0} = \frac{a_i}{a_{i-1}}$$

(二) 增长速度

增长速度是表明社会经济现象增长程度的动态相对指标,是根据增长量与基期发展水平对比求得的,用以说明报告期水平比基期水平增加了若干倍(或百分之几),其计算结果一般用倍数或百分数表示。其计算公式为:

$$增长速度 = 报告期增长量 / 基期发展水平$$
$$= (报告期发展水平 - 基期发展水平) / 基期发展水平$$
$$= 发展速度 - 1$$

增长速度由于采用的基期不同,可分为定基增长速度和环比增长速度两种。其计算公式为:

定基增长速度

$$\frac{a_1 - a_0}{a_0}, \frac{a_2 - a_0}{a_0}, \frac{a_3 - a_0}{a_0}, \cdots, \frac{a_n - a_0}{a_0}$$

$$(或 \frac{a_1}{a_0} - 1, \frac{a_2}{a_0} - 1, \frac{a_3}{a_0} - 1, \cdots, \frac{a_n}{a_0} - 1)$$

环比增长速度

$$\frac{a_1 - a_0}{a_0}, \frac{a_2 - a_1}{a_1}, \frac{a_3 - a_2}{a_2}, \cdots, \frac{a_n - a_{n-1}}{a_{n-1}}$$

$$(或 \frac{a_1}{a_0} - 1, \frac{a_2}{a_1} - 1, \frac{a_3}{a_2} - 1, \cdots, \frac{a_n}{a_{n-1}} - 1)$$

可见增长速度等于发展速度减1。当报告期水平高于基期水平时,发展速度大于1或100%,增长速度为正值,表示现象增长的程度,亦称为增长率;当计算期水平低于基期水平时,发展速度小于1或100%,增长速度为负值,表示现象降低的程度,亦称为降低率。

四、平均发展速度与平均增长速度

(一) 平均发展速度的计算

平均发展速度通常采用两种方法计算:几何平均法与方程式法。

1. 几何平均法

几何平均法又称为水平法,其基本出发点是从时间数列的最初发展水平 a_0 开始,以数列的平均速度去代替各期的环比发展速度,由此推算出期末理论发展水平与期末实际发展水平相一致,即在基期发展水平 a_0 的基础上,平均每年以多快的发展速度($\bar{x}$)发展,经过若干年(季、月)后,才能达到报告期的发展水平(a_n)。其计算公式为:

$$a_0 \bar{x}^n = a_n$$

公式中,$\bar{x}$ 表示平均发展速度。

由这一公式变形,可得平均发展速度的"几何法"计算公式:

$$\bar{x} = \sqrt[n]{\frac{a_n}{a_0}}$$

根据定基发展速度和环比发展速度的关系,即将公式

$$\frac{a_n}{a_0} = \prod_{i=1}^{n} \frac{a_i}{a_{i-1}}$$

代入上式得平均发展速度的另一个计算公式:

$$\bar{x} = \sqrt[n]{\prod_{i=1}^{n} \frac{a_i}{a_{i-1}}}$$

2. 方程式法

方程式法又称为累计法,它的基本出发点是从时间数列的最初发展水平 a_0 开始,以数列的平均速度去代替各期的环比发展速度,由此推算出各期理论发展水平之和与各期实际发展水平之和相一致,即:

$$a_1 + a_2 + a_3 + \cdots + a_n = \sum_{i=1}^{n} a_i$$

$$a_0\bar{x} + a_0\bar{x}^2 + a_0\bar{x}^3 + \cdots + a_0\bar{x}^n = \sum_{i=1}^{n} a_i$$

$$\sum_{i=1}^{n} a_0\bar{x}^i = \sum_{i=1}^{n} a_i$$

$$\sum_{i=1}^{n} \bar{x}^i = \frac{\sum_{i=1}^{n} a_i}{a_0}$$

解这个高次方程,其正根即平均发展速度。但是,要求解这个高次方程非常麻烦,因此在实际工作中,往往利用已经编好的《平均增长速度查对表》来计算。

(二) 平均增长速度的计算

从理论上讲,所谓平均发展速度是指时间数列中各期环比发展速度的序时平均数,它表明社会经济现象在一个较长时期内逐期发展变化的平均程度;而所谓平均增长速度也是指时间数列中各期环比增长速度的序时平均数,它表明社会经济现象在一个较长时期内逐期增长的平均程度。

但是,从计算平均速度的方法看,平均增长速度并不能根据各期环比增长速度直接计算,而是先计算平均发展速度,然后根据平均发展速度与平均增长速度的关系来计算平均增长速度,即:

平均增长速度 = 平均发展速度 − 1

因此,所谓平均速度指标的计算方法问题实际上就是指平均发展速度的计算。

(三) 计算和应用平均速度指标应注意的问题

(1) 几何平均法和高次方程法是计算平均发展速度的基本方法,但两种方法的

侧重点不同,前者是从最末水平出发来研究问题,而后者则是从各期水平的累计总和出发进行考察。因此,它们的应用条件不同,对同一资料,两种方法计算的结果也不相同。所以,在计算平均发展速度时要根据研究现象的性质、研究目的来选择合适的方法。例如,如果我们研究的是类似于年末人口数这样的存量现象,则利用方程法来计算其平均发展速度就没有多大意义。

(2) 要根据事物的发展状态,应用分段平均发展速度来补充说明整个时期的总平均发展速度。因为总平均发展速度仅能笼统地反映现象在较长时期内逐期平均发展的程度,而掩盖了这种现象在不同时期的波动状况。尤其是当研究的时期较长时,更要注意这方面的问题。

(3) 在应用几何平均法计算平均发展速度时,还要注意与环比发展速度结合进行分析。因为几何平均法计算的平均发展速度只考虑了最末水平与最初水平,中间各期水平无论怎样变化,对平均速度的高低都无影响。如果中间各期水平出现了特殊变化,或者最初、最末水平受到特殊因素的影响,就会降低或失去平均速度的意义。

(4) 注意平均速度指标与原时间数列的发展水平、增长量、平均水平等指标的结合应用,以便对研究现象得到比较确切和全面的认识。

第三节　长期趋势的测定与预测

一、影响动态数列的四个因素

社会经济现象的性质多种多样,发展的时空条件千差万别,影响事物发展的具体原因非常多。但就共同规律而言,一般可归纳为长期趋势(T)、季节变动(S)、循环变动(C)和不规则变动(I)四个因素。

1. 长期趋势

长期趋势是指客观社会经济现象在一个相当长的时期内,由于受某种基本因素的影响所呈现出来的一种基本走势。尽管在这个时期内,事物的发展仍有波动,但基本趋势不变。如股票市场的"牛市"和"熊市"。

2. 季节变动

季节变动是指由于自然条件、社会条件的影响,社会经济现象在一年内或更短的时间内,随着季节的转变而引起的周期性变动。如农产品收购、农业生产资料和其他季节性商品的销售、几大节日的客运量等,就有明显的季节性,而且年复一年地呈规律性变动。

季节变动一般以一年为周期。此外,有的社会季节现象是以一日、一周、一月为周期而产生变动,称为准季节变动。如市内公共汽车的乘客,早晨逐渐增多,上下班时间达到高峰,入夜以后逐渐减少,是以一日为周期的变动;市内商店的顾客、影剧院的售票,星期六和星期日最多,是以一周为周期的变动;由于机关、团体、企业习惯上在月初发工资,因此银行活期储蓄存款月初增加,月末减少,这是以一月为周期的变动。

3. 循环变动

循环变动是指社会经济现象以若干年为周期的涨落起伏相同或基本相同的一种波浪式的变动。如股票市场由牛市到熊市的周期再到下一个牛市与熊市的周期;资本主义经济由危机、萧条、复苏、繁荣的一个周期再到下一个危机、萧条、复苏、繁荣的周期。虽然每一个周期可能长短不同,但盛衰起伏周而复始。事物的循环变动,也是由事物发展的内在原因决定的。

4. 不规则变动

不规则变动指客观社会经济现象由于天灾、人祸、战乱等突发事件或偶然因素引起的无周期性波动。

社会经济现象的发展变化,都是上述四种因素的全部或部分变动影响的结果。在现实生活中有些社会经济现象无循环变动,以年为单位的时间数列无季节变动。因此,动态数列预测分析应从实际出发,包含几个因素就分解和测定几个因素。

二、长期趋势的测定与预测的意义

社会经济现象的发展变化是由许多错综复杂的因素共同作用的结果。有些属于基本因素,对事物的发展起决定性作用,影响事物在一段较长时间内呈现出一定的趋向,沿着一个方向(上升或下降)发展;有些属于偶然的或非基本的因素,它对事物的发展只起局部的非决定性作用,影响时间数列各期发展水平出现短期不规则的波动;还有些属于季节性因素,影响时间数列以一年为周期的季节性波动。为了研究社会经济现象发展变化的趋势或规律,并以此为依据预测未来,就需要将这些不同因素的不同作用结果从时间数列的实际数据中分离出来。

通过对动态数列进行深入的分析,研究社会经济现象发展变化的趋势或规律,并以此为依据来预测事物发展的前景,为决策层制定政策与计划、实行科学管理提供有效的咨询服务。

三、直线趋势的测定方法

(一) 时距扩大法

这是测定直线趋势的一种简单的方法。当原始动态数列中各指标数值上下波动,使现象变化规律表现不明显时,可以通过扩大数列时间间距,对原始资料加以整理,以反映现象发展的趋势。

例 7-4 某电脑生产企业各月生产电脑的数量资料如表 7-5 所示。

表 7-5　某电脑生产企业各月生产电脑的台数

月份	1	2	3	4	5	6	7	8	9	10	11	12
电脑台数(万台)	41	42	52	43	45	51	53	40	51	49	56	54

从表 7-5 中可以看出,数列变化并不均匀,即各月之间的电脑台数起伏不定,用该动态数列不能清楚地反映该企业生产产量的变动趋势。通过时距扩大法,将月度资料整理成季度资料,扩大时间间距可以得到表 7-6。

表 7-6　某电脑生产企业各月生产电脑的台数

季度	1	2	3	4
电脑台数(万台)	135	139	144	159

时间间距扩大以后,可以明显地显示生产的电脑台数呈逐步增长的变化趋势。

(二) 移动平均法

1. 基本思想

移动平均法是通过扩大原时间序列的时间间隔,并按一定间隔长度逐期移动,分别计算出一系列移动平均数,这些平均数形成的新的时间序列对原时间序列的波动起到一定的修匀作用,削弱了原时间序列中季节周期、循环周期及短期偶然因素的影响,从而呈现出现象发展的变动趋势。

2. 具体操作方法

首先,确定移动平均数的移动周期长度。

(1) 移动周期一般以季节周期、循环周期长度为准而确立。

(2) 若不存在明显的季节周期和循环周期,一般而言,我们在确定移动周期的时间长度时最好取奇数项。

(3) 如根据数据资料的特点,还非取偶数项不可,例如当时间数列中包含明显的季节变动时,如果是季度资料,则需要用 4 期移动平均来消除季节变动;而如果是月度资料,则需要用 12 期移动平均。此时,统计中的一般做法就是再对移动平均数时间数列进行第二次偶数项移动平均,目的是"正位",第二次移动的周期一般取 2 期。

其次,计算移动平均数。

例 7-5　表 7-7 和图 7-1 为某市某客运站旅客运输量及其 3 次移动平均和 5 次移动平均的计算结果。

表 7-7　某市某客运站旅客运输量

年份	季度	客运量（万人）	3次移动平均（公里）		5次移动平均（公里）	
			指标值	逐期增长	指标值	逐期增长
2011	一	100	—	—	—	—
	二	95	97.7	—	—	—
	三	98	100.0	2.3	102.0	—
	四	107	105.0	5.0	103.0	1.0
2012	一	110	107.3	2.3	105.4	2.4
	二	105	107.3	0.0	108.8	3.4
	三	107	109.0	1.7	112.0	3.2
	四	115	115.0	6.0	113.0	1.0
2013	一	123	117.7	2.7	116.0	3.0
	二	115	119.3	1.6	119.6	3.6
	三	120	120.0	0.7	—	—
	四	125	—	—	—	—

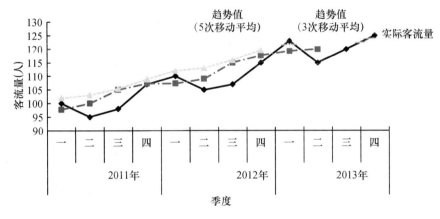

图 7-1　移动平均趋势线

由以上实例可以看出，移动平均法有如下特点：

（1）移动平均对原数列有修匀作用，平均的时距项数 N 越大，对数列的修匀作用越强。表 7-7 中 3 年移动平均的不规则变动较原数列明显削弱了，但平均值的逐期增长量还不规则；5 年移动平均进一步削弱了不规则变动，逐期增长量更接近一个常数。

（2）移动平均时距项数 N 为奇数时，只需一次移动平均，其平均值作为移动平均项数中间一期的数值；移动平均时距项数 N 为偶数时，移动平均值则需再进行一次相邻两平均值的移动平均，才能使平均值对正某一期，这称为移正平均。

（3）当数列包含季节变动时，移动平均时距项数 N 应与季节变动长度一致（如 4 个季度或 12 个月），这样才能消除其季节变动；当数列包含周期变动时，平均时距项数 N 应和周期长度基本一致，这样才能较好地消除周期波动。

移动平均以后,数列的项数较原数列减少,当 N 为奇数时,新数列首尾各减少 $(N-1)/2$ 项;当 N 为偶数时,首尾各减少 $N/2$ 项。可见移动平均会使原数列失去部分信息,而且平均项数越大,失去的信息就越多。所以移动平均的项数不宜过大。

(三) 最小平方法

直线趋势方程拟合法是利用直线回归的方法对原时间数列拟合线性方程,消除其他成分变动,从而揭示出数列长期趋势的方法。直线趋势方程的一般形式为:

$$y_t = a + bt$$

公式中,y_t 为时间数列趋势值;t 为时间序号;a 为截距,是 $t=0$ 时 y_t 的初始值;b 为趋势线斜率,表示时间 t 变动一个单位时间趋势值 y_t 的平均变动数量。

参数 a 和 b 的计算方法可用最小平方法。最小平方法的中心思想是通过数学公式,配合一条较为理想的趋势线。这条最理想的趋势线是最接近所有散点的趋势线;也就是说,各散点与趋势线的离差平方和为最小。这条趋势线必须满足下列两点要求:各散点与趋势线的离差平方和为最小;原数列与趋势线的离差总和为 0。

即: $\sum(y-y_t)^2 \to$ 最小值,可用求偏导数的方法,导出以下联立方程组:

$$\sum y = na + b\sum t$$

$$\sum ty = a\sum t + b\sum t^2$$

公式中,t 代表动态数列的时间;y 代表动态数列中的各期水平;n 代表动态数列的项数。

为了计算方便,我们可以假设:当时间项数为奇数时,时间 t 的中间项为 0,这时时间项依次排列为…,$-3,-2,-1,0,1,2,3$,…;当时间项数为偶数时,时间项依次排列为…,$-5,-3,-1,1,3,5$,…,这时原点 0 实际上是在数列正中相邻两个时间的中点。以上两种做设 t 的方法是要使时间项的正负相抵消,使 $\sum t = 0$,则上述联立方程组可简化为:

$$\sum y = na$$

$$\sum ty = b\sum t^2$$

上述直线方程中 a、b 为两个未定参数,根据最小平方法的要求,即:

$$a = \frac{\sum y}{n}$$

$$b = \frac{\sum ty}{\sum t^2}$$

例 7-6 某企业 2006—2014 年产值资料如表 7-8 所示。

表 7-8 某企业 2006—2014 年产值资料

年份	产值(万元)
2006	20
2007	24
2008	30
2009	32
2010	38
2011	44
2012	50
2013	55
2014	60
合计	353

要求:试用最小平方法(简捷法)拟合一条最佳直线,并用该直线方程预测 2016 年该企业的产值。

解:列表计算如表 7-9 所示。

表 7-9 列表计算

年份	产值(万元)	t	y	ty	t^2
2006	20	-4	20	-80	16
2007	24	-3	24	-72	9
2008	30	-2	30	-60	4
2009	32	-1	32	-32	1
2010	38	0	38	0	0
2011	44	1	44	44	1
2012	50	2	50	100	4
2013	55	3	55	165	9
2014	60	4	60	240	16
合计	353	0	353	305	60

根据长期趋势直线方程有:

$$\sum y = na$$

$$\sum ty = b \sum t^2$$

$$353 = 9a \quad a = 39.22$$
$$305 = 60b \quad b = 5.083$$

将 a、b 值代入直线方程式,得:

$$y_c = 39.22 + 5.083t$$

2016 年时,$t=6$,则:

$$y_c = y_{2016} = 39.22 + 5.083 \times 6 = 69.72(万元)$$

四、曲线趋势的测定方法

曲线有多种多样,这里以常用的多项曲线为例。当客观现象的发展呈曲线变动时,仍然可以用最小平方法拟合曲线,根据曲线方程,求得趋势值。

多项式曲线方程为:

$$y = c_0 + c_1 t + c_2 t^2 + \cdots + c_n t^n$$

这里以二次曲线为例,二次曲线方程为:

$$y = a + bt + c_2 t^2$$

二次方程适用于拟合有一个弯曲的曲线。方程中的三个待定参数 a、b、c,按最小平方法得出下列三个标准方程:

$$\sum y = na + b\sum t + c\sum t^2$$
$$\sum ty = a\sum t + b\sum t^2 + c\sum t^3$$
$$\sum t^2 y = a\sum t^2 + b\sum t^3 + c\sum t^4$$

按照前面所讲的方法,在时间数列中,以中间一年为原点,即为 0,令 $\sum t = 0$,上式即可简化为:

$$\sum y = na + c\sum t^2$$
$$\sum ty = b\sum t^2$$
$$\sum t^2 y = a\sum t^2 + c\sum t^4$$

第四节 季节变动的测定与预测

一、季节变动测定的意义

(一) 季节变动的概念

季节变动是指某些社会经济现象,由于受自然因素和社会条件、人们的消费习惯等的影响,在一年之内或更短的时间,随着季节更换而引起的一种有规律的变动。

在现实生活中,季节变动是一种极为普遍的现象。例如,商业经营中时令商品的销售量,农业生产中的蔬菜、水果、禽蛋的生产量,工业生产中的服装、水力发电等,都受生产条件、气候变化等因素的影响而形成有规则的周期性重复变动。

(二) 季节变动测定的意义

测定季节变动的意义主要是认识规律、分析过去、预测未来。概括起来有:

(1) 通过分析和测定过去的季节变动规律,能够为当前的决策提供科学的依据;

(2) 能够对经济现象未来的季节变化规律做出预测,并据以做出科学的安排;

(3) 认识经济现象的季节变化规律之后,可以做到剔除季节因素后更好地分析其他因素的影响。

二、季节变动测定的方法

(一) 按月平均法

按月平均法有时也称为按季平均法,若是月资料就是按月平均;若是季资料就是按季平均。其计算步骤如下:

第一,计算各年同月(季)的平均数,目的是消除非季节因素的影响。道理很简单,因为同样是旺季或者淡季,有些年份的旺季更旺或淡季更淡,这就是非季节因素的影响。因为我们假设没有长期趋势,因此,这些因素通过平均的方法就可以相互抵消。

第二,计算各年同月(季)平均数的平均数,也即时间数列的序时平均数,目的是计算季节比率。因为就从测定季节变动的目的讲,只计算"异年同季的平均数"已经可以反映现象的季节变动趋势了。平均数大,表明是旺季,越大越旺;平均数小,表明是淡季,越小越淡。但是,这种大与小、淡与旺的程度只能和其他季节相比才能有个准确的认识,因此,就需要将"各年同季的平均数"进行相对化变换,即计算季节比率,对比的标准就应该是时间数列的序时平均数。

第三,计算季节比率。方法是将各年同季的平均数分别和时间数列的序时平均数进行对比。一般用百分数表示,用公式表示为:

$$季节指数 = \frac{同月(季)平均数}{总月(季)平均数} \times 100\%$$

例 7-7 某服装公司 2012—2014 年各月销售量资料如表 7-10 所示。试用按月平均法计算各月的季节指数。

表 7-10 2012—2014 年各月销售量资料及季节指数计算表

月份	各年销售量(万件)			合计	同月平均	季节指数(%)
	2012年 (1)	2013年 (2)	2014年 (3)	(4)=(1)+(2)+(3)	(5)=(4)÷3	(6)=(5)÷1 260.56
1月	80	120	320	520	173.3	13.8
2月	120	200	400	720	240.0	19.0
3月	200	350	700	1 250	416.7	33.1
4月	500	850	1 500	2 850	950.0	75.4
5月	800	1 500	2 400	4 700	1 566.7	124.3
6月	2 500	4 500	6 800	13 800	4 600.0	364.9
7月	2 400	6 400	7 200	16 000	5 333.3	423.1
8月	600	900	1 500	3 000	1 000.0	79.3
9月	200	400	600	1 200	400.0	31.7
10月	100	250	400	750	250.0	19.8
11月	60	100	200	360	120.0	9.5
12月	40	80	110	230	76.7	6.1
合计	7 600	15 650	22 130	45 380	15 126.7	1 200.0
平均	633.3	1 304.2	1 844.2	3 781.67	1 260.56	100.0

解:根据上述步骤销售量季节指数计算过程见表 7-10。

表 7-10 中的季节指数一栏,是以指数形式表现的典型销售量。每个指数代表 2012—2014 年间每个月份的平均销售量。例如,1 月份的季节指数为 13.8%,表示该月份销售量为全年平均销售量的 13.8%,而全年平均销售量则作为 100%。这样从各月的季节指数序列,可以清楚地表明该服装公司销售量的季节变动趋势,即 1、2、3、4 月是销售淡季,5、6、7 月为销售旺季,7 月比全年平均销售量高 323.1%(432.1 - 100%),8 月份开始下降,到 12 月份降到最低点,比全年平均销售量低 93.9%(6.1% - 100%)。

(二) 移动平均长期趋势剔除法

移动平均长期趋势剔除法,就是在现象具有明显长期趋势的情况下,测定季节变动的一种基本方法。

基本思路是,先从时间数列中将长期趋势剔除,然后应用"同期平均法"剔除循环变动和不规则变动,最后通过计算季节比率来测定季节变动的程度。

剔除长期趋势一般用移动平均法。因此,它是长期趋势的测定方法——移动平均法和季节变动的测定方法——同期平均法的结合运用,在方法上没有新的思想。

运用移动平均长期趋势剔除法来测定季节变动趋势,其基本步骤如下:

第一,先根据各年的季度(或月度)资料(Y)计算四季(或 12 个月)的移动平均数,然后为了"正位",再计算二季(月)移动平均数,作为各期的长期趋势值(T)。

第二,将实际数值(Y)除以相应的移动平均数(T),得到各期的 Y/T。这就是消除了长期趋势影响的时间数列,是一个相对数,称为季节指数,其结果为表中第四列数值。

第三,将 Y/T 重新按同期平均法计算季节比率的方式排列,然后,按照该方法要求,先计算异年同季平均数,然后计算异年同季平均数的平均数,即消除长期趋势变动后新数列的序时平均数,最后计算季节比率并画图显示。

例 7-8 根据表 7-11 的资料,按移动平均长期趋势剔除法计算销售量的季节指数。

解:首先求出 12 个月移动平均趋势值 T,并求得 $\dfrac{Y}{T}$,计算结果如表 7-11 所示。

表 7-11 销售量季节指数计算表(Ⅰ)

	A 年/月	B 销售量 Y(万件)	C 12 月移动平均	D 趋势值 T	F Y/T(%)
1	2012/1	80	—	—	—
2	2012/2	120	—	—	—
3	2012/3	200	—	—	—
4	2012/4	500	—	—	—

(续表)

	A 年/月	B 销售量 Y(万件)	C 12 月移动平均	D 趋势值 T	F Y/T(%)
5	2012/5	800	—	—	—
6	2012/6	2 500	—	—	—
7	2012/7	2 400	633.33	635.00	377.95
8	2012/8	600	636.67	640.00	93.75
9	2012/9	200	643.33	649.48	30.79
10	2012/10	100	655.63	670.32	14.92
11	2012/11	60	685.00	714.17	8.40
12	2012/12	40	743.33	826.67	4.84
13	2013/1	120	910.00	1 076.67	11.15
14	2013/2	200	1 243.33	1 255.83	15.93
15	2013/3	350	1 268.33	1 276.67	27.42
16	2013/4	850	1 285.00	1 291.25	65.83
17	2013/5	1 500	1 297.50	1 299.17	115.46
18	2013/6	4 500	1 300.83	1 302.50	345.49
19	2013/7	6 400	1 304.16	1 312.50	489.62
20	2013/8	900	1 320.83	1 329.17	67.71
21	2013/9	400	1 337.50	1 352.09	29.58
22	2013/10	250	1 366.67	1 393.75	17.94
23	2013/11	100	1 420.83	1 458.33	6.86
24	2013/12	80	1 495.83	1 591.67	5.02
25	2014/1	320	1 687.50	1 720.84	18.60
26	2014/2	400	1 754.17	1 779.17	22.48
27	2014/3	700	1 804.17	1 812.80	38.62
28	2014/4	1 500	1 820.83	1 827.08	82.10
29	2014/5	2 400	1 833.33	1 837.00	130.65
30	2014/6	6 800	1 841.67	1 842.92	368.98
31	2014/7	7 200	1 844.17		
32	2014/8	1 500			
33	2014/9	600			
34	2014/10	400			
35	2014/11	200			
36	2014/12	110			

然后将表 7-11 中的 Y/T 重新排列,如表 7-12 所示,求出各年同月平均数,使不规则变动消除,已是季节指数,但由于 12 个月的总和不等于 1 200%,需进行调整。其调整系数为:调整系数 = 1 200/1 213.045 = 0.9892,用调整系数乘以同月平均数,即得季节指数,见表 7-12 的最后一栏。

表 7-12　销售量季节指数计算表(Ⅱ)　　　　　　　　　单位:%

	A 月份	B 2012 年	C 2013 年	D 2014 年	E 合计	F 同月平均	G 季节指数
1	1		11.15	18.60	29.75	14.875	14.72
2	2		15.93	22.48	38.41	19.205	19.00
3	3		27.42	38.62	66.24	33.020	32.66
4	4		65.83	82.10	147.93	73.965	73.17
5	5		115.46	130.65	246.11	123.055	121.72
6	6		345.49	368.98	714.47	357.235	353.38
7	7	377.95	489.62		867.57	433.785	429.10
8	8	93.75	67.71		161.46	80.730	79.86
9	9	30.79	29.58		60.37	30.185	29.86
10	10	14.92	17.94		32.86	16.430	16.25
11	11	8.40	6.86		15.26	7.630	7.55
12	12	4.84	5.02		9.86	4.930	4.88
13	合计	—	—	—	2 390.29	1 213.045	1 200.00

(三) 按月平均法和移动平均趋势剔除法的不同特点

按月平均法计算简单,易于理解。应用该方法的基本假定是,原时间序列没有明显的长期趋势和循环波动,因而通过若干年同期数值的平均,不仅可以消除不规则波动,而且当平均的周期与循环周期一致时,循环波动也可以在平均过程中得以消除。但实际上,许多时间序列所包含的长期趋势和循环波动很少能够通过平均予以消除。因此,当时间序列存在明显的长期趋势时,该方法的季节指数不够准确。当存在剧烈的上升趋势时,年末季节指数明显高于年初的季节指数;当存在下降趋势时,年末的季节指数明显低于年初的季节指数。只有当序列的长期趋势和循环波动不明显或影响不重要,可忽略不计时,应用该方法才比较合适。而移动平均趋势剔除法是利用移动平均法来剔除长期趋势影响后,再来测定其季节变动。

练习题

一、单项选择题

1. 时间数列的构成要素是(　　)。

   A. 变量和次数　　　　　　　　B. 时间和指标数值

   C. 时间和次数　　　　　　　　D. 主词和宾词

2. 由时期数列计算平均数应按(　　)计算。

   A. 简单算术平均数　　　　　　B. 加权算术平均数

   C. 几何平均数　　　　　　　　D. 序时平均数

3. 由日期间隔相等的连续时点数列计算平均数应按(　　)计算。

   A. 简单算术平均数　　　　　　B. 加权算术平均数

C. 几何平均数 D. 序时平均数

4. 由日期间隔不等的连续时点数列计算平均数应按( )计算。

A. 简单算术平均数 B. 加权算术平均数

C. 几何平均数 D. 序时平均数

5. 某车间月初工人数资料如下：

1月	2月	3月	4月	5月	6月	7月
280	284	280	300	302	304	320

那么该车间上半年的月平均工人数为( )。

A. 345 B. 300

C. 201.5 D. 295

6. 定基发展速度与环比发展速度之间的关系表现为( )。

A. 定基发展速度等于其相应的各个环比发展速度的连乘积

B. 定基发展速度等于其相应的各个环比发展速度之和

C. 定基发展速度等于其相应的各个环比发展速度之商

D. 以上都不对

7. 增长速度的计算方法为( )。

A. 数列发展水平之差 B. 数列发展水平之比

C. 绝对增长量和发展速度之比 D. 绝对增长量同基期水平相比

8. 10年内每年年末国家黄金储备量是( )。

A. 时期数列

B. 时点数列

C. 既不是时期数列，也不是时点数列

D. 既是时期数列，也是时点数列

二、多项选择题

1. 时间数列中，各项指标数值不能直接相加的有( )。

A. 时期数列 B. 连续时点数列

C. 间断时点数列 D. 相对数时间数列

E. 平均数时间数列

2. 某地区"十五"计划期间有关电视机的统计资料如下,( )是时期数列( )。

A. 各年电视机产量 B. 各年电视机的销售量

C. 各年年末电视机库存量 D. 各年年末城乡居民电视机拥有量

E. 各年电视机出口数量

3. 时期数列的特点是( )。
   A. 各项指标数值可以相加
   B. 各项指标数值大小与时期长短有直接关系
   C. 各项指标数值大小与时间长短没有直接关系
   D. 各项指标数值都是通过连续不断登记而取得的
   E. 各项指标数值都是反映现象在某一时点上的状态

4. 编制时间数列应遵循的基本原则是( )。
   A. 时期长短应该相等
   B. 总体范围应该一致
   C. 指标的经济内容应该相同
   D. 指标的计算方法、计算价格和计量单位应该一致
   E. 指标的变化幅度应该一致

5. 某工业企业2006年产值为3 000万元,2014年产值为2006年的150%,则年均增长速度及年平均增长量为( )。
   A. 年平均增长速度=6.25%   B. 年平均增长速度=5.2%
   C. 年平均增长速度=4.6%   D. 年平均增长量=125万元
   E. 年平均增长量=111.111万元

6. 应用最小平方法拟合一条理想的趋势线(方程式)要求满足的条件是( )。
   A. $\sum(y-y_c)<0$ B. $\sum(y-y_c)^2=$ 最小值
   C. $\sum(y-y_c)^2>0$ D. $\sum(y-y_c)=$ 最小值
   E. $\sum(y-y_c)=0$

7. 用于分析现象发展水平的指标有( )
   A. 发展速度   B. 发展水平
   C. 平均发展水平   D. 增长量
   E. 平均增长量

8. 时间数列按指标的表现形式不同可分为( )。
   A. 绝对数时间数列   B. 时点数列
   C. 相对数时间数列   D. 时期数列
   E. 平均数时间数列

三、判断题

1. 总体的同质性是计算平均数和平均速度都应遵守的原则之一。( )
2. 在时间数列中,基期和报告期、基期水平和报告期水平是相对的。( )

3．把某大学历年招生的人数按时间先后顺序排列,形成的动态数列属于时期数列。(　　)

4．某公司产品产量较去年同期相比增加了四倍,即翻了两番。(　　)

5．在时间数列中,累计增长量等于逐期增长量之和,定基增长速度等于环比增长速度之积。(　　)

6．若各期的增长量相等,则各期的增长速度也相等。(　　)

四、简答题

1．序时平均数与一般平均数有什么相同点和不同点?

2．水平法和累计法计算平均发展速度有什么不同?

3．什么叫长期趋势?研究长期趋势的主要目的是什么?

五、计算题

1．某地区2014年各月总产值资料如下:

月份	总产值(万元)	月份	总产值(万元)
1	4 200	7	5 000
2	4 400	8	5 200
3	4 600	9	5 400
4	4 820	10	5 400
5	4 850	11	5 500
6	4 900	12	5 600

请计算各季平均每月总产值和全年平均每月总产值。

2．某企业2014年各月月初职工人数资料如下:

日期	1月	2月	3月	4月	5月	6月	7月	8月	9月	10月	11月	12月	2015年1月1日
职工人数(人)	300	300	304	306	308	314	312	320	320	340	342	345	350

请计算该企业2014年各季平均职工人数和全年平均职工人数。

3．2014年和第十二个五年计划时期某地区工业总产值资料如下:

年份	2009	2010	2011	2012	2013	2014
工业总产值(万元)	343.3	447.0	519.7	548.7	703.6	783.9

请计算各种动态指标,并说明如下关系:(1) 发展速度和增长速度;(2) 定基发展速度和环比发展速度;(3) 逐期增长量与累计增长量;(4) 平均发展速度与环比发展速度;(5) 平均发展速度与平均增长速度。

4．某国对外贸易总额2012年较2009年增长7.9%,2013年较2012年增长4.5%,2014年又较2013年增长20%,请计算2009—2014年每年的平均增长速度。

第八章 抽样调查

【案例导入】

居民消费价格指数(consumer price index),是反映一定时期内城乡居民所购买的生活消费品价格和服务项目价格变动趋势及程度的相对数,是对城市居民消费价格指数和农村居民消费价格指数进行综合汇总计算的结果。根据国家统计局数据显示,2014年11月,全国居民消费价格总水平同比上涨1.4%。其中,城市上涨1.5%,农村上涨1.3%;食品价格上涨2.3%,非食品价格上涨1.0%;消费品价格上涨1.3%,服务价格上涨1.8%。全国居民消费价格总水平环比下降0.2%。其中,城市下降0.2%,农村下降0.2%;食品价格下降0.4%,非食品价格下降0.1%;消费品价格下降0.2%,服务价格下降0.3%。中国幅员辽阔、人口众多,如何通过抽样计算CPI呢?通过本章的学习,你就能够知道其中的奥秘。

【重点与难点】

学习抽样调查的目的在于为学生提供一整套利用抽样资料来推断总体的数量特征的方法。通过本章学习,重点掌握抽样推断的基本原理和方法,能够利用样本资料推断总体指标。同时,应重点掌握抽样误差的计算、简单随机抽样下总体参数的区间估计及简单随机抽样下样本单位数的计算,这也是本章的难点。

第一节 抽样调查概述

一、抽样调查的概念

抽样调查是统计调查中应用最常见的方式,是一种非全面调查,它是指从研究对象的总体中抽取一部分单元作为样本进行观察,并根据对样本的观察结果来推断总体的统计调查方法。这是广义抽样调查的概念。根据从总体中抽取样本的方法不同,抽样可以分为非随机抽样和随机抽样两种。

非随机抽样调查并没有严格的定义,它是搜集信息的重要途径,其与随机抽样调查的本质区别是其抽取样本不是依据随机原则,而是调查者根据自己的认识和判断、抽取样本的方便性等原则,选取部分单位,根据对这些单位进行观察的结果来推断总体。采用非随机抽样调查有两个重要原因:一是调查的结果主要用于了解情况、形成想法,并不是对总体的特征进行推断,而是进行探索性研究进而发现问题,寻找解决问题的途径,如民意调查;二是作为随机抽样调查的初始步骤,由于抽样调查比较复杂,为了保证效果,需要做预调查,对即将调查的领域要有所了解,要对调查的问题有所检验,如"拦截式"调查。非随机抽样调查的优点是操作简单,不需要抽样框,经济、快速,调查的数据处理容易;其缺点是不能计算抽样误差,不能从概率意义上控制误差,较容易产生系统性误差,所以样本数据不能用来科学严格地对总体进行推断,如网上的自愿调查。

严格意义上的抽样调查是指随机抽样调查,是按照随机原则从总体中抽取一部分单位作为样本进行观察,并运用数理统计的原理,根据对样本的观察结果来推断总体的数量特征。所谓随机原则就是在抽取样本时排除主观上有意识地抽取调查单位的情况,使每个单位都有一定的机会被抽中。

二、抽样调查的特点

(一) 只抽取总体中的一部分单位进行调查

全面调查是调查总体中所有的单位,抽样调查只是对抽取的这部分单位作为样本进行调查,这是两者的区别。

(二) 用部分单位的指标数值去推断总体的指标数值

抽样调查不只是为了了解部分单位的情况,它是推断总体的一种手段,其目的是推断总体的数量特征。这是与重点调查的区别。

(三) 按随机原则抽取调查单位

该特点是抽样调查与其他非全面调查的主要区别。重点调查和典型调查一般是根据统计调查任务的要求,由调查者有意识地选取调查单位,而抽样调查的调查单位按照随机原则选取,不受调查者的主观意图影响。要注意的是,随机不等于"随便",随机有严格的科学含义,可以用概率来描述,而"随便"带有人为的主观因素。例如,要在一条街上抽取10家商户作为样本,若采用随机原则,就需要事先将这条街上的所有商户进行编号,然后通过一定的随机化程序,如查随机数表或使用计算机产生随机数,抽取10个数字代表的商户,以保证这条街上的每家商户都有一定的机会被选中。如果调查人员走在街上,主观地随意走访10家商户进行调查,这就是随便而不是随机。

（四）抽样调查的误差可以事先计算并加以控制

用部分单位的指标数值推断总体的指标数值肯定存在一定的误差，如典型调查，虽然典型调查也可以用它的调查单位数据推测总体的数量情况，但这种推测的误差范围和可靠程度都无法事先计算并加以控制。而抽样调查的样本中的每个单位都是随机抽取的，而且能计算出每个单位被选中的概率，所以能根据对样本的观察结果得到总体指标数值的估计值，并能计算出每个估计值的抽样误差，从而得到对总体指标进行推断的可靠程度。换句话说，也可以按照要求的精度，计算出所要抽取的部分单位的数目。

三、抽样调查的适用范围

随着抽样调查的理论和实践的迅速发展，抽样调查的应用领域和适用范围也越来越广泛。可以说，在需要统计数据的领域，都有可能采用抽样调查。例如，政府部门采用抽样调查方法，收集统计信息，为制定政策、法规等提供依据；学术机构、社会团体和企业也广泛采用抽样调查方法收集数据，进行学术研究，了解社会情况和研究分析市场状况。另外，根据抽样调查的作用，其适用的范围包括以下几点。

（一）有些现象或总体是无法进行全面调查的，为了了解、掌握其数据，就必须采用抽样调查的方法

例如，有些调查所用测量或试验方法对产品具有破坏性，不可能进行全面调查，如灯泡的使用寿命试验、轮胎里程实验等。另外，某些总体如居民的家庭收支状况、电视节目的收视率等，从理论上可以进行全面调查，但实际上没有必要也很难办到。还有对无限总体的调查，都只能采用抽样调查。

（二）抽样调查与全面调查相比能节约费用，时效性强且比较灵活

抽样调查的调查单位只是总体中的一小部分，因而能节约调查的人力、物力和财力，从而大大降低调查的费用，特别是当总体中单位的数量较大时，这个优点就更加突出。另外，因其调查单位较少，数据采集、汇总和整理的工作量较小，可以更快地提供调查结果，所以具有较强的时效性。且调查操作比较灵活，是普查的有益补充。例如，人口普查、全国经济普查、全国农业普查等这些全面调查费时费力，还要耗费大量的财力，不可能每年都进行一次，但对有关国计民生的这些重要数字又要及时了解和掌握，就只有在两次普查中间采用抽样调查，既节约费用又可以及时地获得相关数据。另外，对于农产品产量的调查，如果采用全面调查获得统计数字要等到收割完成以后，而抽样调查的统计数字在收获的同时就可以得到，且可以提前两个月左右得到结果，这对安排农产品的收购、储存和运输都是很有帮助的。

（三）在某些情况下，抽样调查的数据质量比全面调查的数据质量高

在统计数字与客观实际数量之间的差别称为统计误差。统计误差有两种：一是

登记误差,也叫调查误差或工作误差,是指在调查登记、汇总计算过程中发生的误差,这种误差是可以避免的,而且应该设法避免;二是代表性误差,是以部分单位的统计数字为代表,去推算总体的全面数字时产生的误差,这种误差是一定会发生的,是不可避免的。

虽然抽样调查存在代表性误差,但这只是一个方面。抽样调查节约费用、时效性强,在某些情况下,还会得到比全面调查更准确的结果。这是因为全面调查虽然没有代表性误差,但调查单位多,涉及范围大,参与的人员多,水平差异大,在数据采集和数据汇总整理过程中产生登记性误差的可能性就大。所以调查的规模并不是越大越好。与全面调查相比,抽样调查的调查单位少,参与的工作人员也少,可以使用素质较高、经过严格培训的调查工作人员,这样就可以大大降低发生登记误差的可能性。此外,可以对调查过程实施更为细致的监督、检查和指导,这样就可以使抽样调查的统计误差更小,使抽样调查所得数据质量比全面调查的数据质量更高。

(四) 抽样调查的结果可以对全面调查的结果进行检查、修正和补充

在一项普查(如人口普查、工业情况普查)结束后,通常采用抽样调查的方法,对随机抽取的一部分单位进行认真仔细的复查,根据复查结果,对发生错误的原因进行分析,计算误差率,并将其作为对普查结果适量评估和数据修正的依据。例如,我国每10年进行一次人口普查,中间进行一次人口抽样调查。在2010年11月进行的第六次人口普查的同时进行了人口抽样调查,普查和抽样调查使用了不同的调查表,抽样调查的调查表内容较普查调查表增加了调查项目,这样可以使调查内容更为详尽,以补充普查结果。

(五) 抽样调查可以用于工业生产过程中的质量控制

在工业产品成批或大量连续生产过程中,需要对生产过程进行控制,此时可以采用抽样调查的方法,及时获得产品的有关数据,检查生产过程是否正常,及时采取措施保证生产质量的稳定。

(六) 利用抽样调查原理,可以对某些总体的假设进行检验,来判断这种假设的真伪,以决定取舍

例如,考察新工艺新技术的改革、新医疗方法的使用、粮食品种的改良等是否有明显的效果,这就需要对未知的或不完全清楚的总体作出一些假设,利用抽样调查的方法获得数据,对所作假设进行检验,并作出判断。如某地区去年水稻平均亩产1 100公斤,本年抽样调查的结果表明平均亩产1 180公斤,这是否说明该地区水稻平均亩产比去年有显著提高呢?我们不能依据抽样数据直接下结论,可以通过假设检验,检验这两年水稻平均亩产是否存在显著性统计差异,进而判断平均亩产量水平是否比去年有显著提高。

抽样调查是必不可少的一种统计调查方法,但是与其他调查方法相比,抽样调

查也有一些不足。例如,随机抽样调查比较复杂,对调查人员的专业技术要求高;它只能提供说明整个总体情况的统计资料,不能提供说明各级状况和各种分类的详细的统计资料。因此,抽样调查和全面调查是互为补充、相辅相成的,不能相互替代。

四、全及总体和抽样总体

(一) 全及总体

全及总体也叫目标总体,简称总体,是指所要认识对象的全体,是由研究范围中具有某种共同性质的个体组成的集合体。组成总体的各个个体称为总体单元或单位。总体的单位数通常用大写的英文字母 N 表示。例如,我们要研究昆明市个体商业的情况,全及总体就是昆明市所有从事商业活动的个体经营单位,每个个体经营单位(或摊位)就是总体单元(单位)。我们要研究某乡镇小麦亩产水平,则乡镇的全部小麦播种面积即全及总体。

全及总体按其各单位标志性质不同,可以分为两类——变量总体和属性总体。构成变量总体的各个单位可以用一定的数量标志加以计量,例如研究居民的收入水平,每户居民的收入就是它的数量标志,可以反映各户的数量特征。但有些标志是不可以计量的,只能用文字描述。例如,要研究机床厂100台机床运转情况是否正常,这时只能用"正常""不正常"等文字作为品质标志来描述各台机床的属性特征,这种用文字描写属性特征的总体称为属性总体。因为对不同类型的总体的研究方法不同,所以区分总体的类型是很重要的。

对于变量总体根据总体所包含单位是否无限和有限,可分为无限总体和有限总体两类。包含的单位数为无限多的总体称为无限总体,包含单位数为有限的总体称为有限总体。但对于有限总体,即使单位数 N 有限,通常 N 的值也较大,大到几万、几十万、百万、千万等。例如,人口总体、某厂灯泡总体、棉花纤维总体等,这些虽然是有限总体,但总体单位数 N 都比较大,虽然理论上可以使用全面调查来收集资料,但实际上往往不可能实现或很难实现,这时就需要借助抽样调查的方法来研究。

(二) 抽样总体

抽样总体简称样本,是指在全及总体中按随机原则抽出来的那一部分单位所构成的集合体。样本的单位数也称为样本容量,通常用小写的英文字母 n 表示。例如,从某校全体2 000名学生中抽取100名进行健康体检,则该校2 000名学生构成全及总体,被选中的100名学生构成抽样总体即样本。一般来说,样本单位数远远小于总体单位数,只有总体单位数的几百分之一、几千分之一、几万分之一。在抽样中,$n \geq 30$ 的样本称为大样本,$n < 30$ 的样本属于小样本。社会经济现象的抽样调查多取大样本,自然实验观察则多取小样本。

对于某一问题来说,全及总体是唯一确定的量,而每一次的抽样都会得到一个样本,从一个总体中能获得多少个样本,与样本容量和抽样方法的不同有关。而样本容量和抽样方法将会关系到由抽取到的样本推断总体的准确度。

五、全及指标和抽样指标

（一）全及指标

全及指标也称为总体指标，是根据总体各个单位的标志值或标志特征计算的、反映总体某种属性的综合指标。由于全及总体是唯一确定的，所以根据全及总体计算的全及指标也是唯一确定的。

对于变量总体，各单位的标志可以用数量来表示，所以可计算总体平均数 $\bar{X}$、总体标准差 σ 和总体方差 σ^2，其中总体标准差和总体方差是描述总体标志值分散程度的指标，总体方差取值越大，则说明总体标志取值越分散。

设总体的观测变量为 X，X 的取值为：X_1、X_2、$\cdots$、X_N，N 为总体单位数，则有：

$$\bar{X} = \frac{\sum_{i=1}^{N} X_i}{N}$$

$$\sigma^2 = \frac{\sum_{i=1}^{N}(X_i - \bar{X})^2}{N}$$

$$\sigma = \sqrt{\frac{\sum_{i=1}^{N}(X_i - \bar{X})^2}{N}}$$

对于属性总体，由于各单位的标志不能用数量来表示，因此全及指标常用总体成数来表示，是结构相对指标，用来说明总体中具有某种性质的单位数在总体中所占的比重，一般用大写的英文字母 P 来表示，以 Q 表示总体中不具有某种性质的单位数在总体中所占的比重。

设总体 N 个单位中，有 N_1 个单位具有某种属性，N_0 个单位不具有某种属性，$N_1 + N_0 = N$，则有：

$$P = \frac{N_1}{N}$$

$$Q = \frac{N_0}{N} = \frac{N - N_1}{N} = 1 - P$$

（二）抽样指标

由抽样总体各个标志值或标志特征计算的综合指标称为抽样指标，又称为样本指标或样本统计量。由于样本是随机变量，样本指标是样本变量的函数，它本身也是随机变量，所以抽样指标的数值不是唯一确定的，是用来估计总体指标的。因此，和全及指标相对应有样本平均数 $\bar{x}$、样本成数 p、样本标准差 σ、样本方差 σ^2 等指标，均以小写字母来表示。

设样本变量 x 的取值为 x_1、x_2、$\cdots$、x_n，则有：

$$\bar{x} = \frac{\sum_{i=1}^{N} x_i}{n}$$

$$\sigma^2 = \frac{\sum_{i=1}^{n}(x_i - \bar{x})^2}{n}$$

$$\sigma = \sqrt{\frac{\sum_{i=1}^{n}(x_i - \bar{x})^2}{n}}$$

设样本 n 个单位中有 n_1 个单位具有某种属性，n_0 个单位不具有某种属性，$n_1 + n_0 = n$，则样本成数为：

$$p = \frac{n_1}{n}$$

$$q = \frac{n_0}{n} = \frac{n - n_1}{n} = 1 - p$$

六、抽样方法和样本可能数目

样本的可能数目由样本容量和抽样方法同时决定。当给定样本容量时，则样本的可能数目由抽样方法决定。

（一）抽样方法

抽样方法可以从取样方式、对样本的要求等方面来研究。

1. 根据取样的方式不同，抽样方式有重复抽样和不重复抽样两种

重复抽样又称为放回抽样，是这样来安排的：从总体 N 个单位中随机抽取容量为 n 的样本，每次从总体中抽取一个，把它看作一次试验，连续进行 n 次试验构成抽样样本。每次抽出一个单位把结果登记下来又放回原总体，重新参加下一次的抽选。因此，重复抽样的样本是由 n 次相互独立的连续试验所组成的，而且每次试验是在完全相同的条件下进行的，每个单位在每次试验中被选中的机会都一样。

不重复抽样又称为不放回抽样，是这样安排的：从总体 N 个单位中要抽取容量为 n 的样本，每次从总体中抽取一个，连续进行 n 次抽选构成抽样样本，但每次抽出一个单位就不再放回原总体参加下一次的抽选。因此，n 次抽选的试验不是相互独立的，每一个单位被选中的机会都不相同。

2. 根据对样本的要求不同，抽样方法可分为考虑顺序抽样和不考虑顺序抽样两种

考虑顺序的抽样，即从总体 N 个单位中抽取 n 个单位构成样本，不但要考虑各单位的不同性质，而且还要考虑不同性质各单位的中选顺序。相同单位构成的样

本,如果入选顺序不同,将作为不同样本。例如,从1、2、3 三个数中取两个数排成一个两位数,如果被选中的是1和3,但十位数位置是1和个位数位置是3构成13,与十位数位置是3和个位数位置是1构成31,排序不同,显然是不同的两个样本。

不考虑顺序的抽样,即从总体 N 个单位中抽取 n 个单位构成样本,只考虑样本各个单位的组成成分如何,而不问单位被抽选的顺序。如果组成样本的单位相同,不论这些单位入选的顺序如何,都作为一种样本。例如,从三个产品中抽取两个进行质量检验,第一个选1号产品、第二个选2号产品组成一组,和第一个选2号产品、第二个选1号产品组成一组,是没有区别的,应被作为同一个样本。

(二) 样本可能数目

如果既考虑取样方式的不同,又考虑对样本的不同要求,四种抽样方式的所有可能样本数目分别为:

(1) 考虑顺序的不重复抽样数目,即通常所说的不重复排列数。一般来说,从总体 N 个不同单位每次抽取 n 个不重复的排列,组成样本的可能数目记作 A_N^n,由下列公式计算:

$$A_N^n = N(N-1)\cdots(N-n+1) = \frac{N!}{(N-n)!}$$

(2) 考虑顺序的重复抽样数目,即通常所说的可重复排列数。一般来说,从总体 N 个不同单位每次抽取 n 个允许重复的排列,组成样本的可能数目记作 B_N^n,由下列公式计算:

$$B_N^n = N^n$$

(3) 不考虑顺序的不重复抽样数目,即通常所说的不重复组合数。一般来说,从总体 N 个不同单位每次抽取 n 个不重复的组合,组成样本的可能数目记作 C_N^n,由下列公式计算:

$$C_N^n = \frac{N(N-1)\cdots(N-n+1)}{n!} = \frac{N!}{(N-n)!n!}$$

(4) 不考虑顺序的重复抽样数目,即通常所说的可重复组合数。一般来说,从总体 N 个不同单位每次抽取 n 个的允许重复的组合,组成样本的可能数目记作 D_N^n,由下列公式计算:

$$D_N^n = C_{N+n-1}^n$$

应用以上公式,首先应注意分析样本的要求,采用恰当的抽样方法,针对提出的问题计算样本的数目,有时还需要多种方法结合起来应用。

七、抽样调查的理论依据

就数量关系来说,抽样调查是建立在概率论的大数定律基础上的,大数定律的一系列定理为抽样推断提供了数学依据。

1. 大数定律

(1) 独立同分布的大数定律:独立的随机变量 X_1、X_2、$\cdots$、X_n 具有相同的分布,且存在有限的数学期望 $E(X_i) = X$ 和方差 $D(X_i) = \sigma^2$,则对任意小的正数 ε,有:

$$\lim_{n \to \infty} p\left\{\left|\frac{1}{n}\sum_{i=1}^{n} x_i - X\right| < \varepsilon\right\} = 1$$

该定律表明,当 n 足够大时,独立同分布的随机变量序列的算术平均趋于(以概率收敛于)数学期望,即样本的算术平均具有稳定性。该定律提供了用样本平均数估计总体平均数的理论依据。

(2) 伯努利大数定律:设 m 是 n 次独立随机试验中事件 A 发生的次数,p 是事件 A 在每次试验中发生的概率,则对于任意小的正数 ε,有:

$$\lim_{n \to \infty} p\left\{\left|\frac{m}{n} - p\right| < \varepsilon\right\} = 1$$

该定律表明,当 n 足够大时,事件 A 发生的频率趋于(以概率收敛于)事件 A 发生的概率,即频率具有稳定性。该定律提供了当试验次数很大时用频率代替概率的理论依据。

大数定律论证了抽样平均数(成数)趋近于总体平均数(成数)的趋势,这为抽样推断提供了重要的依据。

2. 中心极限定律

(1) 独立同分布的中心极限定律:独立的随机变量 X_1、X_2、$\cdots$、X_n 具有相同的分布,且存在有限的数学期望 $E(X_i) = X$ 和方差 $D(X_i) = \sigma^2$,当 $n \to \infty$ 时,随机变量的和 $\sum X_i$ 趋于均值为 nX、方差为 $n\sigma^2$ 的正态分布,即 $n \to \infty$ 时,有:

$$\sum X_i \sim N(nX, n\sigma^2) \quad \text{或} \quad \bar{X} \sim N\left(X, \frac{\sigma^2}{n}\right)$$

由上述定律可以得到如下结论:不论总体服从何种分布,只要其数学期望和方差存在,从中抽取容量为 n 的样本,则这个样本的和或平均数作为随机变量,当 n 充分大时,趋于正态分布。

(2) 棣莫弗-拉普拉斯中心极限定律:如果用 X 表示事件 A 在 n 次独立试验中发生的次数,p 是事件 A 在每次试验中发生的概率,则 X 服从二项分布 $B(n,p)$,当 $n \to \infty$ 时,X 趋于均值为 np、方差为 $np(1-p)$ 的正态分布,即:

$$X \sim N(np, np(1-p))$$

中心极限定律对于抽样推断十分重要,因为在经济现象中这种变量是普遍存在的。例如,城市用电量是整个城市千家万户用电量的总和,产品标准规格的偏差是由许多独立因素总和形成的,等等。也就是说,在客观实际中有许多随机变量,它们是由大量的相互独立的随机因素的综合影响形成的,而其中每一个因素在总的影响中所起的作用都是微小的,这种随机变量往往近似服从正态分布。这种现象就是中心极限定律的客观背景。抽样平均数也是一种随机变量和的分布,因此在样本量 n 充分大时,抽样平均数趋于正态分布,这就为抽样误差的概率估计提供了极为有效且方便的条件。

第二节 抽样平均误差与全及指标的推断

一、抽样误差的概念

在抽样调查过程中,用抽样指标来推算全及指标,必然会产生误差问题,因为样本指标由于种种原因不可能与全及指标完全一致。我们定义误差(实际误差)为抽样估计值与被估计的未知的真实的总体指标值之差,例如抽样平均数与总体平均数之差 $|\bar{x}-\bar{X}|$,抽样成数与总体成数之差 $|p-P|$。而产生误差的原因主要有登记性误差和代表性误差。代表性误差的发生有两种情况:一种情况是,由于违反抽样调查的随机原则,如有意地多选较好的单位或较坏的单位进行调查,这样得到的抽样指标必然会出现偏高或偏低的现象,造成系统性误差。系统性误差和登记性误差都是抽样工作中的组织问题,应该采取措施预防发生或把它减少到最小程度。另一种情况是,即使遵守随机原则,由于被选中的样本不同,被抽中的样本内部各单位被研究标志的构成比例和总体有所出入,就会出现偶然性的代表性误差,而且这种偶然性误差是无法消除的。所谓抽样误差,是指由于抽样的随机性而产生的那一部分代表性误差,不包括登记性误差,也不包括系统性误差。

因为总体指标值不进行全面调查是无法确切知道的,所以实际误差是无法知道的。但是,由于样本指标是随机变量,抽样误差也是随机变量,可以运用大数定律等进行精确计算,并且可以根据影响抽样误差大小的因素,通过抽样设计程序加以控制。

二、影响抽样误差大小的因素

影响抽样误差大小的主要有以下三个因素:

(一)抽样单位数目的多少

在其他条件不变的情况下,抽样单位数目越多,抽样误差就越小;抽样单位数目越少,则抽样误差越大。抽样单位数目越大,样本就越能反映总体的数量特征,当样本容量达到总体单位数时,就是全面调查了,抽样误差也就不存在了。

(二)总体单位标志变动程度

总体标志变动程度越大,抽样误差越大;反之,总体标志变动程度越小,抽样误差越小。两者呈正比例变化关系。如果总体各单位标志值相等,即标志变动度为0,那么抽样指标就等于总体指标,抽样误差也就不存在了。

（三）抽样方法的选择

因为不同的抽样方法所抽出的样本对于总体的代表性不相同，其抽样误差也就不同。而且抽样误差的大小，也是我们选择抽样方法的依据。

三、抽样平均误差

抽样平均误差是指所有可能出现的样本指标的标准差，即所有可能出现的样本指标和总体指标的平均离差。由于样本是按随机原则抽取的，从同一总体抽取容量相同的样本可以有不同的取法。例如，假定有 3 名工人，日工资分别为 60 元、70 元、80 元。用重复抽样的方法从中随机抽取容量为 2 的样本，一共有 9 个可能的样本，如表 8-1 所示。

表 8-1　所有可能样本和平均数、离差计算

序号	样本变量 x	样本平均数 $\bar{x}$	平均数离差 $[\bar{x} - \bar{X}]$	离差平方 $[\bar{x} - \bar{X}]^2$
1	60,70	65	−5	25
2	60,80	70	0	0
3	60,60	60	−10	100
4	70,80	75	5	25
5	70,70	70	0	0
6	70,60	65	−5	25
7	80,60	70	0	0
8	80,70	75	5	25
9	80,80	80	10	100
合计	—	—	0	300

根据数据可计算：

$$\text{总体平均数} \bar{x} = \frac{\sum_{i=1}^{n} x_i}{n} = \frac{60 + 70 + 80}{3} = 70$$

$$\text{平均数抽样误差 } \mu_{\bar{x}} = \sqrt{\frac{\sum_{i=1}^{n}(\bar{x}_i - \bar{X})^2}{\text{样本可能数目}}} = \sqrt{\frac{300}{9}} = 5.8(元)$$

由上面的例子可以看出，每个样本都有自己的样本平均数，一系列的样本平均数就可以计算样本平均数的标准差。因为样本平均数的平均数等于总体平均数，因而样本平均数的标准差实际上反映了样本平均数与总体平均数的平均误差程度。因此，抽样平均误差对抽样推断分析具有重要的意义：(1) 它是实际可以用来衡量抽样指标对于总体指标代表性程度的一个尺度；(2) 它是计算抽样指标与总体指标之间变异范围的一个根据；(3) 它是确定抽样单位数即样本容量的计算依据之一。

四、抽样平均误差的计算

抽样平均误差的实际计算方法,按照抽取样本单位的方式和方法不同有所区别,下面我们将按照简单随机抽样下的重复抽样和不重复抽样两种抽样方法,分别对抽样平均数的抽样平均误差和抽样成数的抽样平均误差的计算公式加以说明。

(一)抽样平均数的抽样平均误差的计算

1. 重复抽样条件下抽样平均数的抽样平均误差

根据数理统计理论,本章第一节中抽样调查的理论依据——独立同分布的中心极限定理,在重复抽样条件下,平均数的抽样平均误差的计算公式为:

$$\mu_{\bar{x}} = \sqrt{\frac{\sigma^2}{n}} = \frac{\sigma}{\sqrt{n}}$$

公式中,$\mu_{\bar{x}}$ 为平均数的抽样平均误差;σ^2 为总体方差;σ 为总体标准差;n 为样本容量。

从以上计算公式可以看出,平均数的抽样平均误差与总体的标准差呈正比例关系,与样本容量平方根呈反比例关系。即如果要抽样平均误差减少为原来的 1/2,样本容量需要增加到原来的 4 倍。

以前面 3 名工人的工资水平为例,根据表 8-2 可计算:

$$总体标准差\ \sigma = \sqrt{\frac{\sum_{i=1}^{N}(X_i - \bar{X})^2}{N}}$$

$$= \sqrt{\frac{200}{3}} = 8.2$$

则:

$$\mu_{\bar{x}} = \sqrt{\frac{\sigma^2}{n}} = \frac{\sigma}{\sqrt{n}} = \frac{8.2}{\sqrt{2}} = 5.8(元)$$

这个公式计算的结果与按照抽样平均误差的理论公式(所有可能出现的样本指标的标准差)计算的结果一致。如果知道总体方差,则这个公式比理论公式使用方便。

表 8-2 平均数及离差计算表

变量 X	总体平均数 $\bar{X}$	平均数离差 $[X - \bar{X}]$	离差平方 $[X - \bar{X}]^2$
60	70	-10	100
70	70	0	0
80	70	10	100
合计	—	—	200

2. 不重复抽样条件下抽样平均数的抽样平均误差

在不重复抽样的情况下,样本变量 $x_1, x_2, \cdots, x_n$ 不是相互独立的,每一个样本单位被选中的机会都不相同,平均数的抽样平均误差计算公式为:

$$\mu_{\bar{x}} = \sqrt{\frac{\sigma^2}{n}\left(1 - \frac{n}{N}\right)}$$

公式中,$\mu_{\bar{x}}$ 为平均数的抽样平均误差;σ^2 为总体方差;σ 为总体标准差;n 为样本容量;N 为总体单位数。

这个公式是在重复抽样公式的基础上进行修正计算得到的不重复抽样平均误差公式,式中的 $\left(1 - \frac{n}{N}\right)$ 称为修正系数或校正因子。

将上述例子中的数据代入该公式,有:

$$\mu_{\bar{x}} = \sqrt{\frac{\sigma^2}{n}\left(1 - \frac{n}{N}\right)} = \sqrt{\frac{200}{2 \times 3} \times \left(1 - \frac{2}{3}\right)} = 3.3(元)$$

与重复抽样下的计算结果相比(3.3元 < 5.8元),不重复抽样的平均误差要小,这是小于 1 的修正系数 $\left(1 - \frac{n}{N}\right)$ 对误差公式进行修正的结果。所以,从误差精度的要求上考虑,不重复抽样方法要比重复抽样好。但是如果抽样比例 $\left(\frac{n}{N}\right)$ 比较小的话,$\left(1 - \frac{n}{N}\right)$ 的值就接近于 1,则两种抽样方法的抽样平均误差就没有多大的差别,而且不重复抽样误差的计算比较复杂。所以,在实际抽样工作中,在没有掌握总体单位数的情况下或总体单位数 N 很大时,一般用重复抽样平均误差公式来计算不重复抽样的平均误差。

(二) 抽样成数的抽样平均误差的计算

抽样成数的抽样平均误差公式形式与平均数的抽样平均误差公式基本相同,在平均数的平均误差公式的基础上,将全及成数的标准差平方代替公式中的全及平均数的标准差的平方,就可以得到抽样成数的平均误差公式。

全及成数标准差平方也称为交替标志的方差。有些社会经济现象的标志表现为两种情况,非此即彼。如产品分为合格与不合格、性别分为雄性与雌性,等等,这种用"是""否"或"有""无"来表示的标志,称为交替标志或是非标志,表示这种标志的随机变量称为示性变量,示性变量的取值为 0 和 1。根据概率论的知识可知,这种示性变量的分布为 0-1 分布,即:

X	1	0
P	p	$q (q = 1 - p)$

则它的方差和标准差为：

$$\sigma_p^2 = p(1-p) = pq$$
$$\sigma_p = \sqrt{p(1-p)} = \sqrt{pq}$$

根据抽样平均误差和总体方差之间的关系，抽样成数的平均误差计算公式为：

1. 重复抽样条件下抽样成数的抽样平均误差

$$\mu_p = \sqrt{\frac{\sigma_p^2}{n}} = \sqrt{\frac{p(1-p)}{n}}$$

2. 不重复抽样条件下抽样成数的抽样平均误差

$$\mu_p = \sqrt{\frac{\sigma_p^2}{n}\left(1-\frac{n}{N}\right)} = \sqrt{\frac{p(1-p)}{n}\left(1-\frac{n}{N}\right)}$$

另外，在上面的抽样平均误差计算中，需要说明的是，抽样平均误差的计算都需要总体方差（σ^2）、总体标准差（σ）或交替标志的方差（$p(1-p)$）的数值，但在实际情况中这些值往往是未知的。所以，在抽样调查工作中，一般采用样本方差或使用过去的全面调查资料、实验性或小规模调查资料等数据来估算总体方差。

例 8-1 某灯泡厂对 10 000 个产品进行使用寿命检验，随机抽取 2% 样本进行测试，所得资料如表 8-3 所示。

表 8-3 抽样产品使用寿命资料表

使用时间（小时）	抽样检查灯泡数（个）	使用时间（小时）	抽样检查灯泡数（个）
900 以下	2	1 050—1 100	84
900—950	4	1 100—1 150	18
950—1 000	11	1 150—1 200	7
1 000—1 050	71	1 200 以上	3
		合计	200

按照质量规定，灯泡使用寿命在 1 000 小时以上者为合格品，请按以上抽样资料计算抽样平均误差。

$$\text{灯泡平均使用寿命 } \bar{x} = \frac{\sum xf}{\sum f} = 1\,057（\text{小时}）$$

灯泡合格率 $p = 91.5\%$

灯泡平均使用寿命标准差 $\sigma = 53.63$（小时）

灯泡使用寿命抽样平均误差计算：

$$\text{重复抽样 } \mu_{\bar{x}} = \sqrt{\frac{\sigma^2}{n}} = \frac{\sigma}{\sqrt{n}} = \frac{53.63}{\sqrt{200}} = 3.792\,2（\text{小时}）$$

不重复抽样 $\mu_{\bar{x}} = \sqrt{\dfrac{\sigma^2}{n}\left(1-\dfrac{n}{N}\right)} = \sqrt{\dfrac{53.63^2}{200}\times\left(1-\dfrac{200}{10\,000}\right)}$

$= 3.7541$（小时）

灯泡合格率的抽样平均误差计算：

重复抽样 $\mu_p = \sqrt{\dfrac{p(1-p)}{n}} = \sqrt{\dfrac{0.915\times 0.085}{200}} = 1.972\%$

不重复抽样 $\mu_p = \sqrt{\dfrac{p(1-p)}{n}\left(1-\dfrac{n}{N}\right)}$

$= \sqrt{\dfrac{0.915\times 0.085}{200}\times\left(1-\dfrac{200}{10\,000}\right)}$

$= 1.952\%$

五、抽样极限误差

抽样极限误差是从另一个角度考虑抽样误差问题的。用样本指标推断总体指标，要达到完全准确无误几乎是不可能的。所以，在估计总体指标的同时必须考虑估计误差的大小。我们不希望误差太大，误差越大说明样本的价值越小。但也不是误差越小越好，因为在一定限度之后减少抽样误差势必增加很多费用。所以，在做抽样推断时，应该根据所研究对象的变异程度和分析任务的要求确定可允许的误差范围，这就需要研究抽样极限误差问题。

抽样误差范围就是指变动的抽样指标与确定的全及指标之间离差的可能范围，它是根据概率理论，以一定的可靠程度保证抽样误差不超过某一给定的范围。统计上把这个给定的抽样误差范围称作抽样极限误差，也叫置信区间。

设 $\Delta_{\bar{x}}$ 和 Δ_p 分别表示抽样平均数与抽样成数的抽样极限误差，则有：

$$\Delta_{\bar{x}} = |\bar{x} - \bar{X}|$$
$$\Delta_p = |p - P|$$

可变换为下列等价不等式：

$$\bar{X} - \Delta_{\bar{x}} \leqslant \bar{x} \leqslant \bar{X} + \Delta_{\bar{x}}$$
$$P - \Delta_p \leqslant p \leqslant P + \Delta_p$$

上面的不等式表明，抽样平均数是以全及平均数为中心，在 $\bar{X} \pm \Delta_{\bar{x}}$ 范围内变动；抽样成数是以全及成数为中心，在 $P \pm \Delta_p$ 范围内变动。抽样误差范围是以 $\bar{X}$ 或 P 为中心的两个 Δ 的距离，这是抽样误差的原意。但是由于全及指标是不变的、未知的，而抽样指标是随机变量且可以由样本数据获得。因此，抽样误差范围的实际意义是要求区间 $[\bar{x}-\Delta_{\bar{x}}, \bar{x}+\Delta_{\bar{x}}]$ 或 $[p-\Delta_p, p+\Delta_p]$ 以一定的可靠度包含被估计的全及指标 $\bar{X}$ 或 P，且这两个区间分别称为抽样平均数的估计区间和抽样成数的估计区间。

例 8-2 要估计某批优良水稻品种种子的平均千粒重，现在随机从该批种子抽取 0.5 公斤,计数共 12 500 粒,折合平均每千粒重 $\bar{x}=40$ 克,如果确定极限误差范围为 8 克,这就要求该批种子的平均千粒重落在 $[40-8,40+8]$,即在 32 克和 48 克之间。

例 8-3 要估计某农作物幼苗的成活率,从播种这一品种的秧苗地块中随机抽取秧苗 1 000 株,其中死苗 80 株,则秧苗成活率 $p=1-80/1\,000=92\%$。如果确定极限误差范围为 5%,这就要求该农作物成活率 P 落在 $[92\%-5\%,92\%+5\%]$,即落在 87% 和 97% 之间。

六、可靠程度

(一)概率度和可靠程度

基于理论上的要求,抽样极限误差通常需要以抽样平均误差 $\mu_{\bar{x}}$ 或 μ_p 为标准单位来衡量,把极限误差 $\Delta_{\bar{x}}$ 和 Δ_p 相应除以 $\mu_{\bar{x}}$ 或 μ_p,得出相对数 t,表示误差范围为抽样平均误差的若干倍,t 称为概率度,这一变换称为概率的标准化过程。

$$t = \frac{\Delta_{\bar{x}}}{\mu_{\bar{x}}}$$

$$t = \frac{\Delta_p}{\mu_p}$$

在例 8-2 中,已知种子平均每千粒重量的抽样平均误差 $\mu_{\bar{x}}=4$ 克,那么我们常用概率度 $t=\frac{\Delta_{\bar{x}}}{\mu_{\bar{x}}}=\frac{8}{4}=2$ 来表示误差可能范围,即以 $2\mu_{\bar{x}}$ 来规定误差范围的大小,也就是要求该批种子的平均千粒重落在 $[40-2\mu_{\bar{x}},40+2\mu_{\bar{x}}]$。

抽样推断中一个重要的内容是估计抽样误差,抽样极限误差的估计是要和一定的概率保证程度联系在一起的。因为是一个随机变量,抽样平均数(抽样成数)落在一定区间不可能是一个必然事件,而只能对于抽样平均数(抽样成数)落在一定区间给予一定的概率保证。所以我们在进行抽样估计时,不但要考虑估计的精确度问题(即抽样误差的可能范围有多大),还必须考虑参数估计量落到这一范围的概率有多大(即估计的可靠性问题),两者关系密不可分。

如何确定抽样估计的可靠度,即计算样本指标落在一定误差范围内的概率 P?由数理统计理论知,P 是 t 的函数,即:

$$P = F(t)$$

在正态分布情况下或非正态分布但服从中心极限定理的情况下,从总体中随机抽取一个样本加以观察,则抽样指标落在 $[\bar{x}-t\mu_{\bar{x}},\bar{x}+t\mu_{\bar{x}}]$ 的概率可由标准正态分布理论来计算,即:

$$\begin{aligned} P &= F(t) = P\{\bar{x}-t\mu_{\bar{x}} \leq \bar{X} \leq \bar{x}+t\mu_{\bar{x}}\} \\ &= \Phi(t) - \Phi(-t) \\ &= 2\Phi(t) - 1 \end{aligned}$$

公式中，$\Phi(t)$为标准正态分布函数。

对于给定的t值，可以查标准正态分布表获得$\Phi(t)$的值，进而获得P值。在数理统计中，P也被称为置信水平，$1-P$记为α，称为显著性水平，P也可以表示成$1-\alpha$。常用的概率度t和置信水平P如表8-4所示。

表8-4　概率度与置信水平对照表

概率度t	误差范围Δ	置信水平P	概率度t	误差范围Δ	置信水平P
1.00	1.00μ	0.6827	1.96	1.96μ	0.9500
1.50	1.50μ	0.8664	2.00	2.00μ	0.9545
1.64	1.64μ	0.8990	3.00	3.00μ	0.9973

例8-4　随机抽取25亩水稻亩产，测得平均亩产为650千克，标准差为75千克，试求总体平均亩产在620千克至680千克的概率。

解：已知　　　　　　$\bar{x}=650\text{ kg}$，　$\sigma=75\text{ kg}$，　$n=25$

则

$$\mu_{\bar{x}}=\sqrt{\frac{\sigma^2}{n}}=\frac{\sigma}{\sqrt{n}}=\frac{75}{\sqrt{25}}=15\text{ kg}$$

$$P=F(t)=P\{\bar{x}-30\leq\bar{X}\leq\bar{x}+30\}$$
$$=P\{\bar{x}-2\mu_{\bar{x}}\leq\bar{X}\leq\bar{x}+2\mu_{\bar{x}}\}$$
$$=2\Phi(2)-1$$
$$=0.9545$$

这个概率的意义是如果估计总体平均亩产650千克，这个判断误差不超过30千克的可靠程度为95.45%。

（二）抽样极限误差与概率度、抽样平均误差的关系

由公式$t=\dfrac{\Delta_{\bar{x}}}{\mu_{\bar{x}}}$和$t=\dfrac{\Delta_p}{\mu_p}$，可得：

$$\Delta_{\bar{x}}=t\mu_{\bar{x}}$$
$$\Delta_p=t\mu_p$$

这个公式及概率计算公式$P=F(t)=P\{\bar{x}-t\mu_{\bar{x}}\leq\bar{X}\leq\bar{x}+t\mu_{\bar{x}}\}$说明，在抽样平均误差$\mu$一定的条件下，概率度$t$越大，则抽样误差范围越大，可能样本落在误差范围内的概率P（可能）越大，从而抽样估计的可靠程度也就越高；反之，概率度t越小，则抽样误差范围越小，可能样本落在误差范围内的概率（可能）越小，从而估计的可靠程度也就越低。

在实际抽样调查工作中，一般是根据抽样调查的目的，给定可靠度置信水平P值，根据概率度t值与P值的关系，查表获得t值，再根据抽样调查样本数据得到的抽样平均数（成数）、抽样平均误差等指标值，就可以由计算公式得到抽样极限误差Δ以及抽样平均数估计区间$[\bar{x}-\Delta_{\bar{x}},\bar{x}+\Delta_{\bar{x}}]$或抽样成数估计区间$[p-\Delta_p,p+\Delta_p]$。

七、抽样估计方法

抽样估计是指利用实际调查计算的样本指标数值来估计相应的总体指标数值,而全及指标是表明总体数量特征的参数,所以这种估计也称为参数估计。在数理统计中,总体参数估计是指以样本统计量作为未知总体参数的估计量,并通过对样本单位的实际观察取得的样本数据,计算样本统计量的取值作为被估计参数的估计值。根据对参数估计的形式不同可分为点估计和区间估计两种估计方法。

(一) 总体参数的点估计

点估计又称为定值估计,是直接以样本统计量作为相应总体参数的估计量。例如,$\bar{x} = \bar{X}$ 表示以样本平均数作为总体平均数的估计量,并根据实际抽样调查资料计算样本平均数值作为总体平均数的估计值。具体而言,根据某地区样本资料计算粮食亩产600斤,就以这个数字作为全地区粮食亩产水平的估计值。

点估计的优点在于它能够提供总体参数(如全及平均数、全及成数)的具体估计值,可以作为行动决策的数量依据。另外,它的计算简便,结果直观。但点估计也有不足之处,任何点估计不是对就是错,因为它不考虑抽样误差而直接用样本指标代替总体指标,不能提供误差情况如何和误差程度有多大的信息。

(二) 总体参数的区间估计

总体参数的点估计事实上几乎不可能做到完全准确,更谈不上有多大的可靠度,所以实际工作中常常采用区间估计。区间估计是根据给定的置信水平(可靠度)要求,指出总体参数被估计的上限和下限。一般来说,对于总体被估计参数 θ,找出样本的两个估计量 θ_1 和 θ_2(其中 $\theta_1 < \theta_2$),使区间 (θ_1, θ_2) 包含估计参数的概率为 $1 - \alpha$,其中 α 为介于 0 和 1 之间的已知数,即:

$$P(\theta_1 \leq \theta \leq \theta_2) = 1 - \alpha$$

称区间 (θ_1, θ_2) 为总体参数的置信度为 $1 - \alpha$ 的置信区间,θ_1 为置信下限,θ_2 为置信上限,$1 - \alpha$ 为置信度或置信水平,α 为显著性水平。

区间估计的特点是,它不是指出被估计参数的确定数值,而是指出被估计参数的可能范围,同时对参数在这一范围内给定相应的概率保证程度。区间估计对参数估计给出了两个要求,一个是估计的精确度,另一个是估计的可靠度。但这两个要求是矛盾的,如果要求高可靠度,估计区间就会越长,估计的精度就越低;如果要求估计高精确度,则估计区间就会越短,这时如果样本容量不变则估计的可靠度就会越低,即估计区间包含参数真值的可能性就越小。

例 8-5 某城市随机抽取 400 户居民进行家庭消费情况调查,得每户年耐用品消费支出的抽样平均数为 950 元,标准差为 200 元,试在 95% 的置信水平下确定每户年耐用品消费支出的估计区间。

解:已知 $n=400$, $\bar{x}=950$ 元, $\sigma=200$ 元, $P=0.95$

则

$$\mu_{\bar{x}} = \sqrt{\frac{\sigma^2}{n}} = \frac{\sigma}{\sqrt{n}} = \frac{200}{\sqrt{400}} = 10(元)$$

由 $P=0.95$, 根据概率计算公式查标准正态分布表表可得概率度 $t=1.96$, 则有:

$$\Delta_{\bar{x}} = t\mu_{\bar{x}} = 1.96 \times 10 = 19.6$$

所以,在95%的置信水平下,该市居民每户年耐用品的消费支出抽样平均数的估计区间为 $[950-19.6, 950+19.6]$,亦即 $[930.4, 969.6]$。

第三节 抽样组织形式

一、抽样组织方案设计的基本原则

如何科学地组织抽样调查,保证随机抽样条件的实现,并合理有效地取得各项实际数据,是抽样推断中一个至关重要的问题,所以在抽样调查之前首先要有一个抽样组织方案的设计。在抽样组织方案设计中,应该考虑如何从总体中抽取样本,要调查取得哪些项目的资料,用什么样的数据搜集方法,确定样本容量的大小,以及考虑采用什么样的数据处理分析方法等。完整的抽样调查组织方案还应包含一些必要的附件,如调查人员的培训方案、调查问卷设计、调查数据的汇总表格等。要做好这些工作,必须掌握以下两个基本原则:

第一,保证实现抽样的随机性原则,即总体的各个单位 X_1、X_2、$\cdots$、X_N 的相互独立性,以及任何一个单位被抽中的机会都是相等的。抽样推断的基础是样本,而样本的抽取是按随机原则要求的,抽样方案的设计应该保证总体中每个单位都有相等的被选中的机会,这是首先要考虑的。若破坏了随机性原则,调查结果容易产生偏误。例如,调查人员在抽选样本时,有意选择一些好的单位,或故意丢弃或更换一些"坏的"样本单位,比如,在农产品产量的基层单位调查中,抽取地块时将一些低产田样本单位更换成丰产田。实际上抽样调查的代表性是以整个样本作为整体来代表,而不是要求每一个样本单位均有代表性。

第二,保证实现最大的抽样效果原则,即在一定的调查费用条件下,选取抽样误差最小的方案;或在给定精度的要求下,做到调查费用最少。事实上任何一项抽样调查都是在一定费用的限制条件下进行的,所以在抽样方案设计中必须重视调查费用这个基本因素,力求调查费用最省。在通常情况下,提高精度的要求和节省费用的要求往往有矛盾,抽样误差要求越小,就越要增加样本容量,则调查费用也就越大,极限情况就是全面调查。但在抽样设计中,并非抽样误差最小的方案就是最好的方案,因为不同的调查项目对精度的要求不同,许多情况下允许一定的误差范围也能满足分析的要求，我们的任务是在一定的误差要求下选择费用最少的抽样设计。调查费用取决于多种因素，其中一个重要的因素是样本容量即抽样单位数目，样本容量的确定又取决于精度和可靠性的要求。根据不同的精度和可靠度的要求，以及不同的统计调查目的，我们需要选择不同的抽样调查组织方式。常用的基本抽样组织形式有五种——简单随机抽样、类型抽样、系统抽样、整群抽样、多阶段抽样。

二、简单随机抽样

（一）简单随机抽样的概念和特点

简单随机抽样也称为纯随机抽样，是从总体的 N 个单位中随机地一个一个地抽取 n 个单位作为样本，在每次抽选中所有未被选中的待选单位被选中的机会都相等，这 n 个被抽中的单位就成了简单随机样本。简单随机样本也可以一次从总体中抽出，这时全部可能样本中的每一个样本被抽中的机会也需要相等。抽样的随机性通过抽样的随机化程序体现，将总体各单位编号后，可以使用随机数表，也可以使用能产生符合要求的随机数序列的计算机程序等实施随机化程序。

这种方法的突出特点是简单直观，在调查总体清晰完整时，可以直接从中选取样本，由于抽选的概率（机会）相同，用样本统计量对总体参数进行估计及计算抽样误差都比较方便。但实际应用中也有一些局限：首先，它要求包含所有总体单位的名单作为抽选对象，当总体单位数 N 很大时，这种方法实施起来并不容易；其次，根据这种方法抽出的单位很分散，给实施调查增加了困难；最后，这种方法没有利用其他辅助信息以提高估计的效率。所以在规模比较大的调查中，很少直接采用简单随机抽样，一般是把这种方法和其他抽样方法结合使用。

（二）简单随机抽样的计算

本章第二节所讨论的抽样误差的计算方法，就是从简单随机抽样组织方式出发的，因此简单随机抽样的误差公式为：

1. 重复抽样条件下

（1）平均数的抽样平均误差 $\mu_{\bar{x}} = \sqrt{\dfrac{\sigma^2}{n}} = \dfrac{\sigma}{\sqrt{n}}$

（2）抽样成数的抽样平均误差 $\mu_p = \sqrt{\dfrac{\sigma_p^2}{n}} = \sqrt{\dfrac{p(1-p)}{n}}$

2. 不重复抽样条件下

（1）平均数的抽样平均误差 $\mu_{\bar{x}} = \sqrt{\dfrac{\sigma^2}{n}\left(1 - \dfrac{n}{N}\right)}$

（2）抽样成数的抽样平均误差 $\mu_p = \sqrt{\dfrac{\sigma_p^2}{n}\left(1 - \dfrac{n}{N}\right)} = \sqrt{\dfrac{p(1-p)}{n}\left(1 - \dfrac{n}{N}\right)}$

三、类型抽样

类型抽样又称为分层抽样,是先将所要调查的总体,按照某一标志划分为不同的层(类),然后从不同的层(类)中独立、随机地抽取样本。将各层(类)的样本结合起来,对总体的参数进行估计。例如,在调查职工生活情况时,可先将职工按平均收入水平分为三个层次——收入水平较高层、收入水平中等层、收入水平较低层,然后从每层中采用简单随机抽样的方法抽取样本。

(一) 类型抽样的特点及作用

(1) 由于每层(类)都进行抽样,因此样本在总体中分布更均匀、更具有代表性。例如,为了解我国居民的人均年收入水平,倘若采用简单随机抽样的方法实施调查,对于某些人口较少的省、市、自治区,很可能会出现样本量过小甚至没有样本点的现象。

(2) 由于抽样在每一层(类)中独立进行,所以一则允许各层(类)选择适合本层(类)的抽样方法;二则可同时对各子总体(层)进行参数估计,而不仅是对整个总体的参数进行估计。这在大区域且依托行政管理机构实施的调查里优势更明显。仍以了解我国居民的人均年收入水平的全国性调查为例,如果按照省级行政区进行分层(类),一方面,每个省级行政区负责自己的调查工作,组织实施比较方便,还可以根据具体情况采用适合于自身的抽样方法;另一方面,可以得到各省级行政区的人均年收入水平。

(3) 可以有效地提高估计的精度。由于总体经过分层(类),每一层(类)内的各单位之间的差异就比较小,因此从各层中抽取的样本的代表性就比较高,抽样误差也比较小,抽样精度与抽样误差呈正比关系。所以,只要合理选择分层条件,类型抽样可提高参数估计的精度。

若总的样本容量 n 固定,接下来的一个问题就是如何把这 n 个样本合理地分配到各层中去。在分层随机抽样中,样本量在各层中的不同分配方式会对估计的精度产生一定的影响。一方面是由于层的规模大小不同或在总体中所占有的"地位"不同;另一方面是因为各层的层内误差不同。

(二) 分配各组的抽样单位数的方法

1. 比例分配

在分层抽样中,每层的样本量都与该层的大小成比例,即:

$$\frac{n_1}{N_1} = \frac{n_2}{N_2} = \cdots = \frac{n_h}{N_h} = \frac{n}{N}$$

公式中,n_i 为各层样本容量(抽样单位数);N_i 为各层总体单位数;h 为分层数。

计算各层应抽取的样本容量的公式为:

$$n_i = \frac{n}{N} \times N_i$$

2. 最优分配

在分层随机抽样中,对于给定的费用,使估计的误差达到最小的分配,或者对于给定的估计误差要求,使得费用达到最小的各层样本量的分配称为最优分配。这种分配方法不但要考虑标志差异程度、抽样误差大小等,还要将费用纳入考虑的范围之内,这在实际中是相当重要的。

3. 内曼分配

它是在最优分配中假定各层的单位抽样费用相等的分配方法。

四、系统抽样

将总体中的所有单位按一定顺序排列,在规定的范围内随机抽取一个单位作为初始单位(所谓的随机起点),然后按事先规定好的规则确定其他样本单位,这种抽样方法称为系统抽样。

这种抽样称作系统抽样的原因有两种解释。一种解释是,这种抽样除第一个样本单位的抽取明显是随机的之外,其余样本单位的抽取都不是随机的,因而抽样是系统的;另一种解释是,由于第一个样本单位一经抽出,整个样本单位的抽取就完全确定了,这种"牵一发而动全身"的整体性正是通常所谓系统的特点。

典型的系统抽样是先从数字 1 至 k 随机抽取一个数字 r 作为初始单位,以后每隔 k 个单位抽取下一个单位,即依次取 $r+k, r+2k, \cdots$ 单位,直到抽取 n 个单位为止,这种系统抽样也称为等距抽样或机械抽样。

系统抽样的特点:

1. 简便易行

与其他随机抽样方法相比,系统抽样对抽样总体要求不高。其他随机抽样方法往往需要先对总体单位编号,然后才能利用随机数表等方法抽取样本。当总体规模很大(甚至规模本身也无从确切知道)时,仅仅进行编号已经相当烦琐,何况还要抽选诸多样本单位。而系统抽样只需确定总体单位的排列顺序(在大多数场合就是自然顺序,如对城市居民户的抽样,不必直接对总体的所有居民户进行编号,而是根据这些居民户的地理位置进行顺序排列),然后随机确定一个起始单位,根据固定的间隔,就可以成功构造整个样本了。

2. 可以有效提高估计的精度

系统抽样可以使样本单位在总体中分布均匀,因而一般具有较好的代表性,特别是当总体结构有辅助变量的信息可以利用时,则可采用有序系统抽样,提高估计的精度。但其主要缺点是,样本量不唯一,导致比较难以估计抽样误差。

系统抽样的实际应用非常广泛。例如,工业企业为检查产品质量,在连续的生产流水线上每隔 20 分钟或 45 个工件抽选一个或者若干个样品进行检验;农业上为估计农作物产量或病虫危害情况,对一大片农田每隔一定距离(例如纵横各 10 米)抽取一小块(例如 0.25 平方米)进行实际测量或调查;图书馆对图书借阅情况进行调查,在一堆按书名字母排列的图书目录卡片中,每隔一定厚度或一定的张数抽取一张卡片,等等。

五、整群抽样

将总体中若干个基本单位合并为组,这样的组称为群。抽样时直接抽取群,然后对中选群中的所有基本单位全部实施调查,这样的抽样方法称为整群抽样。例如,若调查某个大学的学生身高,组成总体的基本单位是每个学生,如果采用整群抽样,抽样单位可以是由学生组成的班级或系部等,对中选的班级或系部的全部学生进行调查。

整群抽样的特点:

1. 抽样框编制得以简化

抽样调查中需要有包括所有样本单位的抽样框,抽样框是一份包含所有样本单位的名单,给每个抽样单位编上一个号码,就可以按一定的随机化程序进行抽样。对抽样框的基本要求是,其具有抽样单位名称和地理位置的信息,以便调查人员能够找到被选中的单位。但在实践中,因为没有相应的资料,有时不可能构造这样的抽样框,有时虽然可以构造,但工作量极大。比较而言,构造群的抽样框则要容易、简便。例如,对北京市小学生的视力状况进行抽样调查,要获得北京市所有小学生的名单十分困难,但若以学校作为群,得到北京市所有小学校的名单则要容易得多。

2. 实施调查便利、节省费用

在总体单位分布很广的情形下,简单随机抽样会使样本分布非常分散,给调查带来不便,并使调查费用增大。而整群抽样调查单位的分布相对集中,调查人员能节省大量来往于调查单位间的时间和费用。而且,如果群是以行政单元划分的,调查时得到行政单元的配合,更有助于调查的实施,得到较高质量的原始数据。

3. 主要不足是通常情况下其抽样误差较大

因为抽取的样本单位比较集中,一个群内各单位之间的差异比较小,而不同群之间的差异比较大,这样每个样本单位所提供的信息价值就很有限,因此抽样误差常常大于简单随机抽样。但由于整群抽样省时省力,每个单位的平均调查费用较少,故可以通过适当增加样本量的方法弥补抽样精度的损失。但是,对某些特殊结构的总体,整群抽样反而有较高的精度。这种特殊结构的总体是指总体中各个群的结构相似。例如,一般家庭成员中都有男性和女性,如果估计男女性别比例,以家庭作为群,采用整群抽样,估计的精度要比直接抽取个人进行估计的精度高。

整群抽样中的"群"大致可分为两类:一类是根据行政或地域形成的群体,如学校、企业或街道,对此采用整群抽样是为了方便调查、节省费用;另一类则是调查人员人为确定的,如将一大块面积划分为若干块较小面积的群。这时就需要考虑如何划分群,以使在相同调查费用下抽样误差最小。通常考虑是,划分群时力争使同一群内各单位之间的差异尽可能大,以避免同一群内各单位提供重复信息。

六、多阶段抽样

采用类似整群抽样的方法,首先抽取群,但不是调查群内的所有基本单位,而是进一步抽样,从选中的群中抽取若干个基本单位进行调查。因为取得这些接受调查的基本单位需要两个步骤,所以将这种抽样方式称为两阶段抽样。这里群是初级抽样单元,第二阶段抽取的是基本抽样单位。将这种方法推广,使抽样的段数增多,就称为多阶段抽样。例如,第一阶段抽取初级单元,第二阶段抽取二级单元,第三阶段抽取接受调查的基本单位就是三阶段抽样,同样的方法还可以定义四阶段抽样等。

多阶段抽样是一种常用的抽样方法。它一方面保持了整群抽样的样本比较集中、便于调查、节省费用等优点,另一方面避免了对小单位的过多调查造成的浪费,充分发挥了抽样调查的优点。多阶段抽样还有一个优点是不需要编制所有小单位的抽样框。抽取初级单元时,只需要编制初级单元的抽样框,对抽中的初级单元,再去编制二级单元抽样框,以此类推,每阶段只需编制该阶段的抽样框,从而大大降低了编制抽样框的工作量。大规模的调查一般都用到多阶段抽样方法,对一家调查公司而言,即使是某个城市范围内的居民调查,不可能也没必要编制全市的居民名单抽样框,多阶段抽样方法就可以解决这一问题。

多阶段抽样的每一个阶段的抽样可以相同,也可以不同,通常与分层抽样、整群抽样、系统抽样结合使用。如果两阶段抽样中所有初级单元都被抽中,在每个初级单元中抽取部分二级单位,则这时的抽样就称为分层抽样。如果对初级单元进行抽样,并且样本初级单元中的所有二级单位都被抽中,则这时的抽样称为整群抽样。实际工作中,多阶段抽样通常和整群抽样结合使用,即前几阶段是多阶段抽样,最后一阶段为整群抽样。例如,关于居民对香皂颜色喜好的调查,第一阶段抽街道,第二阶段抽居委会,第三阶段也是最后一阶段抽居民户,并对样本居民户中的所有居民都进行调查,这时的居民户就是由其所属的居民组成的一个群,这种抽样方法称为三阶段整群抽样。

第四节 样本容量的确定

一、确定样本容量的意义与原则

抽样调查的目的是用样本资料推断总体。抽样推断的基础是样本,而样本是按随机原则从全及总体中抽取一部分单位组成的集合体,在确定了适合调查对象特点的抽样组织方式后,就应该考虑样本容量究竟应为多少才合适。这是抽样调查中一个至关重要的问题。首先,抽样单位数目越多,样本数据的代表性越高,推断效果就越好,但同时会增加抽样组织的困难,造成调查费用的增加,影响抽样调查结果的及时提供。如果抽样单位数目太少,所得的样本的代表性就低,这会使抽样误差增大,就会直接影响抽样推断不能达到预期效果。因此,在抽样调查时,认真研究和确定一个必要的抽样单位数,对于省时、省力又能保证较好的抽样效果具有很重要的意义。根据抽样推断的目的和要求,确定必要抽样单位数的原则是,在保证抽样推断能达到预期的可靠度和精确度的要求下,确定一个恰当的必要的样本单位数。

二、确定样本容量的依据

1．抽样推断的可靠程度和精确度的要求

如果调查者要求抽样的可靠程度和精确度比较高,那么样本容量就要大一些;反之,样本容量就可以小一些。

2．总体中各单位的标志变异程度

如果总体中各单位的标志变异程度越大,需要的样本容量也就越大;反之,样本容量就越小。

3．抽样组织方式

不同的抽样组织方式对抽样单位数要求不同,一般来说,在相同的可靠度和精确度的要求下,分层抽样和系统抽样比简单随机抽样需要的样本量要小,单个抽样比整群抽样需要的样本量要小,不重复抽样比重复抽样需要的样本量小。

4．调查费用的要求

调查费用是抽样调查中非常重要的因素。一般情况下,抽样调查是在一定的调查费用限制下要求抽样误差最小,或者是在一定的误差范围内要求调查费用最少。

上述几个方面都是确定抽样单位数的依据,在应用时不能孤立地考虑其中一两个条件,而要综合考虑各个方面来确定样本容量,才能满足抽样推断的要求。

三、确定样本容量的具体方法

在抽样调查之前,即抽样方案设计阶段,需要确定抽样单位数。一般情况下,要根据调查目的,确定抽样的准确性和可靠性,并根据历史资料或采用实验等方法估计出总体方差,就可以由抽样极限误差公式推导出所需的样本容量。

(一) 计算简单随机抽样的必要的样本量的公式

1. 重复抽样条件下

因为抽样平均数的极限误差计算公式为:

$$\Delta_{\bar{x}} = t\mu_{\bar{x}} = t\sqrt{\frac{\sigma^2}{n}}$$

等式两边平方,移项整理可得:

$$n = \frac{t^2\sigma^2}{\Delta_{\bar{x}}^2}$$

同样,可以得到抽样成数的必要抽样单位数公式为:

$$n = \frac{t^2 p(1-p)}{\Delta_p^2}$$

例 8-6 对生产某型号电池进行电流强度检验,根据以往正常生产的经验,电流强度的标准差 $\sigma = 0.4$ 安培,而合格率为 90%。现在用重复抽样的方式,要求在 95.45% 的概率(置信水平)保证下,抽样平均电流强度的极限误差不超过 0.08 安培,抽样合格率的极限误差不超过 5%,必要的抽样单位数应该为多少?

解:根据公式,在重复抽样条件下,因为 $f(t) = 0.9545$,根据公式查标准正态分布表 $t = 2$。

抽样平均数的必要抽样单位数:

$$n = \frac{t^2\sigma^2}{\Delta_{\bar{x}}^2} = \frac{2^2 \times (0.4)^2}{(0.08)^2} = 100 (\text{个})$$

抽样成数的必要抽样单位数:

$$n = \frac{t^2 p(1-p)}{\Delta_p^2} = \frac{2^2 \times 0.9 \times (1-0.9)}{(0.05)^2} = 144 (\text{个})$$

两个抽样指标所要求的最小样本量不同,应采取其中较大的 n,即抽取 144 个单位进行检验,以满足共同的要求。

2. 不重复抽样条件下

因为抽样平均数极限误差计算公式为:

$$\Delta_{\bar{x}} = t\mu_{\bar{x}} = t\sqrt{\frac{\sigma^2}{n}\left(1 - \frac{n}{N}\right)}$$

等式两边平方,移项整理可得:

$$n = \frac{Nt^2\sigma^2}{\Delta_{\bar{x}}^2 N + t^2\sigma^2}$$

同样,可以得到抽样成数的必要抽样单位数公式为:

$$n = \frac{Nt^2p(1-p)}{\Delta_p^2 N + t^2p(1-p)}$$

例 8-7 某灯泡厂日生产灯泡 15 000 只,根据以往抽样资料,一等品率为 90%,现要求极限误差为 2%,置信水平为 99.73%,抽样的必要单位数是多少?

解:因为 $f(t) = 0.9973$,根据公式查标准正态分布表 $t = 3$,又已知一等品率 $p = 0.9$,$\Delta_p = 0.02$,$N = 15\,000$。

在不重复抽样条件下,则抽样成数的必要抽样单位数:

$$\begin{aligned}n &= \frac{Nt^2p(1-p)}{\Delta_p^2 N + t^2p(1-p)} \\ &= \frac{15\,000 \times 3^2 \times 0.9 \times (1-0.9)}{0.02^2 \times 15\,000 + 3^2 \times 0.9 \times (1-0.9)} \\ &= 1\,785(只)\end{aligned}$$

即在不重复抽样条件下,样本单位数最少是 1 785。

(二)确定抽样单位数时应注意的问题

(1)抽样单位数受允许误差范围 Δ 的制约,Δ 要求越小则单位数 n 需要的越多,但两者并不是保持按比例变化。以重复抽样来说,在其他条件不变的情况下,当误差范围 Δ 缩小 1/2 时,则样本量必须增加为原来的 4 倍,而 Δ 扩大 1 倍,则样本量只需原来的 1/4,所以在抽样方案设计中对抽样误差的可能允许范围要十分慎重地进行考虑。

(2)一个总体往往同时需要计算抽样平均数和抽样成数,由于它们的方差和允许的误差范围不同,因此需要抽样单位数也可能不同,为了防止由于单位数不足而扩大抽样误差,在实际工作中往往根据单位数比较大的一个数目进行抽样,以满足共同的需要。

(3)通过公式计算的样本容量是满足抽样误差范围的最小样本量,即满足要求的必要样本量。另外,样本容量应是正整数,且不能对计算结果采用四舍五入,应该采用逢小数就入的取整方法。

练习题

一、单项选择题

1. 随机抽样的基本要求是严格遵守( )。
   A. 准确性原则　　　　　　　　B. 随机原则
   C. 代表性原则　　　　　　　　D. 可靠性原则

2. 抽样调查的主要目的是( )。
   A. 广泛运用数学的方法　　　　B. 计算和控制抽样误差
   C. 修正普查的资料　　　　　　D. 用样本指标来推算总体指标

3. 抽样总体单位亦可称为( )。

A. 样本　　　　　　　　　　　　B. 单位样本数

C. 样本单位　　　　　　　　　　D. 总体单位

4. 反映样本指标与总体指标之间抽样误差可能范围的指标是( )。

A. 样本平均误差　　　　　　　　B. 抽样极限误差

C. 可靠程度　　　　　　　　　　D. 概率程度

5. 在实际工作中,不重复抽样的抽样平均误差的计算,采用重复抽样的公式的场合是( )。

A. 抽样单位数占总体单位数的比重很小时

B. 抽样单位数占总体单位数的比重很大时

C. 抽样单位数目很少时

D. 抽样单位数目很多时

6. 在其他条件不变的情况下,抽样单位数目和抽样误差的关系是( )。

A. 抽样单位数越大,抽样误差越大

B. 抽样单位数越大,抽样误差越小

C. 抽样单位数的变化与抽样误差的数值无关

D. 抽样误差变化程度是抽样单位数变动程度的 1/2

7. 用简单随机抽样(重复抽样)方法抽取样本单位,如果要使抽样平均误差降低 50%,则样本容量需扩大到原来的( )。

A. 2 倍　　　　B. 3 倍　　　　C. 4 倍　　　　D. 5 倍

8. 事先将全及总体各单位按某一标志排列,然后依固定顺序和间隔来抽选调查单位的抽样组织形式称为( )。

A. 分层抽样　　　　　　　　　　B. 简单随机抽样

C. 整群抽样　　　　　　　　　　D. 等距抽样

9. 全及总体按其各单位标志性质不同,可以分为( )。

A. 有限总体和无限总体

B. 全及总体和抽样总体

C. 可列无限总体和不可列无限总体

D. 变量总体和属性总体

10. 抽样指标是( )。

A. 确定性变量　　B. 随机变量　　C. 连续变量　　D. 离散变量

11. 用考虑顺序的重置抽样方法,从 4 个单位中抽选 2 个单位组成一个样本,则样本可能数目为( )。

A. $4^2 = 16$　　　B. $\dfrac{5!}{2!\,3!} = 10$　　　C. $\dfrac{4!}{2!} = 12$　　　D. $\dfrac{4!}{2!\,2!} = 6$

二、多项选择题

1. 抽样法是一种（　　）。
   A. 搜集统计资料的方法
   B. 对现象的总体进行科学估计和推断的方法
   C. 随机性的非全面调查的方法
   D. 快速准确的调查方法
   E. 抽选少数典型单位所进行的调查方法

2. 抽样推断中的抽样误差（　　）。
   A. 是不可避免要产生的
   B. 是可以通过改进调查方法来消除的
   C. 是可以事先计算出来的
   D. 只能在调查结束后才能计算
   E. 其大小是可以控制的

3. 影响抽样误差的因素有（　　）。
   A. 是有限总体还是无限总体
   B. 是重复抽样还是不重复抽样
   C. 总体被研究标志的变异程度
   D. 抽样单位数目的多少
   E. 抽样组织方式不同

4. 抽样法的基本特点是（　　）。
   A. 根据部分实际资料对全部总体的数量特征作出估计
   B. 深入研究某些复杂的专门问题
   C. 按随机原则从全部总体中抽选样本单位
   D. 调查单位少，调查范围小，了解总体基本情况
   E. 抽样推断的抽样误差可以事先计算并加以控制

5. 用抽样指标估计总体指标应满足的要求是（　　）。
   A. 一致性　　B. 准确性　　C. 客观性　　D. 无偏差
   E. 有效性

6. 抽样平均误差（　　）。
   A. 是抽样平均数（或抽样成数）的平均数
   B. 是抽样平均数（或抽样成数）的平均差
   C. 是抽样平均数（或抽样成数）的标准差
   D. 是反映抽样平均数（或抽样成数）与总体平均数（或总体成数）的平均误差程度
   E. 是计算抽样极限误差的衡量尺度

7. 要增大抽样推断的概率保证程度，可以（　　）。
   A. 缩小概率度　　　　　　　　B. 增大抽样误差范围

C．缩小抽样误差范围　　　　　　D．增加抽样数目

E．增大概率度

8．抽样方案的检查包括（　　）。

A．准确性检查　　　　　　　　　B．及时性检查

C．全面性检查　　　　　　　　　D．代表性检查

E．预测性检查

三、判断题

1．所有可能的样本平均数等于总体平均数。（　　）

2．在其他条件相同的情况下，重复抽样的抽样平均误差一定比不重复抽样的抽样平均误差大。（　　）

3．抽样极限误差反映的是抽样指标与总体指标之间的抽样误差的可能范围，实际上每次抽样极限误差可能大于、小于或等于抽样平均误差。（　　）

4．在抽样推断中，全及指标是确定的和唯一的，而样本指标是一个随机变量。（　　）

5．抽样平均误差同总体变异程度的大小成正比。（　　）

6．抽样平均误差同样本单位数的多少成正比。（　　）

7．抽样平均误差同样本单位数的多少成正比，而与总体变异程度的大小无关。（　　）

8．抽样推断中不可避免会产生抽样误差，但人们可以通过调整总体方差的大小来控制抽样误差的大小。（　　）

9．在抽样推断中，样本和总体一样都是确定的、唯一的。（　　）

10．在其他条件不变的情况下，提高抽样估计的可靠程度，可以提高抽样的估计精确度。（　　）

四、简答题

1．什么是随机原则？在抽样调查中为什么要坚持随机原则？

2．什么是抽样估计？它有什么特点？

3．什么是抽样误差？影响抽样误差的因素有哪些？

五、计算题

1．进行随机抽样为使误差减少50%、10%和5%，抽样单位数应如何改变？

2．某工厂4 500名职工中，随机抽选20%，调查每月看电影次数，所得分配数列如下表：

看电影次数	0—2	2—4	4—6	6—8	8—10
职工人数（对总数的百分数%）	8	22	40	25	5

试以95.45%的可靠性:(1)估计平均每月看电影次数;(2)确定每月看电影在4次以上的比重,其误差不超过3%。

3. 某地区采用纯随机抽样的方法,对职工文化程度进行调查,抽查100名职工,每个职工文化程度的分配数列如下表:

文化程度(年)	组中值	人数
3—5	4.0	15
6—8	7.0	55
9—11	10.0	24
12—15	13.5	6
合计	—	100

试求:(1)抽样平均误差;(2)在概率度 $t=2$ 的条件下的平均文化程度的变化范围。

4. 已知某企业职工的收入情况如下表:

不同收入类型	职工人数(人)	抽样人数(5%)	年平均收入(元)	各类职工收入的标准差(元)
较高的	200	10	13 200	480
一般的	1 600	80	8 040	300
较低的	1 200	60	6 000	450
合计	3 000	150		

计算:

(1)抽样年平均收入;

(2)年平均收入的抽样平均误差;

(3)概率为0.95时,职工平均收入的可能范围。

第九章 统计指数分析

【案例导入】

根据中国国家统计局数据显示,2014年11月份,全国居民消费价格总水平同比上涨1.4%。其中,城市上涨1.5%,农村上涨1.3%;食品价格上涨2.3%,非食品价格上涨1.0%;消费品价格上涨1.3%,服务价格上涨1.8%。全国居民消费价格总水平环比下降0.2%。其中,城市下降0.2%,农村下降0.2%;食品价格下降0.4%,非食品价格下降0.1%;消费品价格下降0.2%,服务价格下降0.3%。分类别看,食品价格同比上涨2.3%,烟酒及用品价格同比下降0.7%,衣着价格同比上涨2.6%,家庭设备用品及维修服务价格同比上涨1.2%,医疗保健和个人用品价格同比上涨1.3%,交通和通信价格同比下降0.8%,娱乐教育文化用品及服务价格同比上涨1.0%,居住价格同比上涨1.4%。这些数据都代表什么?都是根据什么进行比较的?进行这些数据分析有何意义?这些问题都将在本章得到解答。

【重点与难点】

本章将概述统计指数的主要种类和基本编制方法,进而着重介绍综合指数和平均指数的编制原理及其常用形式。学习本章应该做到深刻理解指数的含义及指数编制原理,熟练掌握综合指数的编制方法并能运用指数体系进行两因素分析。本章难点在于同度量因素的概念及时期选择,综合指数的编制以及如何对指数体系进行两因素分析。

第一节 统计指数的概念和种类

统计指数(statistical index)分析法是经济分析中广泛应用的一种方法。它不仅可以综合反映现象总体的变动方向和变动程度,而且可以用于分析现象总体变动中的各个因素的影响方向和影响程度,以分析研究社会经济现象在长时间内的发展变化趋势,还可以用于对社会经济现象进行综合评价和测定。

统计指数的概念有广义和狭义之分。根据不同的分类方法,指数主要可分为个体指数、总指数与组指数,综合指数与平均指数,定基指数与环比指数,数量指标指数与质量指标指数,等等。

一、统计指数的概念及性质

(一) 统计指数的概念

统计指数是一种古老的统计方法,在社会经济现象的总体数量研究中应用非常广泛。统计指数是人们在统计物价水平的变动中产生和发展起来的,最早可追溯到1650年英国人R.沃汉(R. Voughan)所编制的物价指数上。物价指数(price index)最初只是反映一种商品价格的变动,即用现行价格与过去价格对比来反映价格的变动情况,后来过渡到综合反映多种商品价格的变动情况。随着社会经济活动的广泛深入与发展,产生于物价的指数亦被广泛应用于工业、农业、贸易、股市等各个社会经济领域,并且从动态变化对比推广到静态对比,即不同国家、地区与部门之间在数量上的对比等。

迄今为止,指数的概念可以分为两种——广义指数与狭义指数。广义指数泛指反映社会经济现象变动程度的相对数,包括动态变化相对数、比较相对数和计划完成程度相对数。例如,北京2011年1—2月城镇投资额比上年同期增长43.7%,超过河北的37.9%、天津的34.1%、江苏的25.0%,居全国首位。狭义指数是指综合反映多种不同事物在不同时间上的总变动的特殊的相对数。例如,我国国家统计局编制的零售物价指数和居民消费价格指数等。我们所讨论的指数主要指狭义指数。

(二) 统计指数的性质

为了更好地理解指数的含义,我们首先应明确指数的性质。概括地讲,指数有以下性质:

1. 相对性

指数是总体各变量在不同场合下对比形成的相对数,它可以度量一个变量在不同时间或不同空间的相对变化,如一种商品的价格指数或数量指数,这种指数称为个体指数;它也可用于反映一组变量的综合变动,如消费价格指数反映了一组指定商品和服务的价格变动水平,这种指数称为综合指数。总体变量在不同时间上对比形成的指数称为时间性指数,在不同空间上对比形成的指数称为区域性指数。目前,时间性指数应用得比较广泛,本章内容也均以时间性指数为例。

2. 综合性

指数是反映一组变量在不同条件下的综合变动水平。这是就狭义的指数而言的,它也是指数理论和方法的核心问题。实际上所计算的主要是这种指数。没有综合性,指数就不可能发展成为一种独立的理论和方法论体系。综合性说明指数是一种特殊的相对数,它是由一组变量项目综合对比形成的。例如,由若干种商品和服务构成的一组消费项目,通过综合后计算价格指数,以反映消费价格的综合变动水平。

3. 平均性

指数是总体水平的一个代表性数值。平均性的含义有二:一是指数进行比较的综合数量是作为个别量的一个代表,这本身就具有平均的性质;二是两个综合数量对比形成的指数反映了个别量的平均变动水平。

二、统计指数的作用

(一) 综合反映事物的变动方向和变动程度

这是总指数的主要作用。指数的计算结果如果大于100%,说明现象的数量报告期比基期增加;小于100%,则说明现象的数量报告期比基期减少。例如,股票价格指数为103.28%,说明报告期与基期相比,各种股票价格可能有升有降,但总的说来是上升的,上升幅度为3.28%。此外,还可以利用综合指数或综合指数变形形式,从其分子与分母指标的比较中,分析由于指数的变动而产生的实际效果。

(二) 分析多因素影响现象的总变动中各个因素的影响大小和影响程度

在许多情况下,现象的总量指标是若干因素的乘积,例如:

$$商品销售额 = 商品销售量 \times 单位商品价格$$

$$产品总成本 = 产品产量 \times 单位产品成本$$

$$生产费用总额 = 产量 \times 单位产品的消费量 \times 单位价格$$

社会经济现象的数量变动,是很多因素共同影响的结果。例如,商品销售额的变动取决于销售量和价格的变动;工业产品产量的变动取决于工人人数和工人劳动生产率的变动;农作物收获量的变动取决于播种面积和单位面积产量的变动,等等。统计指数是利用各因素之间的联系编制的,各个因素指数又相互构成指数体系。因此,可以利用指数体系来分析现象总变动中各个因素变动的影响。

(三) 研究事物在长时间内的变动趋势

运用编制的动态指数所形成的连续指数数列,可以反映事物的发展变化趋势。这种方法特别适合于对比分析有联系而性质又不同的动态数列之间的变动关系,因为用指数的变动进行比较,可以解决不同性质数列之间不能对比的困难。

三、统计指数的种类

统计指数可以从不同角度进行分类,其中主要的分类有以下几种。

(一) 按照指数所反映的现象总体的范围不同,分为个体指数和总指数

个体指数是反映复杂现象总体中个别现象变动或差异程度的相对数。实质就

是一般的相对数,如某种产品的产量指数、价格指数与单位成本指数。

总指数是反映复杂现象总体数量综合变动或差异程度的相对数。具体地说,是反映多种产品(商品)的产量、销售量、价格、单位成本等总变动和总差异程度的相对数。

(二)按照指数说明现象的性质不同,分为数量指标指数和质量指标指数

数量指标指数是说明经济现象总规模或总水平变动或者差异程度的指数。根据数量指标来计算,如产品物量指数、商品销售量指数、职工人数指数。

质量指标指数是反映经济工作质量变动与差异程度的指数。根据质量指标来计算,如零售物价指数、单位成本指数、劳动生产率指数。

(三)按照指数编制方法不同,分为综合指数、平均指标指数、平均指标对比指数

综合指数是编制总指数时,先引进同度量因素,将不同度量的复杂现象过渡到可以相加的总量现象,然后综合对比得到的指数,如不同商品的销售量或价格指数。

平均指标指数是对个体指数加权平均得到的指数,有加权算术平均数指数和加权调和平均数指数。

平均指标对比指数是由两个有联系的加权算术平均数对比所得到的指数。根据各组平均数与各组单位数占总体单位数的比重是否变动,具体分为可变指数、固定构成指数、结构影响指数。常见的有平均工资指数、平均劳动生产率指数、平均单位成本指数。

(四)按指数所说明的因素不同,统计指数分为两因素指数和多因素指数

两因素指数反映由两个因素构成的总体变动情况,多因素指数则反映由三个及三个以上因素构成的总体变动情况。

(五)按指数所反映的时间状况不同,统计指数分为动态指数和静态指数

动态指数是说明现象在不同时间上发展变化情况的统计指数,如股票价格指数、社会商品零售价格指数、农副产品产量指数等。根据所选择基期的不同,动态指数又分为环比指数和定基指数。环比指数是指以报告期的前期为基期计算的统计指数。定基指数是指以某一固定时期为基期计算的统计指数。

静态指数是反映社会经济现象在同一时期不同空间对比情况的指数。如计划完成情况指数、地区经济综合评价指数等。

第二节 综合指数

总指数的编制形式一般有两种,一是综合指数,二是平均指标指数。这两种计算方式分别根据不同的逻辑进行计算,相互间既有联系,又有区别。其中,综合指数是总指数的基本形式,是根据客观现象之间的内在联系,先确定与研究现象有关的同度量因素,把不能直接相加的现象数值转化为可以加总的价值形态总量,再将两

个不同时期的总量指标进行综合对比得到相应的相对指标,以测定所研究现象数量的变动程度。

一、综合指数的概念和特点

(一) 综合指数的概念

综合指数(aggregative index)是两个总量指标对比所形成的相对数,凡一个总量指标可以分解为两个或两个以上的因素指标时,将其中的一个或一个以上的因素指标固定下来,仅观察其中一个因素指标变动的程度,这样的总指数就称为综合指数。其主要特点是通过对不同时期的两个总量指标的对比以反映现象的动态变化。在指数发展历史过程中,最初产生的是简单综合指数。今天,简单综合指数已被加权综合指数代替,因此本章内容在提及综合指数时指的均是加权综合指数。

这种反映总体动态变化的指标又可分成两种:一种是由总体内部各单位的标志值所构成的指标,如价格、成本、工资、劳动生产率等,这类指标反映总体内涵方面的变动,称为质量指标,反映这类指标动态变化的指数,称为质量指标指数;另一种是由总体的单位数目或结构所形成的指标,这类指标反映总体规模的变动,称为数量指标,反映这类指标动态变化的指数,称为数量指标指数。这两类指数都可以用综合指数来计算和分析,下面分别予以叙述。

(二) 综合指数的特点

综合指数从编制方法来看,具有以下特点:

(1) 先综合后对比,即先解决总体中各个个体由于使用价值、经济用途、计量单位、规格、型号等不同不能直接简单相加对比的问题。为此,需要引入一个媒介因素(权数),使不能直接相加、不能直接对比的现象变成能够直接相加、直接对比的现象,这个因素称为同度量因素。

(2) 把总量指标中的同度量因素加以固定,以测定所要研究的因素,即指数化指标的影响程度。例如,若要观察两个时期多种商品销售总额中的销售量的影响,需要把两个时期各种商品的价格作为权数固定在同一时期,以测定两个时期各种商品销售量的影响。

(3) 分子与分母所研究对象的范围原则上必须一致。

(4) 综合指数的计算对资料要求较高,需要使用全面资料。

同度量因素是固定在基期还是报告期?用不同时期的同度量因素计算,会得到不同的综合指数编制方法,要从实际出发,根据编制指数和统计研究的目的来确定同度量因素所属的时期。

综上所述,综合指数的编制步骤如下:首先,根据所研究现象的特点和现象之间的联系引入同度量因素,使其可以计算出复杂总体的综合总量;其次,将同度量因素固定,以消除同度量因素变动的影响;最后,将两个时期的总量指标进行对比,即可得到综合指数。

二、综合指数的计算及分析

对于加权综合指数,若所测定的是一组项目的物量变动状况,则称为数量指数,如产品产量指数、商品销售量指数等;若所测定的是一组项目的质量变动状况,则称为质量指数,如价格指数、产品成本指数等。但由于权数可以固定在不同时期,因而加权综合指数有不同的计算公式,较为常用的是拉氏指数和帕氏指数两种形式。

(一)拉氏指数:同度量因素固定在基期的综合指数

若要反映多种商品价格的综合变动情况,不能简单地直接加总,但可以找到与之对应的商品销售量,因为

$$商品价格 \times 商品销售量 = 商品销售额$$
$$p \times q = pq$$

商品销售额具有可加性,如果直接将报告期和基期的商品销售总额对比,得到如下公式:

$$I = \frac{\sum p_1 q_1}{\sum p_0 q_0}$$

公式中,p、q 分别表示商品的价格和销售量;0、1 分别表示基期和报告期;I 表示总指数。

上式总指数是商品价格和销售量两种因素共同变动作用的结果,反映的是商品销售总额的变动程度。如果只想反映商品价格的变动程度,可将商品销售量作为同度量因素固定起来,若固定在基期的 q_0 水平上,就得到拉氏物价指数公式:

$$I_P = \frac{\sum p_1 q_0}{\sum p_0 q_0}$$

同理,如果只想反映商品销售量的变动程度,可将商品价格作为同度量因素固定起来,若固定在基期的 p_0 水平上,就得到拉氏物量指数公式:

$$I_q = \frac{\sum p_0 q_1}{\sum p_0 q_0}$$

上列两式是由德国统计学家拉斯贝尔(Laspeyre)于 1864 年提出的,故被称为拉氏公式。

例 9-1 某商店三种商品销售情况如表 9-1 所示。

表 9-1 商品销售量和商品价格资料

商品名称	计量单位	销售量 基期 q_0	销售量 报告期 q_1	价格(元) 基期 p_0	价格(元) 报告期 p_1	销售额 p_0q_0	销售额 p_1q_1	销售额 p_0q_1	销售额 p_1q_0
甲	支	400	600	0.25	0.20	100	120	150	80
乙	件	500	600	0.40	0.36	200	216	240	180
丙	个	200	180	0.50	0.60	100	108	90	120
合计	—	—	—	—	—	400	444	480	380

根据表 9-1,可得拉氏价格指数:

$$I_P = \frac{\sum p_1 q_0}{\sum p_0 q_0} = \frac{380}{400} = 95\%$$

$$\sum p_1 q_0 - \sum p_0 q_0 = 380 - 400 = -20(元)$$

计算结果表明,三种商品的价格水平平均下降 5%,由于价格下跌,商品销售额减少 20 元,从消费者一方看,使居民少支出 20 元。

拉氏物量指数:

$$I_q = \frac{\sum p_0 q_1}{\sum p_0 q_0} = \frac{480}{400} = 120\%$$

$$\sum p_0 q_1 - \sum p_0 q_0 = 480 - 400 = 80(元)$$

计算结果表明,三种商品的销售量平均增长 20%,由于销售量增长使商店增加销售额 80 元,或居民由于多购买商品而增加支出 80 元。

(二) 帕氏指数:同度量因素固定在报告期的综合指数

该方法是由另外一位德国统计学家帕煦(Paashe)于 1874 年提出的,故又称为帕氏指数。其计算公式为:

$$帕氏物价指数:I_P = \frac{\sum p_1 q_1}{\sum p_0 q_1}$$

$$帕氏物量指数:I_q = \frac{\sum p_1 q_1}{\sum p_1 q_0}$$

例 9-2 根据表 9-1 计算帕氏指数。

帕氏价格指数:

$$I_p = \frac{\sum p_1 q_1}{\sum p_0 q_1} = \frac{444}{480} = 92.5\%$$

$$\sum p_1 q_1 - \sum p_0 q_1 = 444 - 480 = -36(元)$$

计算结果说明,三种商品的价格水平平均下降了 7.5%,由于价格下跌,商店减少销售额 36 元,或居民少支出 36 元。

帕氏物量指数：

$$I_q = \frac{\sum p_1 q_1}{\sum p_1 q_0} = \frac{444}{380} = 116.8\%$$

$$\sum p_1 q_1 - \sum p_1 q_0 = 444 - 380 = 64（元）$$

计算结果说明，三种商品的销售量平均增长 16.8%，由于销售量增长而使商店增加销售额 64 元。

从以上计算和分析中看到，同一个资料，帕氏指数与拉氏指数的结果是不同的。为什么会出现这种现象？现以价格指数为例进行讨论。从包含的因素看，帕氏价格指数用报告期的销售量 q_1 作为同度量因素，以基期作为比较标准，销售量从 q_0 变到 q_1，所以帕氏价格指数在反映零售商品价格变动的同时，也包含销售量变动的因素在内，这意味着帕氏指数并没有完全排除同度量因素的干扰。其计算公式为：

$$\sum p_1 q_1 = \sum p_1 (q_1 - q_0 + q_0)$$
$$\sum p_0 q_1 = \sum p_0 (q_1 - q_0 + q_0)$$
$$= \sum p_0 (q_1 - q_0) + \sum p_0 q_0$$

因此，公式 $I_p = \dfrac{\sum p_1 q_1}{\sum p_0 q_1}$ 中包含 $(q_1 - q_0)$ 的影响。从绝对数来看：

$$\sum p_1 q_1 - \sum p_0 q_1 = \sum p_1 q_0 - \sum p_0 q_0 + \sum (p_1 - q_0)(q_1 - q_0)$$

公式中，$\sum (p_1 - p_0)(q_1 - q_0)$ 被称为价格与销售量的共变影响额。

是不是由于共变影响因素的存在就该完全否认帕氏指数而全部选择拉氏指数？这还应该从指数应用的现实经济意义去分析。计算价格指数的目的，是测定商品价格的波动情况，以说明市场物价变动对人民生活的影响程度。如果用拉氏指数公式即将同度量因素固定在基期，其分子与分母之差额说明由于物价的变动，居民按过去的购买量及其结构购买商品所支出金额变化的多少，这显然没有什么现实意义。从实际生活角度看，人们更关心在报告期销售量条件下因价格变动而对实际生活的影响。如果用帕氏指数公式即将同度量因素固定在报告期，可以同时反映出价格和消费结构的变化，具有比较明确的经济意义，公式的分子与分母之差额说明由于物价的变动，居民按目前的购买量及其结构购买商品所支出金额变化的多少。可见，用帕氏指数公式计算价格指数，比较符合价格指数的计算目的。销售量指数的计算目的在于反映销售量的变动，把价格固定在基期水平上意味着在原来价格水平的基础上测定销售量的综合变动是比较恰当的。因此，在编制销售量指数时，一般应采用基期的商品价格作为同度量因素。这种选择同时也是指数体系的要求。

综上所述，在计算质量指标指数时，应采用报告期的数量指标作为同度量因素。

在计算数量指标指数时,应采用基期质量指标作为同度量因素。这是编制综合指数的一般原则。

（三）同度量因素固定在某一特定时期的综合指数

将同度量因素固定在某一特定时期的水平上,其计算公式为：

$$杨格物价指数\ I_P = \frac{\sum p_1 q}{\sum p_0 q}$$

$$杨格物量指数\ I_q = \frac{\sum q_1 p}{\sum q_0 p}$$

这种方法是英国学者杨格(Young)于1818年首先采用的,故又称为杨格公式。该指数的同度量因素不是基期水平,也不是报告期水平,而是某一典型水平或若干期的平均水平,因此这里的指数时期和同度量因素的时期是不同的。选择固定的同度量因素,不仅简化了指数计算,而且可以避免某些非正常情况所造成的不可比性,从而便于观察现象长期变化发展的趋势。因此,杨格公式在实践中经常采用。当然,同度量因素在间隔一定时期后,随着情况的变化就应及时加以修正和调整。

三、综合指数的其他形式

拉氏指数与帕氏指数由于同度量因素固定时期的不同,计算结果存在偏差。以价格综合指数为例,拉氏指数是从维持基期生活水平出发的,其优点是常量权数,各期权数相同,可以相互比较,不足之处是经济意义不显著,没有考虑价格变动实际带来销量的波动。而帕氏指数是从维持报告期生活水平出发的,其优点是具有现实经济意义,不足之处是变化权数,各期权数不同,难以互相比较。在实际经济生活中,我们要根据具体情况进行取舍。但无论选择哪种指数,二者都与真实的价格变动存在一定程度的偏误。当价格与数量变动方向一致时,帕氏指数偏大,而拉氏指数偏小;当价格与数量变动方向相反时,帕氏指数偏小,而拉氏指数偏大。鉴于此,许多经济学家将两公式进行修正,提出了以下综合指数的调整公式,下面介绍其中具有代表性的两种指数。

（一）马歇尔-埃奇沃斯指数

简称马-埃公式,是1887年由英国经济学家马歇尔(Marshall)和埃奇沃斯(Edgevoorth)先后提出并推广,该公式以拉氏指数与帕氏指数中的基期和报告期同度量因素的平均值作为权数。其计算公式为：

$$质量指数公式\ \overline{K_p} = \frac{\sum p_1(q_0+q_1)/2}{\sum p_0(q_0+q_1)/2} = \frac{\sum p_1 q_0 + \sum p_1 q_1}{\sum p_0 q_0 + \sum p_0 q_1}$$

$$数量指数公式\ \overline{K_q} = \frac{\sum q_1(p_0+p_1)/2}{\sum q_0(p_0+p_1)/2} = \frac{\sum q_1 p_0 + \sum q_1 p_1}{\sum q_0 p_0 + \sum q_0 p_1}$$

若仅从数值来看,其计算结果介于拉氏指数和帕氏指数之间,部分消除了指数偏误问题,但同时,该公式也失去了拉氏指数和帕氏指数的经济含义。

(二) 费雪理想指数

为了克服拉氏指数和帕氏指数存在偏误的问题,美国著名统计学家费雪(Fisher)提出了改良公式,用交义法将两者指数相乘,并用几何法将其乘积开平方,调和两者的偏误,得出了优良的指数数值。其计算公式为:

$$\text{质量指数公式}\ \overline{K_p} = \sqrt{\frac{\sum p_1 q_0}{\sum p_0 q_0} \times \frac{\sum p_1 q_1}{\sum p_0 q_1}}$$

$$\text{数量指数公式}\ \overline{K_q} = \sqrt{\frac{\sum p_0 q_1}{\sum p_0 q_0} \times \frac{\sum p_1 q_1}{\sum p_1 q_0}}$$

该公式之所以称为理想公式,是因为费雪提出了对指数优劣的三种检验方法,他搜集了134个指数计算公式,最后只有他提出的公式通过了检验,故而称为理想指数。但由于费雪理想指数计算复杂,在实际应用中缺乏具体经济含义,在结果上得到的准确性的改进要远小于它在计算中所带来的烦琐,因此后来有很多学者对此提出批评和质疑。

第三节 平均指数

一、平均指数的概念

我们知道总指数是反映由多个要素构成的复杂经济现象综合变动的相对数,而用综合指数法编制又受到诸多限制。因此,我们可以换一种完全不同于综合指数的思路,首先深刻理解总指数所反映的综合变动并不是多个个体变动程度的总和,而是它们的一般水平,即它反映的是多个个体的平均变动程度,从这一思路出发,我们可以以个体指数为基础,通过对个体指数进行平均得到总指数,由于各个个体的重要性不同,进行平均计算时,只能采用加权平均法。这就是平均指数的含义。

加权平均指数虽然是总指数的另一种形式,但它与综合指数并不是完全孤立的,在一定的权数条件下二者可以互相转化,综合指数可以变形为平均指数,平均指数也可以变形为综合指数。所以我们常说平均指数是综合指数的一种变形,但它本身也是一种独立的指数,具有广泛的使用价值,更多地适用于非全面资料,对资料的要求比较灵活,从而解决了综合指数的计算要求全面资料的局限性。从平均指数的计算特点考虑,平均指数是在个体指数的基础上计算总指数,即先对比后综合,这点有异于综合指数的先综合后对比。综合指数用以对比的总量指标有明确的经济内容,使得综合指数的分子分母之差也具有一定的经济含义,不仅从相对量上可以分析复杂现象总体的变动方向和程度,而且从绝对量上说明由于指数化因素变动而带来价值总量的增减额。平均指数的分子分母之差就没有明确的经济含义,也使得平均指数只能表明复杂现象总体的变动方向和程度,而不能从绝对量上说明价值总量指标的增减额。可见,综合指数与平均指数各有所长,又各有所短。

二、加权平均数指数的计算

（一）加权平均数指数的特点

加权平均数指数(weighted average index number)是计算总指数的另一种形式。它是以某一时期的总量为权数对个体指数加权平均计算出来的。其基本特点是先计算出各个单项事物的个体指数,然后对这些个体指数进行加权平均以求得总指数。加权的目的是衡量不同商品价格(或物量)的变动对总指数造成的不同影响。

（二）加权平均数指数的具体形式

1. 加权算术平均数指数

算术平均数指数按采用权数的形式不同可以分为基期权数的算术平均数指数和固定权数的算术平均数指数。

（1）基期权数的算术平均数指数。

它是采用基期总量指标价值总额作为权数,对个体指数进行加权平均计算的指数。其公式如下：

$$I_q = \frac{\sum \frac{q_1}{q_0} p_0 q_0}{\sum p_0 q_0} = \frac{\sum k_q p_0 q_0}{\sum p_0 q_0}$$

$$I_p = \frac{\sum \frac{p_1}{p_0} p_0 q_0}{\sum p_0 q_0} = \frac{\sum k_p p_0 q_0}{\sum p_0 q_0}$$

例 9-3 根据表 9-1,整理后得资料如表 9-2 所示。

表 9-2 某商店三种商品的销售额计算表

商品名称	计量单位	个体指数(%)		销售额(元)		
		销售量 k_q	价格 k_p	$p_0 q_0$	$k_q p_0 q_0$	$k_p p_0 q_0$
甲	支	150	80	100	150	80
乙	件	120	90	200	240	160
丙	个	90	120	100	90	120
合计	—	—	—	400	480	380

将表 9-2 中的数据代入基期权数形式的加权算术平均数指数的两个计算公式得：

$$I_q = \frac{\sum k_q p_0 q_0}{\sum p_0 q_0} = \frac{480}{400} = 120\%$$

$$I_p = \frac{\sum k_p p_0 q_0}{\sum p_0 q_0} = \frac{380}{400} = 95\%$$

上述计算结果与拉氏综合指数的计算结果完全一致,这说明基期权数形式的加权算术平均数指数可以看作拉氏综合指数的变形。但必须具备一个特定的条件,即以基期总值($p_0 q_0$)为权数,并且两种形式指数包括的计算范围要完全一致。因此,掌握了各种个体指数(k_q 或 k_p),以及各物品的基期价值($p_0 q_0$)资料时,就可以运用基期加权算术平均数公式来计算拉氏综合指数。采用基期价值($p_0 q_0$)这个特定权数加权,加权算术平均数指数与拉氏综合指数的联系如下:

$$I_q = \frac{\sum k_q p_0 q_0}{\sum p_0 q_0} = \frac{\sum \frac{q_1}{q_0} p_0 q_0}{\sum p_0 q_0} = \frac{\sum p_0 q_1}{\sum p_0 q_0}$$

$$I_p = \frac{\sum k_p p_0 q_0}{\sum p_0 q_0} = \frac{\sum \frac{p_1}{p_0} p_0 q_0}{\sum p_0 q_0} = \frac{\sum p_1 q_0}{\sum p_0 q_0}$$

在我国统计实践中,数量指标指数一般采用基期权数形式的加权算术平均数指数公式计算。

(2)固定权数的算术平均数指数。

在国内外广泛使用的加权算术平均数指数中,所用的权数并不是基期或报告期的价值指标($p_0 q_0$ 或 $p_1 q_1$),而是采用某种固定权数(W)。固定权数是指某一个固定时期的权数,既可以根据全面调查资料,也可以采用各种有关抽样调查资料,用相对数(比重)的形式固定下来,在相当长的时期内使用相当方便。如西方国家编制的工业生产指数,多采用工业部门增加值所占的比重资料作为权数。固定权数形式的加权算术平均数指数公式为:

$$I_q = \frac{\sum k_q W}{\sum W}$$

$$I_P = \frac{\sum k_p W}{\sum W}$$

公式中,W 代表某一时期固定的权数。

2. 加权调和平均数指数

调和平均数指数按采用权数形式的不同也可以分为两种——报告期权数的调和平均数指数和固定权数的调和平均数指数。

（1）报告期权数的调和平均数指数

它是采用报告期价值量作为权数，对个体指数进行加权平均计算的指数。其计算公式为：

$$I_q = \frac{\sum p_1 q_1}{\sum p_1 q_1 \frac{q_0}{q_1}} = \frac{\sum p_1 q_1}{\sum p_1 q_1 \frac{1}{k_q}}$$

$$I_p = \frac{\sum p_1 q_1}{\sum p_1 q_1 \frac{p_0}{p_1}} = \frac{\sum p_1 q_1}{\sum p_1 q_1 \frac{1}{k_p}}$$

例 9-4 根据表 9-1，整理后得资料如表 9-3 所示。

表 9-3 某商店三种商品的销售额计算表

商品名称	计量单位	个体指数(%)		报告期销售额 $p_1 q_1$	$p_1 q_1 \frac{1}{k_q}$	$p_1 q_1 \frac{1}{k_p}$
		销售量 k_q	价格 k_p			
甲	支	150	80	120	80	150
乙	件	120	90	216	180	240
丙	个	90	120	108	120	90
合计	—			444	380	480

将表 9-3 中的数据代入报告期权数形式的加权调和平均数指数的两个计算公式得：

$$I_q = \frac{\sum p_1 q_1}{\sum p_1 q_1 \frac{1}{k_q}} = \frac{444}{380} = 116.8\%$$

$$I_p = \frac{\sum p_1 q_1}{\sum p_1 q_1 \frac{1}{k_p}} = \frac{444}{480} = 92.5\%$$

上述计算结果与帕氏综合指数的计算结果完全相同。这是否说明这两种指数在方法上没有实质的区别？事实不是这样的。只有在特定的条件下，即两种形式指数包括的计算范围完全一致时，它们的计算结果才相同。也只有在这种条件下报告期权数形式的加权调和平均数指数才是帕氏综合指数的变形。因此，当掌握了各种个体指数和各物品的报告期价值资料时，就可以运用报告期加权调和平均数指数公式计算帕氏综合指数。采用报告期价值（$p_1 q_1$）这个特定权数加权，加权调和平均数指数与帕氏综合指数的联系如下：

$$I_q = \frac{\sum p_1 q_1}{\sum p_1 q_1 \frac{1}{k_q}} = \frac{\sum p_1 q_1}{\sum p_1 q_1 \frac{q_0}{q_1}} = \frac{\sum p_1 q_1}{\sum p_1 q_0}$$

$$I_p = \frac{\sum p_1 q_1}{\sum p_1 q_1 \frac{1}{k_p}} = \frac{\sum p_1 q_1}{\sum p_1 q_1 \frac{p_0}{p_1}} = \frac{\sum p_1 q_1}{\sum p_0 q_1}$$

在我国的统计实践中,质量指标指数一般采用报告期权数形式的加权调和平均数指数公式计算。

(2) 固定权数的调和平均数指数

这种加权调和平均数指数在实际工作中应用较少。其计算公式为:

$$I_q = \frac{\sum W}{\sum \frac{1}{k_q} W}$$

$$I_p = \frac{\sum W}{\sum \frac{1}{k_p} W}$$

三、平均指数的应用

指数作为一种重要的经济分析指标和方法,在实践中获得了广泛的应用。但在不同场合,往往需要运用不同的指数形式。一般而言,选择指数形式的主要标准应该是指数的经济分析意义,除此之外,有时还要求考虑实际编制工作的可行性,以及对指数分析性质的某些特殊要求。现以国内外常见的主要经济指数为例,对指数方法的具体应用加以介绍。

(一) 居民消费价格指数的编制

居民消费价格指数(consumer price index)是世界各国普遍编制的一种指数,但不同国家对这一指数赋予的名称又有不同。我国称之为居民消费价格指数。

居民消费价格指数是反映一定时期内城乡居民所购买的生活消费价格和服务项目价格的变动趋势及程度的一种相对数。通过这一指数,可以观察消费价格的变动水平及对消费者货币支出的影响,研究实际收入和实际消费水平的变动状况。通过城镇居民消费价格指数,可以分析生活消费品和服务项目价格变动对职工货币工资的影响,为研究职工生活和制定工资政策提供依据。

居民消费价格指数可就城乡分别编制城市居民消费价格指数和农村居民消费价格指数,也可就全社会编制全国居民消费价格总指数。城市居民消费价格指数是反映城市职工及其家庭所购买的生活消费品和服务项目价格变动趋势及程度的相对数,其编制过程与零售价格指数类似,但内容有所不同。消费价格指数包括消费品价格和服务项目价格两个部分。编制该指数时,首先要对消费品和服务项目进行分类,并选择消费品和服务项目的代表。目前的居民消费价格指数分为食品类、烟酒及用品类、衣着类、家庭设备及维修服务类、医疗保健及个人用品类、交通和通信类、娱乐教育文化用品及服务类、居住类八大类。其中服务项目分为房租、水电费、交通费、邮电费、医疗保健费、学杂保育费、文娱费、修理费及其他服务费八大类。指数中的权数原则上应采用居民消费支出的构成资料，但由于数据来源的限制，目前仍根据社会商品零售额和服务行业的营业额来确定。最后，分别求出消费品价格指数和服务价格指数，并将二者进行加权平均汇总。其计算公式为：

$$\bar{K} = \frac{\sum kW}{\sum W}$$

公式中，$\bar{K}$ 为居民消费价格总指数，k 为商品价格指数，W 为权数，分别为消费品零售额和服务项目营业额占二者总和的比重。现以表9-4为例介绍某市居民消费价格指数计算表。

表9-4 某市居民消费价格指数情况

商品类别和名称	代表规格品的规格等级牌号	计量单位	平均牌价（元） 上年 p_0	平均牌价（元） 本年 p_1	权数 W	以上年为基础 个体指数 $k_p = \frac{p_1}{p_0}$ (%)	以上年为基础 个体指数乘权数 $k_p W$ (%)
（甲）	（乙）	（丙）	（1）	（2）	（3）	（4）= $\frac{(2)}{(1)}$	（5）=（4）×（3）
总指数					100		106.16
（一）食品					32	105.81	33.86
1. 食品中类					18	107.12	19.28
（1）细粮小类					75	104.71	78.53
大米	二等粳米	千克	3.93	4.11	88	104.58	92.03
面粉	标准粉	千克	3.17	3.35	12	105.68	12.68
（2）粗粮小类					25	109.89	27.47
2. 肉禽及其制品					36	108.87	39.19
3. 蛋					5	102.30	5.12
4. 水产品					10	97.66	9.77
5. 蔬菜					16	106.21	16.99
6. 鲜果					15	103.10	15.47
（二）烟酒及用品					3.5	101.55	3.55
（三）衣着					8.5	103.05	8.76
（四）家庭设备及维修服务					6	97.88	5.87
（五）医疗保健及个人用品					9.5	105.42	10.01
（六）交通和通信					10	101.64	10.16
（七）娱乐教育文化用品及服务					13.5	101.34	13.68
（八）居住					17	119.13	20.25

计算步骤如下：

（1）计算各个代表规格品的个体零售价格指数。如大米的个体价格指数为：

$$\bar{k}_p = \frac{p_1}{p_0} = \frac{4.11}{3.93} = 104.58\%$$

（2）把各个个体物价指数乘上相应权数后相加,再计算其算术平均数,即得小类指数。如细粮小类指数为：

$$\bar{K}_p = \frac{\sum k_p p_0 q_0}{\sum p_0 q_0} = \sum k_p W = 104.58\% \times 0.88 + 105.68\% \times 0.12 = 104.71\%$$

（3）把各个小类指数乘上相应的权数后,再计算其算术平均数,即得中类指数。如粮食中类指数为：

$$\bar{K}_p = \sum k_p W = 104.72\% \times 0.75 + 109.89\% \times 0.25 = 107.12\%$$

（4）把各中类指数乘上相应的权数后计算其算术平均数,即得某大类指数。如食品类指数为：

$$\bar{K}_p = \sum k_p W = 107.12\% \times 0.18 + 108.87\% \times 0.36 + 102.3\% \times 0.05$$
$$+ 97.66\% \times 0.1 + 106.21\% \times 0.16 + 103.1\% \times 0.15 = 105.81\%$$

（5）把各大类指数乘上相应的权数后计算其算术平均数即得总指数。

$$\bar{K}_p = \sum k_p W = 105.81\% \times 0.32 + 101.55\% \times 0.035 + 103.05\% \times 0.085$$
$$+ 97.88\% \times 0.06 + 105.42\% \times 0.095 + 101.64\% \times 0.10$$
$$+ 101.34\% \times 0.135 + 119.13\% \times 0.17 = 106.16\%$$

目前,我国的民消费价格指数(CPI)除了反映居民消费价格的变动,在分类上也包含了居民居住类价格的波动,包括房租、自有住房以及水、电、燃气等项目。对租房者来说,其居住价格的变动是通过实际租金来体现的。对拥有住房者说,其居住价格的变动是通过虚拟租金,即一定时期居民住房可能要付出的租金来体现的。按国际惯例,商品房的价格不直接计入居民消费价格指数。

指数除了能反映城乡居民所购买的生活消费品和服务项目价格的变动趋势及程度外,还有以下几个方面的作用：

第一,反映通货膨胀状况。通货膨胀的严重程度是用通货膨胀率来反映的,它说明了一定时期内商品价格持续上升的幅度。通货膨胀率一般以居民消费价格指数来表示。其计算公式为：

$$通货膨胀率 = \frac{报告期居民消费价格指数 - 基期居民消费价格指数}{基期居民消费价格指数} \times 100\%$$

第二,反映货币购买力变动。货币购买力是指单位货币能够购买到的消费品和服务的数量。居民消费价格指数上涨,货币购买力则下降,反之则上升。因此,居民消费价格指数的倒数就是货币购买力指数。其计算公式为：

$$货币购买力指数 = \frac{1}{居民消费价格指数} \times 100\%$$

第三,反映对职工实际工资的影响。消费价格指数的提高意味着实际工资的减少,消费价格指数下降则意味着实际工资的提高。因此,利用消费价格指数可以将名义工资转化为实际工资。其计算公式为：

$$实际工资 = \frac{名义工资}{消费价格指数}$$

为更好地适应我国经济社会发展和城乡居民消费结构变化,切实保障 CPI 计算的科学性和准确性,2012 年我国对 CPI 调查方案进行了例行调整,涉及对比基期、权数构成、调查网点和代表规格品的调整。

(1) 从 2011 年 1 月起,我国 CPI 开始计算以 2010 年为对比基期的价格指数序列。这是自 2001 年计算 CPI 定基价格指数以来,第二次进行基期例行更换,首轮基期为 2000 年,第二轮基期为 2005 年。调整基期,是为了更容易比较。因为对比基期越久,价格规格品变化就越大,可比性就会下降。选择逢 0 逢 5 年度作为计算 CPI 的对比基期,目的是与我国国民经济和社会发展五年规划保持相同周期,便于数据分析与使用。

(2) 根据 2010 年全国城乡居民消费支出调查数据以及有关部门的统计数据,按照制度规定对 CPI 权数构成进行了相应调整。其中居住提高 4.22 个百分点,食品降低 2.21 个百分点,烟酒降低 0.51 个百分点,衣着降低 0.49 个百分点,家庭设备用品及服务降低 0.36 个百分点,医疗保健和个人用品降低 0.36 个百分点,交通和通信降低 0.05 个百分点,娱乐教育文化用品及服务降低 0.25 个百分点。

(3) 根据各选中调查市县 2010 年最新商业业态、农贸市场以及服务消费单位状况,按照国家统一规定的原则和方法,增加了 1.3 万个调查网点。采集全国 CPI 价格的调查网点(包括食杂店、百货店、超市、便利店、专业市场、专卖店、购物中心、农贸市场与服务消费单位等)达到 6.3 万个。

(4) 各选中调查市县根据当地居民的消费水平和消费习惯,按照国家统一规定的原则和方法,对部分代表规格品及时进行了更新。

(二) 股票价格指数

股票在最初发行时,通常是按面值出售的。股票面值是指股票票面上所标明的金额。但股票在证券市场上交易时,就出现了与面值不一致的市场价格。股票价格一般是指股票在证券市场上交易时的市场价格。股票价格是一个时点值,有开盘价、收盘价、最高价、最低价等,但通常以收盘价作为该种股票当天的价格。股票价格受多种因素的影响,但正常情况下通常与两个因素直接相关:一是预期股利;二是银行存款利息率。股票价格的高低与预期股利成正比,与银行利息率成反比。因此,股票价格的形成可以用下列公式表示:

$$股票价格 = \frac{票面价值 \times 预期股利}{利息率}$$

股票市场上每时每刻都有多只股票进行交易,且价格各异,有跌有涨。用某一只股票的价格显然不能反映整个股票市场的价格变动,这就需要计算股价平均数和股票价格指数。

1. 股价平均数

股价平均数是股票市场上多种股票在某一时点上的算术平均值,一般以收盘价来计算。其计算公式为:

$$股价平均数 = \frac{1}{n}\sum_{i=1}^{n} p_i$$

公式中,p_i 为第 i 种股票的收盘价;n 为样本股票数。

因股票市场上股票交易品种繁多,股价平均数(股票价格指数也是一样)只能就样本股票来计算。但所选择的样本股票必须具有代表性和敏感性。代表性是指在种类繁多的股票中,既要选择不同行业的股票,又要选择能代表该行业股价变动趋势的股票;敏感性是指样本股票价格的变动能敏感地反映出整个股市价格的升降变化趋势。

2. 股票价格指数

股票价格指数(stock price index)是反映某一股票市场上多种股票价格变动趋势的一种相对数,简称股价指数,其单位一般以"点"(point)表示,即将基期指数作为100,每上升或下降一个单位称为"1 点"。

股票价格指数的计算方法很多,但一般以发行量为权数进行加权综合。其计算公式为:

$$I_p = \frac{\sum p_{1i}q_i}{\sum p_{0i}q_i}$$

公式中,p_{1i} 为第 i 种样本股票报告期价格;p_{0i} 为第 i 种样本股票基期价格;q_i 为第 i 种股票的发行量,可以确定为基期,也可以确定为报告期,但大多数股价指数是以报告期发行量为权数计算的。

例 9-6 设有三种股票的价格和发行量资料如表 9-5 所示,试计算股票价格指数。

表 9-5 三种股票的价格和发行量资料

股票名称	基期价格(元)	本日收盘价(元)	报告期发行量(万股)
A	25	26.5	3 500
B	8	7.8	8 000
C	12	12.6	4 500

解:根据表 9-5 得股价指数为:

$$I_p = \frac{\sum p_{1i}q_i}{\sum p_{0i}q_i} = \frac{26.5 \times 3\,500 + 7.8 \times 8\,000 + 12.6 \times 4\,500}{25 \times 3\,500 + 8 \times 8\,000 + 12 \times 4\,500} = 103.09\%$$

即股价指数上涨了 3.09 点。

目前,世界各主要证券交易所都有自己的股票价格指数。例如,美国的道琼斯股票价格指数和标准普尔股票价格指数、英国的伦敦金融时报指数、德国的法兰克福 DAX 指数、法国的巴黎 CAC 指数、瑞士的苏黎世 SMI 指数、日本的日经指数、中国香港地区的恒生指数,等等。我国上海和深圳的两个证券交易所也编制了自己的股票价格指数,如上交所的综合指数和 30 指数,深交所的成分股指数和综合指数。

(三) 农副产品收购价格指数

农副产品收购价格指数旨在反映各种农副产品收购价格的综合变动程度,由此可以考察收购价格变化对农业生产者收入和商业部门支出的影响。

我国的农副产品收购价格指数的编制方法是,从 11 类农副产品中选择 276 种主要产品,以它们各自的报告期收购额作为权数,加权调和平均得到各类别的农副产品收购价格指数和农副产品收购价格总指数。其计算公式为:

$$I_p = \frac{\sum p_1 q_1}{\sum \frac{1}{k_p} p_1 q_1}$$

公式中,k_p 为入编指数的各种农副产品的个体价格指数。

采用加权调和平均法的原因在于,农副产品的收购季节性强,时间比较集中,产品品种相对较少,在期末能够较迅速地取得各种农副产品收购额和代表规格品的价格资料。

第四节 指数体系及因素分析

一、指数体系的意义及其作用

指数体系具有非常实际的经济分析意义。在经济分析中,一个指数通常只能说明某一方面的问题,而实践中往往需要将多个指数结合起来加以运用,这就要求建立相应的"指数体系"。

指数体系可以有两种不同的含义。广义的指数体系类似于指标体系的概念,泛指由若干个内容上互相关联的统计指数所结成的体系。根据考察问题的需要,构成这种体系的指数可多可少。例如,工业品批发价格(或出厂价格)指数、农产品收购价格指数、消费品零售价格指数等构成了"市场物价指数体系";而国民经济运行的生产、流通和使用各个环节以及国民经济各部门的多种经济指数则构成了"国民经济核算指数体系",其中除了上面列举的有关价格指数之外,还包括诸如国内总产出价格指数和物量指数、国内生产总值(GDP)价格指数和物量指数、投资价格指数和物量指数、资产负债存量价格指数等,其内容构成十分复杂。

狭义的指数体系仅指几个指数之间在一定的经济联系基础之上所结成的较为严密的数量关系式。其最为典型的表现形式就是一个总值指数等于若干个(两个或两个以上)因素指数的乘积。我们下面专门讨论这种形式的指数体系。例如：

销售额指数 = 销售量指数 × 销售价格指数
总产值指数 = 产量指数 × 产品价格指数
总成本指数 = 产量指数 × 单位产品成本指数
总产量(或总产值)指数 = 员工人数指数 × 劳动生产率指数
增加值指数 = 员工人数指数 × 劳动生产率指数 × 增加值率指数
销售利润指数 = 销售量指数 × 销售价格指数 × 销售利润率指数

显然，这些指数体系都是建立在有关指数化指标之间的经济联系基础上的，因而具有非常重要的经济分析意义。

指数体系的分析作用主要有两个方面：一是进行因素分析，即分析现象的总变动中各有关因素的影响程度；二是进行指数推算，即根据已知的指数来推算未知的指数。

二、总量变动的因素分析

(一) 总量指标指数体系

由总量指数及其若干个因素指数构成的数量关系式，称为总量指标指数体系。对于指数体系的理解，需要把握以下两个问题：

第一，在指数体系中，总量指数与各因素指数之间的数量关系表现为两个方面：一是从相对量来看，总量指数等于各因素指数的乘积，如以上所举的几个例子；二是从绝对量来看，总量的变动差额等于各因素指数变动差额之和。

第二，在加权指数体系中，为使总量指数等于各因素指数的乘积，两个因素指数中通常一个为数量指数，另一个为质量指数，而且各因素指数中权数必须是不同时期的，如数量指数用基期权数加权，质量指数则必须用报告期权数加权，反之亦然。

加权综合指数由于所用权数所属时期的不同，可以形成不同的指数体系。但实际分析中比较常用的是基期权数加权的数量指数和报告期权数加权的质量指数形成的指数体系。该指数体系可表示为：

$$\frac{\sum q_1 p_1}{\sum q_0 p_0} = \frac{\sum q_1 p_0}{\sum q_0 p_0} \times \frac{\sum q_1 p_1}{\sum q_1 p_0}$$

因素影响差额之间的关系为：

$$\sum q_1 p_1 - \sum q_0 p_0 = \left(\sum q_1 p_0 - \sum q_0 p_0\right) + \left(\sum q_1 p_1 - \sum q_1 p_0\right)$$

(二) 总量指标的两因素分析

总量指标两因素分析,就是通过总量指标指数体系将影响总量指标变动的两个因素分离出来加以计算,从而对总量指标的变动作出解释。

例 9-7 现以表 9-1 为例,说明总量指标两因素的分析方法。

1. 计算出销售额的总变动

销售额总指数:

$$I_{qp} = \frac{\sum q_1 p_1}{\sum q_0 p_0} = \frac{444}{400} = 111\%$$

销售额增加数:

$$\sum q_1 p_1 - \sum q_0 p_0 = 444 - 400 = 44(元)$$

说明报告期三种商品的总销售额比基期增长了 11%,增加的金额为 44 元。

2. 分析销售额总变动的具体原因

通过销售额指数体系,把销售额的变动归结为销售量和商品价格两个因素变动共同作用的结果。分析销售额总变动的具体原因,就是利用指数体系分离出销售量的变动和价格的变动对销售量变动的影响方向、程度和实际效果。分析过程如下:

(1) 销售量变动影响。

销售量指数:

$$I_q = \frac{\sum q_1 p_0}{\sum q_0 p_0} = \frac{480}{400} = 120\%$$

对销售额的影响:

$$\sum q_1 p_0 - \sum q_0 p_0 = 480 - 400 = 80(元)$$

说明由于报告期商品销售量的变动而使商品销售额增长 20%,由此引起的商品销售额增加的金额为 80 元。

(2) 物价变动的影响。

价格指数:

$$I_p = \frac{\sum q_1 p_1}{\sum q_1 p_0} = \frac{444}{480} = 92.5\%$$

对销售额的影响:

$$\sum q_1 p_1 - \sum q_1 p_0 = 444 - 480 = -36(元)$$

说明由于物价的变动使报告期三种商品的总销售额比基期下降了 7.5%,由此引起的商品销售额减少的绝对额为 36 元。

上述分析使用的指数体系,代入数据可表示如下:

$$111\% = 120\% \times 92.5\%$$

其因素影响的绝对值之间的关系为:

$$44 \text{ 元} = 80 \text{ 元} + (-36 \text{ 元})$$

通过上述分析可以看出,该商店三种商品的销售额报告期比基期增长11%,是由于销售量增长20%与价格下降7.5%共同引起的。商品销售额增加44元,是由于销售量变动使其增加80元和价格变动使其减少36元共同导致的。在本资料的销售量和价格两因素中,前者对销售额是正影响,后者是负影响。

(三)总量指标变动的多因素分析

在具体分析任务的要求下,总量指标指数体系可以由更多的指数组成,用以分析多因素变动对现象总体变动的影响程度,说明总体现象变动的具体原因。例如,工业企业原材料支出总额的变动可以分解为产品产量、单位产品原材料消耗量和单位原材料价格三个因素的变动影响,因此,需要编制原材料支出总额指数及其包括的三个因素指数形成的总量指标指数体系,来进行多因素变动的分析。

多因素现象的指标体系,由于所包含的现象因素较多,因此指数的编制过程比较复杂,所以以下两点是编制多因素指数时需要加以注意的原则:

第一,在编制多因素指标所组成的综合指数时,为了测定某一因素指标的变动影响,要把其他所有因素都固定不变。

第二,综合指数中的各因素要按合理顺序排列,一般是数量指标在前,质量指标在后;主要指标在前,次要指标在后。总之,要根据所研究现象的经济内容,依据各因素之间的内在联系加以具体确定。例如,就工业企业原材料支出总额的组成因素的排列顺序而言,要按产品产量、单位产品原材料消耗量(单耗)、单位原材料价格的顺序排列,如

$$\text{原材料支出总额} = \text{产量} \times \text{单耗} \times \text{单位原材料价格}$$

公式中,产量与单耗的乘积为原材料消耗量,具有经济意义;而单耗与单位原材料价格的乘积表示单位产品原材料的消耗额,也具有经济意义。可见上述公式中各因素的排列顺序,能够保持之间彼此适应和互相结合,因而是合理的。

设 q、m 和 p 分别代表产量、单耗和原材料单价,则原材料支出总额指数体系及绝对量关系式如下:

$$\frac{\sum q_1 m_1 p_1}{\sum q_0 m_0 p_0} = \frac{\sum q_1 m_0 p_0}{\sum q_0 m_0 p_0} \times \frac{\sum q_1 m_1 p_0}{\sum q_1 m_0 p_0} \times \frac{\sum q_1 m_1 p_1}{\sum q_1 m_1 p_0}$$

$$\sum q_1 m_1 p_1 - \sum q_0 m_0 p_0 = \left(\sum q_1 m_0 p_0 - \sum q_0 m_0 p_0\right) + \left(\sum q_1 m_1 p_0 - \sum q_1 m_0 p_0\right) + \left(\sum q_1 m_1 p_1 - \sum q_1 m_1 p_0\right)$$

例9-8 设某企业三种产品的产量、单耗和原材料单价的相关资料以及原材料

支出总额的计算资料分别如表 9-6 和表 9-7 所示。

表 9-6 三种产品的产量、单耗和原材料单价情况

产品名称	产量（台）		材料名称	单位产品原材料消耗量（公斤）		单位原材料价格（元）	
	基期 q_0	报告期 q_1		基期 m_0	报告期 m_1	基期 p_0	报告期 p_1
甲	50	60	A	150	145	3	3.2
乙	50	50	B	62	65	1.5	1.8
丙	150	200	C	90	90	0.5	0.85

表 9-7 三种产品原材料支出总额计算表

产品名称	原材料支出总额（元）			
	$q_0 m_0 p_0$	$q_1 m_0 p_0$	$q_1 m_1 p_0$	$q_1 m_1 p_1$
甲	22 500	27 000	26 100	27 840
乙	4 650	4 650	4 875	5 850
丙	10 800	14 400	14 400	15 300
合计	37 950	46 050	45 375	48 990

根据表 9-6 和表 9-7，可以分析原材料支出总额的变动情况及其原因。

（1）原材料支出总额的变动情况，即

原材料支出总额指数：

$$I_{qmp} = \frac{\sum q_1 m_1 p_1}{\sum q_0 m_0 p_0} = \frac{48\,990}{37\,950} = 129.09\%$$

原材料支出实际总差额：

$$\sum q_1 m_1 p_1 - \sum q_0 m_0 p_0 = 48\,990 - 37\,950 = 11\,040（元）$$

说明该工厂报告期原材料支出总额比基期增长 29.09%，增加金额即多用 11 040 元。

（2）产量变动影响情况，即

产量指数：

$$I_q = \frac{\sum q_1 m_0 p_0}{\sum q_0 m_0 p_0} = \frac{46\,050}{37\,950} = 121.34\%$$

产量影响差额：

$$\sum q_1 m_0 p_0 - \sum q_0 m_0 p_0 = 46\,050 - 37\,950 = 8\,100（元）$$

说明由于产量增加使原材料支出额增长 21.34%，多支出费用 8 100 元。

（3）单位产品原材料消耗量变动影响，即

产品单耗指数：

$$I_m = \frac{\sum q_1 m_1 p_0}{\sum q_1 m_0 p_0} = \frac{45\,375}{46\,050} = 98.53\%$$

产品单耗影响差额：

$$\sum q_1 m_1 p_0 - \sum q_1 m_0 p_0 = 45\,375 - 46\,050 = -675(元)$$

说明由于单位产品原材料消耗量的降低使原材料支出额下降1.47%，少支出675元。

（4）单位原材料价格变动影响，即

原材料价格指数：

$$I_p = \frac{\sum q_1 m_1 p_1}{\sum q_1 m_1 p_0} = \frac{48\,990}{45\,375} = 107.97\%$$

原材料价格影响差额：

$$\sum q_1 m_1 p_1 - \sum q_1 m_1 p_0 = 48\,990 - 45\,375 = 3\,615(元)$$

说明由于原材料价格提高，使原材料支出额增加7.97%，绝对额增加3 615元。

以上各指数之间的关系如下：

$$129.09\% = 121.34\% \times 98.53\% \times 107.97\%$$

其因素影响差额之间的关系为：

$$11\,040(元) = 8\,100(元) + (-675)(元) + 3\,615(元)$$

可见，原材料支出总额增加29.09%（绝对额为11 040元）是由于产量、单耗、原材料价格三个因素分别影响增支21.34%（或8 100元）、-1.47%（或-675元）、7.97%（或3 615元）共同变动共同作用而造成的。

通过相对数和绝对数两个方面的分析，影响超支的因素一目了然，便于管理者找出控制成本费用的方法，改善企业的经营管理。事实上，因素分析作为一个非常有用的统计分析方法，可以被引入企业财务分析等诸多领域。

多因素指数分析方法和前面的两因素分析方法基本类似，只是由于研究目的和要求不同，对影响现象的因素分解的程度不同。因此，通过因素之间的合并，多因素指数体系可以变成两因素指数体系。如上例，若把单位原材料消耗量与单位原材料价格合并，上述指数体系则变成了单位产品原材料消耗额和产量两因素构成的指数体系。相反，我们也可根据实际经济分析的需要把两因素进一步分解为多个因素。明确了这个道理，也就掌握了多因素指数体系的应用。

三、平均指标变动的因素分析

在资料分组条件下,平均指标的变动受两个因素的影响:一是各组平均指标变动,二是各组单位数在总体中所占比重变动。这样,我们可以运用指数因素分析方法来分析这两个因素变动对平均指标变动的影响方向和影响程度,即进行平均指标的两因素分析。

根据指数因素分析方法的要求,对于平均指标变动进行两因素分析,首先必须建立一个平均指标指数体系。其通用公式为:

$$可变构成指数 = 固定构成指数 \times 结构影响指数$$

上式用符号可以表示为:

$$\frac{\sum x_1 f_1}{\sum f_1} \bigg/ \frac{\sum x_0 f_0}{\sum f_0} = \left(\frac{\sum x_1 f_1}{\sum f_1} \bigg/ \frac{\sum x_0 f_1}{\sum f_1} \right) \times \left(\frac{\sum x_0 f_1}{\sum f_1} \bigg/ \frac{\sum x_0 f_0}{\sum f_0} \right)$$

而因素影响差额之间的关系为:

$$\frac{\sum x_1 f_1}{\sum f_1} - \frac{\sum x_0 f_0}{\sum f_0} = \left(\frac{\sum x_1 f_1}{\sum f_1} - \frac{\sum x_0 f_1}{\sum f_1} \right) + \left(\frac{\sum x_0 f_1}{\sum f_1} - \frac{\sum x_0 f_0}{\sum f_0} \right)$$

上述各项指数的具体含义说明如下:

(1) 可变构成指数(I_{xf})。统计上把在分组条件下包含各组平均水平及其相应的单位数结构这两个因素变动的总平均指标指数,称为可变构成指数。其计算公式为:

$$I_{xf} = \frac{\bar{x}_1}{\bar{x}_0} = \frac{\sum x_1 f_1}{\sum f_1} \bigg/ \frac{\sum x_0 f_0}{\sum f_0}$$

公式中,$\bar{x}$ 代表总平均指标,x 为各组标志值即平均水平,f 为各组单位数。

(2) 固定构成指数(I_x)。为了单纯反映变量值变动的影响,就需要消除总体中个组单位数所占比重变化的影响,即需要将总体内部结构固定起来计算平均指标指数,这样的指数叫固定构成指数。它只反映各组平均水平对总平均指标变动的影响。其计算公式为:

$$I_x = \frac{\sum x_1 f_1}{\sum f_1} \bigg/ \frac{\sum x_0 f_1}{\sum f_1}$$

(3) 结构影响指数(I_f)。为了单纯反映总体结构变动的影响,就需要把变量值固定起来,这样计算的平均指标指数叫结构影响指数。它只反映总体结构变动对总平均指标变动的影响。其计算公式为:

$$I_f = \frac{\sum x_0 f_1}{\sum f_1} \bigg/ \frac{\sum x_0 f_0}{\sum f_0}$$

例 9-9 设某公司员工人数和月平均工资的分组资料如表 9-8 所示。试对该公司员工平均工资的变动进行因素分析。

表 9-8　某公司员工工资情况表

工资等级	月工资(元) 基期 x_0	月工资(元) 报告期 x_1	员工数(人) 基期 f_0	员工数(人) 报告期 f_1	工资总额 $x_0 f_0$	工资总额 $x_0 f_1$	工资总额 $x_1 f_1$
1	800	850	50	40	40 000	32 000	34 000
2	1 000	1 050	100	85	100 000	85 000	89 250
3	1 200	1 300	200	175	240 000	204 000	221 000
4	1 500	1 600	70	125	105 000	187 500	200 000
5	2 000	2 150	50	55	100 000	110 000	118 250
6	2 500	2 650	30	25	75 000	62 500	66 250
合计	—	—	500	500	660 000	681 000	727 850

根据表 9-8，具体分析步骤如下：

(1) 计算出平均工资的总变动。

$$\text{基期平均工资}: \bar{x}_0 = \frac{\sum x_0 f_0}{\sum f_0} = \frac{660\,000}{500} = 1\,320(\text{元})$$

$$\text{报告期平均工资}: \bar{x}_1 = \frac{\sum x_1 f_1}{\sum f_1} = \frac{728\,750}{500} = 1\,457.5(\text{元})$$

$$\text{可变构成指数}: I_{xf} = \frac{\bar{x}_1}{\bar{x}_0} = \frac{1\,457.5}{1\,320} = 110.42\%$$

$$\text{月平均工资增加额}: \bar{x}_1 - \bar{x}_0 = 1\,457.5 - 1\,320 = 137.5(\text{元})$$

这说明该公司员工总平均工资报告期比基期提高了 10.42%，平均每人月工资增加 137.5 元。

(2) 进一步分析总平均工资变动的具体原因。这需要利用平均工资指数体系，分离出组平均工资和员工人数结构变动对总平均工资的影响程度与绝对数量。因此，总平均工资的变动，取决于组平均工资水平和员工人数结构的影响。采用平均指标体系分析如下：

① 平均工资(变量值)变动影响。

固定构成指数：

$$I_x = \frac{\sum x_1 f_1}{\sum f_1} \div \frac{\sum x_0 f_1}{\sum f_1} = 1\,457.5 \div \frac{681\,000}{500} = 1\,457.5 \div 1\,362$$

$$= 107.01\%$$

对总平均工资的绝对影响数：

$$\frac{\sum x_1 f_1}{\sum f_1} - \frac{\sum x_0 f_1}{\sum f_1} = 1\,457.5 - 1\,362 = 95.5(元)$$

② 总体结构变动影响。

结构影响指数：

$$I_f = \frac{\sum x_0 f_1}{\sum f_1} \div \frac{\sum x_0 f_0}{\sum f_0} = 1\,362 \div 1\,320 = 103.18\%$$

对总平均工资的绝对影响数：

$$\frac{\sum x_0 f_1}{\sum f_1} - \frac{\sum x_0 f_0}{\sum f_0} = 1\,362 - 1\,320 = 42(元)$$

上述三个指数之间的关系，可表示如下：

$$110.42\% = 107.01\% \times 103.18\%$$

各因素影响的绝对数之间的关系为：

$$137.5(元) = 95.5(元) + 42(元)$$

计算结果表明，由于各等级工资水平的变化，使平均工资提高了7.01%，即增加了95.5元；由于员工工资分布的结构变化，使平均工资提高了3.18%，即增加了42元；两者共同影响，使得全公司员工的总平均工资提高了10.42%，即增加了137.5元。

练习题

一、填空题

1. 统计指数按说明现象的特点不同，分为_____和_____。
2. 统计指数按所包括的范围不同，分为_____和_____。
3. 在只有两个因素乘积关系构成的经济现象中，必然有一个因素是_____，另一个是_____。
4. 在综合产量指数中，_____是指数化指标，而_____是同度量因素。
5. 在综合价格指数中，产品产量是_____，而_____是指数化指标。
6. 平均指标对比指数又称为_____，它分解为_____和_____。
7. 指数体系中，总量指数等于各因素指数的_____，总量指数相应的绝对增减量_____各因素指数引起的相应的绝对增减量的_____。
8. 固定权数的加权算术平均数指数，其固定权数（W）是经过调整计算的_____，常用_____表示，其数量指标指数的计算公式为_____，质量指标指数的计算公式为_____。

9. 某工业局 2014 年和 2004 年对比，工业产品总产量增长了 50%，而按现行价格计算的全部工业产品价值翻了一番，那么该局的工业产品的价格_____。

10. 某地区两年中，每年都用 100 元购买商品甲，而第二年购回的商品甲的数量却比第一年少了 20%，商品甲的价格第二年比第一年_____。

二、判断题

1. 在编制数量指标综合指数时，应将作为同度量因素的质量指标值固定在报告期。（　）

2. 算术平均指数是用算术平均法计算和编制的总指数，只适合于质量指标指数的编制。（　）

3. 在编制综合指数时，虽然将同度量因素加以固定，但是同度量因素仍起权数作用。（　）

4. 在编制总指数时经常采用非全面统计资料完全是为了节约人力、物力和财力。（　）

5. 在平均指标变动因素分析中，可变构成指数是专门用以反映总体构成变化影响的指数。（　）

6. 若销售量增长 5%，零售价格下跌 5%，则商品销售额不变。（　）

7. 某工厂总生产费用，今年比去年上升了 50%，产量增加了 25%，则单位成本提高了 25%。（　）

8. 价格降低后，同样多的人民币可多购买商品 10%，则价格指数应为 90%。（　）

9. 在综合指数的编制过程中，指数化指标是可变的，而同度量因素指标是确定的和唯一的。（　）

10. 拉氏指数的同度量因素指标都固定在报告期，帕氏指数的同度量因素指标都固定在基期。（　）

三、单项选择题

1. 反映个别事物动态变化的相对指标叫作（　）。
   A. 总指数　　　B. 综合指数　　　C. 定基指数　　　D. 个体指数

2. 说明现象总的规模和水平变动情况的统计指数是（　）。
   A. 质量指标指数　　　　　　　B. 平均指标指数
   C. 数量指标指数　　　　　　　D. 环比指数

3. 某公司所属三个工厂生产同一产品，要反映三个工厂产量报告期比基期的发展变动情况，三个工厂的产品产量（　）。
   A. 能够直接加总

B. 不能够直接加总
C. 必须用不变价格作同度量因素才能相加
D. 必须用现行价格作同度量因素才能相加

4. 若销售量增长5%，零售价格增长2%，则商品销售额增长（   ）。
   A. 7%   B. 10%   C. 7.1%   D. 15%

5. 加权算术平均数指数要成为综合指数的变形，其权数（   ）。
   A. 必须用 Q_1P_1 B. 必须用 Q_0P_0
   C. 必须用 Q_0P_1 D. 前三者都可用

6. 加权调和平均数指数要成为综合指数的变形，其权数（   ）。
   A. 必须是 Q_1P_1 B. 必须是 Q_1P_0
   C. 可以是 Q_0P_0 D. 前三者都不是

7. 某工厂总生产费用，今年比去年上升了50%，产量增加了25%，则单位成本提高了（   ）。
   A. 25%   B. 2%   C. 75%   D. 20%

8. 某企业职工工资总额，今年比去年减少了2%，而平均工资上升了5%，则职工人数减少了（   ）。
   A. 3%   B. 10%   C. 7%   D. 6.7%

9. 价格总指数 $\overline{K} = \sum P_1Q_1 / \sum P_0Q_1$ 是（   ）。
   A. 质量指标指数   B. 平均数指数
   C. 平均指标指数   D. 数量指标指数

10. 帕氏价格的综合指数公式是（   ）。

    A. $\dfrac{\sum Kp_0q_0}{\sum p_0q_0}$ B. $\dfrac{\sum p_1q_0}{\sum p_0q_0}$ C. $\dfrac{\sum p_1q_1}{\sum \dfrac{p_1q_1}{K}}$ D. $\dfrac{\sum p_1q_1}{\sum p_0q_1}$

四、计算题

1. 用同一数量人民币报告期比基期多购买商品5%，问物价是如何变动的？

2. 报告期和基期购买等量的商品，报告期比基期多支付50%的货币，物价变动否？是如何变化的？

3. 依据下表计算产量指数和价格指数：

产品	计量单位	产量		出厂价格（元）	
		2013年	2014年	2013年	2014年
甲	件	100	100	500	600
乙	台	20	25	3 000	3 000
丙	米	1 000	2 000	6	5

4．某厂产品成本资料如下表所示：

产品名称	计量单位	单位成本(元)		产品产量	
		基期	报告期	基期	报告期
甲	件	10	9	1 000	1 100
乙	个	9	9	400	500
丙	米	8	7	700	800

计算：(1) 成本个体指数和产量个体指数；(2) 综合成本指数；(3) 总生产费用指数。

5．某厂所有产品的生产费用2014年为12.9万元，比上年多0.9万元，单位产品成本平均比上年降低3%。试计算：(1) 生产费用总指数；(2) 由于成本降低而节约的生产费用。

第十章 相关分析

【案例导入】

为什么中国旅游业增长如此之快?

根据中国旅游局统计,中国旅游业正在快速增长,旅游业总收入占 GDP 总收入的比例将不断上升,旅游业已经成为中国第三产业中最具活力与潜力的产业和国民经济中新的增长点。据世界旅游及旅行理事会预测,到 2020 年,中国旅游业总收入将超过 3 000 亿美元,相当于国内生产总值的 8%—10%。

推动中国旅游业快速发展的原因是多方面的,是什么决定性的因素能使中国旅游业总收入 2020 年达到 3 000 亿美元?旅游业的发展与这种决定性因素的数量关系究竟是什么?显然,需要寻求一些方法研究相互联系的经济变量之间的数量关系,对这类问题的研究应当考虑以下几个方面:

(1) 确定作为研究对象的经济变量(如中国旅游业总收入);
(2) 分析影响研究对象变动的主要因素(如中国居民收入的增加);
(3) 分析各种影响因素与所研究经济现象的相互关系(决定相互联系的数学表达式);
(4) 确定所研究的经济问题与影响因素间的具体的数量关系(需要特定的方法);
(5) 分析并检验所得数量结论的可靠性(需要统计检验);
(6) 运用数量研究结果做经济分析和预测(对数量分析的实际应用)。

【重点与难点】

相关分析是研究变量之间相互关系的重要统计方法。通过本章学习,要了解相关分析的意义、相关的种类、回归分析的意义,理解回归与相关的区别和联系,熟练掌握相关系数的计算和应用,掌握简单线性回归方程的建立、应用和分析方法,并能对实际问题进行分析。

第一节 相关分析的意义和任务

一、相关关系的概念

在自然界和社会中存在的许多事物或现象,彼此之间都有机地相互联系、相互依赖、相互制约。在社会经济领域中,现象之间具有一定的联系,一种现象的变化往往依存于其他现象的变化。所有各种现象之间的相互联系,都可以通过数量关系反映出来。

各种经济变量之间的依存关系有两种不同的类型:一种是确定性的函数关系,另一种是不确定的统计关系,也称为相关关系。

(一)函数关系

函数关系反映着现象之间存在严格的依存关系,在这种关系中,当一个或者若干个变量 X 取一定数值时,某一变量 Y 有确定的值与之相对应,我们称变量间的这种关系为确定性的函数关系,并且这种关系可以用一个数学表达式反映出来。

(二)相关关系

相关关系反映现象之间确实存在的,而关系数值不固定的相互依存关系。当一个变量或者若干个变量 X 取一定值时,与之对应的另一个变量 Y 的值虽然不确定,却按某种规律在一定范围内变化,我们称变量之间的这种关系为不确定性的统计关系或相关关系。例如,居民的可支配收入 X 与居民的消费支出 Y 之间的关系,通常具有相同收入的居民消费水平并不相同,这时居民的可支配收入 X 与消费支出 Y 会呈现出不确定性的相关关系。

在具有相互依存关系的两个变量中,作为根据的变量叫作自变量,发生对应变化的变量叫作因变量。自变量一般用 x 代表,因变量用 y 代表。现象之间数量依存关系的具体关系值不是固定的。

在相关关系中,对于某项标志的每一数值,可以有另外标志的若干个数值与之相适应,在这些数值之间表现出一定的波动性,但又总是围绕着它们的平均数并遵循一定的规律而变化。例如,每亩耕地的施肥量与亩产量之间存在一定的依存关系。在一般条件下,施肥量适当增加,亩产量便相应地提高,但在亩产量增长与施肥量增长的数值之间,并不存在严格的依存关系;因为每亩耕地的产量除了施肥量多少这一因素外,还受到种子、土壤、降雨量等其他因素的影响,这就造成在施肥量相同的条件下其亩产量也并不完全相等。即便如此,它们之间仍然存在一定的规律性,即在一定范围内,随施肥量的增加,亩产量便相应地有所提高。相关关系与函数关系有区别,但是它们之间也有联系。

由于有观察或测量误差等原因,函数关系在实际中往往通过相关关系表现出来。在研究相关关系时,又常常要使用函数关系的形式来表现,以便找到相关关系的一般数量表现形式。

二、相关关系的种类

现象之间的相互关系是很复杂的,它们各以不同的方向、不同的程度相互作用着,并表现出不同的类型和形态。

(一)从相关关系涉及的变量数量来看

只有两个变量的相关关系,称为简单相关关系,如人的身高和体重的关系。三个或三个以上变量的相关关系叫作复相关或者多重相关,如全国 GDP 与消费和收入的关系。

(二)从相关关系的表现形式来划分

当变量之间相关关系的散布图中的点接近一条直线时,称为线性相关;当变量之间相关关系散布图中的点接近一条曲线时,称为非线性相关。研究现象的相关关系,究竟取哪种形态,要对现象的性质作理论分析,并根据实际经验,才能较好地解决。

(三)从变量相关关系变化的方向来划分,有正相关和负相关

自变量(x)的数值增加,因变量(y)的数值也相应地增加,这叫作正相关。例如,施肥量增加,亩产量也增加。自变量数值增加,因变量数值相应减少;或者自变量数值减少,因变量数值相应增加,这叫作负相关。例如,产品生产越多,生产成本越低;商品价格降低,商品销售量增多。

(四)按相关的程度来划分,可分为完全相关、不完全相关和无相关

两种现象中一个现象的数量变化,随另一现象的数量变化而确定,这两种现象间的依存关系,就称为完全相关,在这种情况下,相关关系就是函数关系。两种现象的数量各自独立,互不影响,称为无相关,如企业生产成本与工人年龄之间,一般是无相关的。两个现象之间的关系,介于完全相关和无相关之间,称为不完全相关。通常相关分析主要是不完全相关分析。

三、相关分析的主要内容

相关分析是用以分析社会经济现象间的依存关系,其目的就是从现象的复杂关系中消除非本质的偶然影响,从而找出现象间相关关系类型相互依存的形式和密切程度以及依存关系变动的规律性。这在实际工作中运用得非常广泛。相关分析的主要内容如下:

(一)确定现象之间有无关系以及相关关系的表现形式

这是相关分析的出发点。有相互依存关系才能用相关方法进行分析,没有关系

而当作有关系会使认识发生错误。关系表现为什么样的形式就需要使用什么样的方法分析,因此必须先确定现象之间有无关系以及相关关系的表现形式。

(二) 确定相关关系的密切程度

相关分析的目的之一,就是从不严格的关系中判断其关系的密切程度。判断的主要方法,就是把自变量和因变量的数据资料编制成散布图或相关表,帮助我们做一般分析,判断相关的密切程度,进而计算出相关系数。

(三) 选择合适的数学模型

确定了现象间确实有相关关系及密切程度,就要选择合适的数学模型,对变量之间的联系给予近似的描述。如果现象之间的关系表现为直线相关,则用配合直线的方法;如果现象之间的关系表现为各种曲线,则用配合曲线的方法。使用这些方法能让我们找到现象之间相互依存关系的数量上的规律性。这是进行判断、推算、预测的根据。

(四) 测定变量估计值的可靠程度

配合直线或配合曲线后,可反映现象间的变化关系,也就是说,自变量变化时,因变量有多大变化。根据这个数量关系,可测定因变量的估计值。把估计值与实际值对比,如果它们的差别小,说明估计得较准确;反之,就不够准确。这种因变量估计值的准确程度,通常用估计标准误差来衡量。

(五) 对计算出的相关系数进行显著检验

对现象之间变量关系的研究,统计是从两方面进行的:一方面,研究变量之间关系的紧密程度,这种研究称为相关分析;另一方面,对自变量和因变量之间的变动关系用数学方程式表达,称为回归分析。相关与回归既有区别,又有密切联系。本节所论述的有关相关关系的种种问题,是把相关和回归合在一起讨论的,下面分开叙述。

第二节 简单线性相关分析

一、散布图和相关表

判断现象间的相关关系,一般先做定性分析,然后做定量分析。定性分析就是根据经济理论、有关专业知识和实际工作经验,进行科学的分析研究,初步确定现象间有无关系。如确有关系,进一步编制散布图和相关表,可以直接地判断现象之间大致上呈现何种关系形式,以此计算相关系数做定量分析,精确反映相关关系的方向和程度。

(一) 绘制散布图

如果通过定性分析确定现象间具有相关关系,我们就可以进一步从现象数量表现上,来判断这种关系是否存在,以及关系的类型与密切程度如何。在统计中通常采用绘制散布图来进行这种判断。不过在绘制散布图之前,应将有关的原始资料按某一变量取值的大小顺序平行排列在一张表上,以便观察它们之间的相互变动关系,这张表我们便称为简单相关表(如表10-1所示)。编制简单相关表的目的,除了便于观察变量之间的线性相关关系外,更主要的是便于绘制散布图,即散布图。

表10-1 工人工龄与劳动生产率相关表

工人序号		1	2	3	4	5	6	7	8	9	10	11	12
工龄		5	5	6	6	6	7	7	8	8	9	10	10
生产率	分钟/件	8.5	8.3	8.0	8.0	7.8	7.2	7.0	6.5	6.5	6.0	6.2	6.0
	件/小时	7.1	7.2	7.5	7.5	7.7	8.3	8.6	9.2	9.2	10.0	9.7	10.0

散布图是利用直角坐标第一象限,将变量 x 置于横轴上,变量 y 置于纵轴上,而将两变量相对应的变量值用坐标点形式描绘出来,用以表明相关点分布状况的图形。通过相关点的分布和走向,我们可以判断两个变量间是否有关系,是什么样的关系,关系是否密切,为我们选择数学模型提供依据。

(二)相关表

根据总体单位的原始资料还可以编制相关表,如表10-2所示。

表10-2 产品产量和生产费用相关表

序号	产品产量(千吨)(x)	生产费用(万元)(y)
1	1.2	62
2	2.0	86
3	3.1	80
4	3.8	110
5	5.0	115
6	6.1	132
7	7.2	135
8	8.0	160
合计	36.4	880

从表10-2中可以看出,产品生产量和生产费用之间的关系虽然不十分严格,但有直线相关的趋势,而且大致可以看出关系比较密切。

二、相关系数的测定与应用

(一)相关系数的概念

在各类型的相关分析中,只有两个变量的线性相关关系的分析是最简单的。两个变量之间的线性相关程度可以用简单线性相关系数去度量,这种相关系数是最常用的。相关系数是指在直线相关条件下,说明两个现象之间相关关系密切程度的统计分析指标,一般用 r 表示相关系数。

(二) 相关系数的计算

相关图表对了解现象之间的相关关系是有用的,但这只是初步的判断,是相关分析的开始,为了说明现象之间相关关系的密切程度,可以计算相关系数。

根据相关表的资料,相关系数(r)的计算方法如下:

1. 积差法

$$r = \frac{\sigma_{xy}^2}{\sigma_x \sigma_y}$$

公式中,r 为相关系数;σ_{xy}^2 为自变量数列和因变量数列的协方差;σ_X 为自变量数列的标准差;σ_y 为因变量数列的标准差。

$$\sigma_{xy}^2 = \frac{\sum (x - \bar{x})(y - \bar{y})}{n} = \frac{1}{n} \sum (x - \bar{x})(y - \bar{y})$$

$$\sigma_X = \sqrt{\frac{\sum (x - \bar{x})^2}{n}} = \sqrt{\frac{1}{n} \sum (x - \bar{x})^2}$$

$$\sigma_y = \sqrt{\frac{\sum (y - \bar{y})^2}{n}} = \sqrt{\frac{1}{n} \sum (y - \bar{y})^2}$$

所以相关系数也可写成:

$$r = \frac{\sigma_{xy}^2}{\sigma_x \sigma_y} = \frac{\sum (x - \bar{x})(y - \bar{y})}{\sqrt{\sum (x - \bar{x})^2} \sqrt{\sum (y - \bar{y})^2}}$$

现用表 10-2 的资料来说明相关系数的计算过程,如表 10-3 所示。

表 10-3 相关系数计算表

序号	x	y	$(x-\bar{x})$	$(x-\bar{x})^2$	$(y-\bar{y})$	$(y-\bar{y})^2$	$(x-\bar{x})(y-\bar{y})$	xy
1	1.2	62	-3.35	11.2250	-48	2 304	160.80	74.4
2	2.0	86	-2.55	6.5025	-24	576	61.20	172.0
3	3.1	80	-1.45	2.1025	-30	900	43.50	248.0
4	3.8	110	-0.75	0.5625	0	0	0.00	418.0
5	5.0	115	0.45	0.2025	5	25	2.25	575.0
6	6.1	132	1.55	2.4025	22	484	34.10	805.2
7	7.2	135	2.65	7.0225	25	625	66.25	972.0
8	8.0	160	3.45	11.9025	50	2 500	172.50	1 280.0
合计	36.4	880	—	41.9200	—	7 414	540.60	4 544.6

根据计算表可得:

$$\bar{x} = \frac{\sum x}{n} = \frac{36.4}{8} = 4.55(千吨)$$

$$\bar{y} = \frac{\sum y}{n} = \frac{880}{8} = 110(万元)$$

$$r = \frac{\sum(x-\bar{x})(y-\bar{y})}{\sqrt{(x-\bar{x})^2}\sqrt{(y-\bar{y})^2}} = \frac{540.6}{\sqrt{41.92 \times 7414}} = 0.9697$$

2. 相关系数简捷计算方法

积差法相关系数在计算过程中要使用两个数列的平均值,计算比较烦琐。相关系数的基本计算公式还可以利用代数推算的方法形成许多简捷公式,如:

$$r = \frac{n\sum xy - \sum x \sum y}{\sqrt{n\sum x^2 - (\sum x)^2}\sqrt{n\sum y^2 - (\sum y)^2}}$$

根据资料可计算得:

$$n = 8, \quad \sum xy = 4544.6, \quad \sum x = 36.4, \quad \sum y = 880,$$
$$\sum x^2 = 207.54, \quad \sum y^2 = 104214$$

在已有平均值及标准差的情况下也可以使用以下公式:

$$r = \frac{\sum xy - n\bar{x}\bar{y}}{\sqrt{\sum x^2 - n\bar{x}^2}\sqrt{\sum y^2 - n\bar{y}^2}}$$

$$= \frac{4544.6 - 8 \times 4.55 \times 110}{\sqrt{207.54 - 8 \times 4.55^2}\sqrt{104214 - 8 \times 110^2}}$$

$$= 0.9697$$

在已有平均值及标准差的情况下还可以使用:

$$r = \frac{\overline{xy} - \bar{x}\bar{y}}{\sigma_x \sigma_y}$$

公式中

$$\overline{xy} = \frac{\sum xy}{n}$$

所有这些计算方法,其实只是积差法相关系数的变形。了解了公式中各项指标的关系,就可以根据已有的材料选用适当的方法。

三、相关系数的密切程度

相关系数的取值反映了两个变量之间的相关性,相关系数的取值大小与变量的相关程度有如下几类:

(1) 相关系数 r 的取值在 -1 和 1 之间。

(2) 当 $|r|=1$ 时,表示变量 X 与 Y 之间为完全线性相关,X 与 Y 之间存在确定

的函数关系。当 $r=0$ 时,表示 X 与 Y 完全没有线性相关。

(3) 当 $0<|r|<1$ 时,表示变量 X 与 Y 之间存在一定程度的线性相关,$|r|$ 数值越大,越接近 1,表示 X 与 Y 的线性相关程度越高;$|r|$ 的数值越接近 0,表示 X 与 Y 的线性相关程度越低。

一般说来,$|r|$ 在 0.3 以下为无相关;$0.3<|r|<0.5$ 是低度相关;$0.5<|r|<0.8$ 是显著相关;$0.8<|r|<1$ 是高度相关。只有对显著相关或高度相关的资料求直线回归,才有意义。

(4) 当 $r>0$ 时,表示 X 与 Y 为正相关;当 $r<0$ 时,表示 X 与 Y 为负相关。

四、分组表计算的相关系数

(一) 单变量分组表计算相关系数

从单变量组也可以计算相关系数,和简单相关不同的是要进行加权。其计算公式为:

$$r = \frac{\sum(x-\bar{x})(y-\bar{y})f}{\sqrt{\sum(x-\bar{x})^2 f}\sqrt{\sum(y-\bar{y})^2 f}}$$

简捷公式为:

$$r = \frac{\sum f \sum xyf - (\sum xf)(\sum yf)}{\sqrt{\sum f \sum x^2 f - (\sum xf)^2}\sqrt{\sum f \sum y^2 f - (\sum yf)^2}}$$

(二) 双变量分组表计算相关系数

当原始数据较多时,自变量和因变量都进行了分组,计算相关系数公式为:

$$r = \frac{\sum f_{xy}(x-\bar{x})(y-\bar{y})}{\sqrt{\sum f_x(x-\bar{x})^2 \sum f_y(y-\bar{y})^2}}$$

公式中,f_x 为 x 组的频数;f_y 为 y 组的频数;f_{xy} 为 x 与 y 交错组的频数。

$$\sum f_x = \sum f_y = \sum f_{xy} = N$$

第三节 回 归 分 析

一、回归分析的概念

回归最初是遗传学中的一个名词,是由英国生物学家兼统计学家高尔登(Galton,1822—1911)首先提出来的。他在研究人类的身高时发现,高个子父母的子女身高有低于其父母身高的趋势;而矮个子父母的子女身高往往有高于其父母身高的趋势。从整个发展趋势看,高个子回归于人口平均身高,而矮个子则从另一方向回归于人口的平均身高。回归这一名词从此便一直为生物学和统计学所沿用。

回归的现代概念与过去大不相同。一般来说,回归是研究自变量与因变量之间的关系形式的分析方法,其目的在于根据已知自变量来估计和预测出因变量的总平均值。例如,农作物亩产量对施肥量、降雨量和气温有依存的关系。通过对这一依存关系的分析,在已知有关施肥量、降雨量和气温信息的条件下,可以预测农作物的平均亩产量。

(一) 简单直线回归分析的特点

(1) 对于两个变量,必须根据研究目的确定哪一个是自变量,哪一个是因变量。

(2) 回归方程的作用在于给出自变量的数值来估计因变量的可能值。一个回归方程只能作一种推算,推算的结果表明变量之间具体的变动关系。

(3) 直线回归方程中,自变量的系数称为回归系数。回归系数的符号为正时,表示正相关;回归系数的符号为负时,表示负相关。回归系数表示自变量每变动一个单位时,因变量平均的变动数量。

(4) 计算相关系数时,要求相关的两个变量都是随机的;但是确定回归方程时,只要求因变量是随机的,而自变量则是非随机变量。

(二) 相关和回归的区别与联系

相关分析和回归分析是研究现象之间相关关系的两种基本方法,二者有着密切的联系,它们不仅具有共同的研究对象,而且在具体运用时常常需要互相补充。在相关分析中,相关系数能确定两个变量之间的相关方向和相关的密切程度;而回归分析就是对具有相关关系的两个或两个以上变量之间数量变化的一般关系进行测定,选择一个合适的数学模型,以便对因变量进行估计或预测的一种统计方法。相关分析需要依靠回归分析表明现象数量相关的具体形式;而回归分析需要依靠相关分析来表明现象数量变化的相关程度,只有变量之间存在高度相关时,进行回归分析寻求其相关的具体形式才有意义。因此,在一些统计学的相关书籍中,回归分析和相关分析也合并称为相关关系分析或广义的相关分析。

但是,相关分析和回归分析在研究目的和具体的研究方法上是有明显区别的,两者的主要区别在于:第一,在相关分析中,只是研究变量之间的相关方向和相关的密切程度,无须确定自变量和因变量;而在回归分析中,必须事先确定哪个为自变量,哪个为因变量,而且只能从自变量去推测因变量,而不能从因变量去推断自变量。第二,相关分析不能指出变量间相互关系的具体形式,也无法从一个变量的变化推断另一个变量的变化情况;而回归分析能确切地指出变量间相互关系的具体形式,它可根据回归模型从已知量估计和预测未知量。第三,相关分析所涉及的变量一般都是随机变量;而回归分析中因变量是随机的,自变量则为研究时给定的非随机变量。

相关和回归分析是对现象间相关关系进行分析的有效的科学方法,近年来在社会经济现象的研究和预测中被广泛采用。但是必须指出,它们也有一定的局限性。在确定对某种现象是否适于应用相关和回归分析之前,必须对所研究的具体现象进行充分的认识和分析,需要有足够的理论知识、专业知识和必要的经验作为定性分析的基础,来判断现象之间是否具有真正的相关,是具有实质性的内在联系还是表面上的联系,或只不过是一种偶然的巧合。对没有内在联系的事物进行相关和回归分析,不但没有意义,反而会得出荒谬、虚假的结论。

因此,在应用相关和回归分析对客观现象进行研究时,一定要注意把定性分析和定量分析结合起来,在定性分析基础上开展相关和回归的定量分析。

(三) 简单直线回归方程的确定

似合回归直线的前提条件是,两个变量之间确实存在相关关系,而且其相关的紧密程度必须是高度的。如果变量之间没有真正的相关关系,似合回归直线就毫无意义。相关程度很高时,似合的回归直线所出现的误差就比较小。似合回归直线相应的方程式为回归方程。简单直线回归方程的一般形式是:

$$Y = a + bX$$

公式中,a 代表直线的起点值,在数学上称为直线的纵轴截距,b 代表自变量每变动一个单位时因变量的平均变动值,数学上称为直线的斜率,也称为回归系数。Y 是推算出来的因变量估计值,又称为理论值或趋势值。a 和 b 都是待定参数,需要根据实际资料求解。一旦求解出 a 和 b,表明变量之间一般关系的回归直线就确定下来。

在直线回归分析中,如何确定一条直线代表各个相关点的变动趋势,即似合一条最适合的直线,是以代表全部相关点直线的趋向,是建立回归方程最为关键的问题。数学证明,利用"离差平方和最小"原则似合的直线是最合理的直线,在这条直线上,据以推算的理论值 Y 与实际值 y 离差的平方和,比其他任何直线推算的数值都要小,即:

$$\sum (y - Y)^2 = \sum (y - a - bX)^2 \to 最小值$$

由此得出两个标准方程,也称为"正规方程组":

$$\sum y = na + b \sum x$$

$$\sum xy = a \sum x + b \sum x^2$$

这种决定直线回归方程的方法称为最小平方法或最小二乘法。使用最小二乘法估计的参数表达式如下:

$$a = \bar{Y} - b\bar{X}$$

$$b = \frac{n \sum xy - \sum x \sum y}{n \sum x^2 - (\sum x)^2}$$

或者

$$a = \bar{Y} - b\bar{X}$$

$$b = \frac{\sum(X_i - \bar{X})(Y_i - \bar{Y})}{\sum(X_i - \bar{X})} = \frac{\sum x_i y_i}{\sum x_i^2}$$

公式中,x_i、y_i 分别表示 X 与 Y 的离差。

(四) 直线回归方程的计算

例 10-1 在 10 个居民小区中某快餐连锁店的季节销售收入与居民人数的资料及有关计算如表 10-4 所示。

表 10-4 某快餐连锁店的季节销售收入与居民人数

小区编号	小区人数（千人）X	季节收入（千元）Y	X^2	Y^2	XY
1	2	58	4	3 364	116
2	6	105	36	11 025	630
3	8	88	64	7 744	704
4	8	118	64	13 924	944
5	12	117	144	13 689	1 404
6	16	137	256	18 769	2 192
7	20	157	400	24 649	3 140
8	20	169	400	28 561	3 380
9	22	149	484	22 201	3 278
10	26	202	676	40 804	5 252
合计	140	1 300	2 528	184 730	21 040

若以小区居民人数(X)为自变量,季节销售收入(Y)为因变量,则根据上述求 a、b 的计算公式得:

$$b = \frac{10 \times 21\,040 - 140 \times 1\,300}{10 \times 2\,528 - 140^2} = 5$$

$$a = \frac{1\,300 - 5 \times 140}{10} = 60$$

所以 $Y = 60 + 5X$

这个方程显示出小区居民人数每增加 1 千人,则该快餐连锁店的季度销售收入平均大约要增加 5 千元。这是回归系数 5 的含义,它表明自变量增加(或减少)一个单位,因变量将平均增加(或减少)多少单位。而且,当 b 的符号为正时,自变量和因变量按相同方向变动;当 b 的符号为负时,自变量和因变量按相反方向变动。

根据回归方程,可以给出自变量的任一数值,估计或预测因变量的平均可能值。例如,求小区居民人数为 3 千人时该快餐连锁店的季度销售收入:

$$Y = 60 + 5 \times 3 = 75(千元)$$

即当小区居民人数为 3 千人时,该快餐连锁店的季度销售收入可达 75 千元。

二、多元线性回归分析

一元线性回归与相关分析研究的是某一个因变量和一个自变量之间的关系,但是客观现象之间的联系是复杂的,许多现象的变动常常涉及多个变量间的数量关系,也就是多元相关,也称复相关。和研究一元相关时的情形相似,多元线性相关也涉及多方面的问题,而且其内容也比一元相关复杂很多。以下将只讨论二元线性回归分析中的最基本问题。

二元线性回归的基本模型如下:

$$\hat{Y} = a + b_1 X_1 + b_2 X_2$$

求解二元线性回归方程中的 a、b_1 与 b_2,和在一元线性相关研究中一样,仍然采用最小平方法确立标准方程组体系。同样由最小平方法得出参数的估计量:

$$a = \bar{Y} - b_1 \bar{X}_1 - b_2 \bar{X}_2 \quad b_1 = \frac{L_{1y} \times L_{22} - L_{2y} \times L_{12}}{L_{11} \times L_{22} - (L_{12})^2} \quad b_2 = \frac{L_{2y} \times L_{11} - L_{1y} \times L_{12}}{L_{11} \times L_{22} - (L_{12})^2}$$

$$L_{11} = \sum x_1^2 = \sum (X_1 - \overline{X_1})^2 = \sum X_1^2 - n \bar{X}_1^2 = \sum X_1^2 - \frac{1}{n}(\sum X_1)^2$$

$$L_{22} = \sum x_2^2 = \sum (X_2 - \overline{X_2})^2 = \sum X_2^2 - n \bar{X}_2^2 = \sum X_2^2 - \frac{1}{n}(\sum X_2)^2$$

$$L_{12} = \sum x_1 x_2 = \sum (X_1 - \overline{X_1})(X_1 - \overline{X_2}) = \sum X_1 X_2 - n \overline{X_1}\,\overline{X_2}$$

$$= \sum X_1 X_2 - \frac{1}{n}(\sum X_1)(\sum X_2)$$

$$L_{1y} = \sum y x_1 = \sum (Y - \bar{Y})(X_1 - \overline{X_1}) = \sum X_1 Y - n \overline{X_1}\bar{Y}$$

$$= \sum X_1 Y - \frac{1}{n}(\sum X_1)(\sum Y)$$

$$L_{2y} = \sum y x_2 = \sum (Y - \bar{Y})(X_2 - \overline{X_2}) = \sum X_2 Y - n \overline{X_2}\bar{Y}$$

$$= \sum X_2 Y - \frac{1}{n}(\sum X_2)(\sum Y)$$

其中,$x_1 = X_1 - \overline{X_1}, x_2 = X_2 - \overline{X_2}, y = Y - \bar{Y}, \overline{X_1} = \frac{1}{n}\sum X_1, \overline{X_2} = \frac{1}{n}\sum X_2$。

例 10-2 设某公司在全国 20 个市场同时推销产品,表 10-5 是该公司在各个市场所派出的推销员数量(X_1)、所支出的广告及推销费用(X_2)和产品年销售量(Y)的资料,假定各市场的其他条件相同,拟合 Y 与 X_1 和 X_2 的回归模型。首先计算出所需的各项数据,如表 10-5 所示。

表 10-5 某公司产品推销资料计算表

市场	销售量 Y(万箱)	推销人员 X_1(个)	推销费用 X_2(万元)	市场	销售量 Y(万箱)	推销人员 X_1(个)	推销费用 X_2(万元)
1	58	7	5.11	11	121	17	11.02
2	152	18	16.72	12	112	12	9.51
3	41	5	3.20	13	50	6	3.79
4	93	14	7.03	14	82	12	6.45
5	101	11	10.98	15	48	8	4.60
6	38	5	4.04	16	127	15	13.86
7	203	23	22.07	17	140	17	13.03
8	78	9	7.03	18	150	21	15.21
9	117	16	10.62	19	39	6	3.64
10	44	5	4.76	20	90	11	9.57

因此，由计算表 10-5 可得到：

$n = 20$, $\sum X_1 = 238$, $\sum X_2 = 182.24$, $\sum X_1 X_2 = 2671.06$, $\sum X_1^2 = 3420$, $\sum X_2^2 = 2161.2274$, $\sum Y = 1884$, $\sum X_1 Y = 27141$, $\sum X_2 Y = 21572.76$, $\sum Y^2 = 217924$

可以计算出：

$$L_{11} = \sum X_1^2 - \frac{1}{n}(\sum X_1)^2 = 3420 - \frac{1}{20} \times 238^2 = 587.8$$

$$L_{22} = \sum X_2^2 - \frac{1}{n}(\sum X_2)^2 = 2161.2274 - \frac{1}{20} \times 182.24^2 = 500.6565$$

$$L_{12} = \sum X_1 X_2 - \frac{1}{n}(\sum X_1)(\sum X_2) = 2671.06 - \frac{1}{20} \times 238 \times 182.24 = 502.4$$

$$L_{1y} = \sum X_1 Y - \frac{1}{n}(\sum X_1)(\sum Y) = 27141 - \frac{1}{20} \times 238 \times 1884 = 4721.4$$

$$L_{2y} = \sum X_2 Y - \frac{1}{n}(\sum X_2)(\sum Y) = 21572.76 - \frac{1}{20} \times 182.24 \times 1884 = 4405.75$$

$$b_1 = \frac{L_{1y} \times L_{22} - L_{2y} \times L_{12}}{L_{11} \times L_{22} - (L_{12})^2} = \frac{4721.4 \times 500.6565 - 4405.75 \times 502.4}{587.8 \times 500.6565 - 502.4^2} = 3.60$$

$$b_2 = \frac{L_{2y} \times L_{11} - L_{1y} \times L_{12}}{L_{11} \times L_{22} - (L_{12})^2} = \frac{4405.75 \times 587.8 - 4721.4 \times 502.4}{587.8 \times 500.6565 - 502.4^2} = 5.21$$

$$a = \overline{Y} - b_1 \overline{X_1} - b_2 \overline{X_2} = \frac{1884}{20} - 3.60 \times \frac{238}{20} - 5.21 \times \frac{182.24}{20} = 3.89$$

这样，产品年销量对推销员数量和广告推销费用的二元线性方程为：

$$Y = 3.89 + 3.60 X_1 + 5.21 X_2$$

所建立的回归模型说明:当广告推销费用 X_2 保持不变,推销人员数量 X_1 每增加 1 个,销售量平均增加 3.6 万箱;当推销人员数量 X_1 保持不变,广告推销费用 X_2 每增加 1 万元,销售量平均增加 5.21 万箱。

三、曲线回归

在对经济变量进行拟合回归方程时,常遇到的问题是因变量和自变量间的关系并不是直线型,而是曲线型。这时通常采用变量代换法将非线性模型线性化,再按照线性模型的方法处理。

例如,模型是指数型:

$$y_c = ab^x$$

可对方程两边取对数,令 $y'_c = \ln y_c, A = \ln a, B = \ln b$,则得一元线性模型:

$$y'_c = A + Bx$$

又如,模型是高次方程:

$$y_c = a + bx + cx^2 + dx^3 + \cdots$$

只要令 $x_1 = x, x_2 = x^2, x_3 = x^3, \cdots$,就可转化为多元线性模型:

$$y_c = a + bx_1 + cx_2 + dx_3 + \cdots$$

现举 12 个同类企业的月产量和单位产品成本的资料,说明其研究方法,如表 10-6 所示。

表 10-6　12 个同类企业月产量和单位产品成本

企业编号	月产量(吨) x	单位产品成本(元) y	企业编号	月产量(吨) x	单位产品成本(元) y
1	10	160	7	40	75
2	16	151	8	45	76
3	20	114	9	51	66
4	25	128	10	56	60
5	31	85	11	60	61
6	36	91	12	65	60

从表 10-6 中可以看出,在月产量与单位产品成本之间存在一定的依存关系,因为随着产量的逐渐增多,单位产品成本有随之逐渐降低的趋势。但单位产品成本的降低程度并不是随着产量的增加而均等地变化。例如,把 x 与 y 两个数列加以比较,在开始,x 值每增加一个单位时,y 值降低得很多,随后 x 值继续增加,y 值虽也有降低,但和开始阶段比较其降低程度逐渐下降。从分布来看适用于拟合指数曲线回归方程:

$$y_c = ab^x \quad (b > 0)$$

公式中,有两个待定参数 a 和 b,自变量 x 是参数 b 的指数。当 $b>1$ 时,为递增曲线;当 $0<b<1$ 时,为递减曲线。

现仍以 y_c 代表估计值,则回归方程就是:

$$y_c = ab^x$$

将公式的两端取对数得:

$$\ln y_c = \ln a + x\ln b$$

如令
$$y'_c = \ln y_c, \quad A = \ln a, \quad B = \ln b$$

则上述指数方程变为:

$$y'_c = A + Bx$$

可见经过代换之后转化成为直线关系方程的形式,这就可以按照前面求直线回归方程中参数的方法以求得 a 和 b。根据最小平方原理,上式中的 A 和 B 应满足下列方程组:

$$\begin{cases} \sum y'_c = nA + B\sum x \\ \sum xy'_c = A\sum x + B\sum x^2 \end{cases}$$

解上式,可以得 A 及 B,再根据 $A = \ln a$,$B = \ln b$ 的关系式,便可以求出 a 和 b 的值。现在根据表 10-6 的资料计算单位产品成本与产量之间的关系,如表 10-7 所示。

表 10-7   12 个企业的月产量与单位产品成本曲线回归计算表

企业编号	x (1)	y (2)	x^2 (3)	y_c (4)	xy'_c (5)	$y'_c = \ln y$ (6)	y_c (7)
1	10	160	100	2.20412	22.04120	2.178003330	150.6619
2	16	151	256	2.17898	34.86368	2.128152648	134.3237
3	20	114	400	2.05691	41.13820	2.094918860	124.4282
4	25	128	625	2.10721	52.68025	2.053376625	113.0776
5	31	85	961	1.92942	59.81202	2.003525943	100.8152
6	36	91	1 296	1.95904	70.52544	1.961983708	91.6186
7	40	75	1 600	1.87506	75.00240	1.928749920	84.8692
8	45	76	2 025	1.88081	84.63645	1.887207685	77.1272
9	51	66	2 601	1.81954	92.79654	1.837357003	68.7634
10	56	60	3 136	1.77815	99.57640	1.795814768	62.4906
11	60	61	3 600	1.78532	107.11920	1.762580980	57.8870
12	65	60	4 225	1.77815	115.57975	1.721038745	52.6025
合计	455	1 127	20 825	23.35271	855.77153	23.352710220	

根据表 10-7,计算得到的数据代入上述方程组得:

$$\begin{cases} 23.35271 = 12A + 455B \\ 855.77153 = 455A + 20\,825B \end{cases}$$

解得:
$$A = 2.26109$$
$$B = -0.00831$$
$$y'_c = A + Bx = 2.26109 - 0.00831x$$

现在分别求得 A 及 B 的反对数,由 $A = \ln a, B = \ln b$ 得:
$$\begin{cases} a = 182.43 \\ b = 0.981 \end{cases}$$

于是指数曲线回归方程为:
$$y_c = ab^x = 182.43 \times 0.981^x$$

四、估计标准误差

(一)估计标准误差的概念

直线回归是在直线相关条件下,反映变量之间一般数量关系的平均线。根据直线回归方程,知道了自变量的数值,就可以推算出因变量的数值。但是,推算出来的因变量的数值并不是精确的数值,它是一个估计值,和实际值之间有差异。我们不仅要用回归方程推算已有实际值的估计值,还要推算未知的值。这样就有了推算的数值与实际值相差多大的问题。这直接关系到推算的准确性。从另一方面讲,这种差别大小也反映着回归直线的代表性大小。估计标准误差就是用来说明回归方程推算结果的准确程度的统计分析指标,或者说是反映回归直线代表性大小的统计分析指标。

(二)简单直线回归估计标准误差的测定

估计标准误差有两种计算方法。

1. 根据因变量实际值和估计值的离差计算

其计算公式为:
$$S_{yx} = \sqrt{\frac{\sum (y - y_c)^2}{n - 2}}$$

公式中,S_{yx} 代表估计标准误差。估计标准误差和有两条回归直线一样,也可以计算两个,另一个可以用 S_{xy} 表示。y 为因变量数列的实际值;y_c 为根据回归方程推算出来的估计值。所以 $y - y_c$ 是因变量实际值和估计值的估计误差,如果将估计误差总和相加,结果是 $\sum (y - y_c) = 0$。n 是因变量的项数。

由于在 $\sum (y - y_c)^2 = \sum (y - a - bx)^2$ 公式中,参数 a 和 b 是由实际资料计算的,从而丧失了两个自由度。从计算公式可以看出,计算的结果实际上也是个平均误差。但不是简单平均的,而是经过乘方、平均、再开方的过程,这和标准差的计算过程一样。它的作用是说明估计的准确程度,所以叫作估计标准误差,也有叫作估计标准差或回归标准差的。这个数值越大,表明估计值的代表性越小,也就是相关点的离散程度越大;这个数值越小,则说明估计值的代表性越大,也就是相关点的离散程度越小。如果 $S_{yx} = 0$,就是 y 和 y_c 没有差异,从散布图上看,则表明所有的相关点全在 y_c 这条直线上,说明估计值完全准确。

2. 根据 a、b 两个参数值计算

上述计算估计标准误差的方法是用平均误差来表现的,但是计算比较麻烦,需计算出所有的估计值。如果已知直线回归方程的参数值,则有一个比较简便的计算方法。其计算公式为:

$$S_{yx} = \sqrt{\frac{\sum y^2 - a(\sum y) - b(\sum xy)}{n-2}}$$

(三) 相关系数和估计标准误差的关系

这两个指标在数量上具有如下关系:

$$r = \sqrt{\frac{\sigma_y^2 - S_{yx}^2}{\sigma_y^2}} = \sqrt{1 - \frac{S_{yx}^2}{\sigma_y^2}}$$

计算结果有时与以前的结果基本相同,所产生的较小误差是由于计算过程中小数点取位多少所致。这也是相关系数的一种计算方法,但是这种计算方法一般并不使用,因为它要求先拟合回归直线,解出直线回归方程,计算出估计标准误差,然后才能进行这种推算。而从认识的一般程序来讲,首先要知道现象间关系是否密切,如果关系不密切,回归直线价值不大,就不去进行下一步计算了。只有证明了相关关系比较密切,回归直线有实用价值,才去配合回归直线,用它来进行估计或预测。而且这样计算出来的 r,不能判明是正相关或负相关。

所以实际工作中常常采用另一种推算方法,即根据相关系数 r 去推算估计标准误差 S_{yx}。推算公式可以从上述关系公式推演出来。

$$r = \sqrt{1 - \frac{S_{yx}^2}{\sigma_y^2}}$$

$$r^2 = 1 - \frac{S_{yx}^2}{\sigma_y^2}$$

$$S_{yx}^2 = \sigma_y^2(1 - r^2)$$

$$S_{yx} = \sigma_y \sqrt{1 - r^2}$$

(1) r 值越大,S_{yx} 值越小。r 值越大,说明相关程度越密切,这时 S_{yx} 值越小,也就是相关点距离回归直线比较近。当 r 值大到 $r = \pm 1$ 时,即完全相关时,则 $S_{yx} = \sigma_y \sqrt{1 - r^2} = \sigma_y \times 0 = 0$,即估计标准误差等于 0。从散布图上看,就是说所有的相关点全在回归直线 y_c 上,这也就是完全相关。

（2）r 值越小，则 S_{yx} 值越大。r 值越小，说明相关程度越不密切，这时 S_{yx} 值越大。从散布图上看，也就是相关点距离回归直线比较远。当 r 值小到 $r=0$ 时，即不相关时，则：

$$S_{yx} = \sigma_y \sqrt{1-r^2} = \sigma_y \times \sqrt{1-0} = \sigma_y$$

即估计标准误差等于 y 数列的标准差。这说明相关点与回归直线的距离和相关点与 y 数列的平均线的距离一样，也就是说，回归直线和 y 数列的平均线是同一条直线。在这种情况下，相关点的 x 值不管怎样变化，y_c 的值始终不变，永远等于 y 数列的平均值，这当然就是不相关了。

相关系数和估计标准误差可以从不同角度说明相关关系密切与否。由于相关系数表明关系程度比较明确，而且能直接辨别出是正相关还是负相关，所以一般情况下相关系数用得较多。

（四）多元线性回归估计标准误差的测定

与简单直线回归估计标准误差的测定方程相似，多元线性回归估计标准误差的测定公式为（以二元回归为例）：

$$S_{yx} = \sqrt{\frac{\sum(y-y_c)^2}{n-3}}$$

公式中，y 为因变量的实际值；y_c 为回归方程式计算的估计值；n 为样本单位数。

二元回归有两个自变量，估计标准误差就有 $n-3$ 个自由度。上式计算公式计算过程较复杂，可应用下列简捷公式：

$$S_{yx} = \sqrt{\frac{\sum y^2 - a\sum y - b_1\sum x_1 y - b_2\sum x_2 y}{n-3}}$$

练习题

一、单项选择题

1. 当价格不变时销售额与销售量之间存在（　　）。
   A. 相关关系　　　B. 因果关系　　　C. 函数关系　　　D. 比较关系
2. 当自变量按一定数量变化时，因变量也大致按照一个固定的量变化，这时两个变量之间存在（　　）。
   A. 线性相关关系　B. 曲线相关关系　C. 负相关关系　　D. 正相关关系
3. 当变量 x 值增加时，变量 y 值随之下降，那 x 和 y 两个变量之间存在（　　）。
   A. 正相关关系　　　　　　　　　B. 负相关关系
   C. 曲线相关关系　　　　　　　　D. 直线相关关系

4. 相关系数( )。

A. 只适用于直线相关

B. 只适用于曲线相关

C. 既可用于直线相关,也可用于曲线相关

D. 既不适用于直线相关,也不适用于曲线相关

5. 已知 $\sum(x-\bar{x})^2$ 是 $\sum(x-\bar{x})(y-\bar{y})$ 的 2.1 倍,而 $\sum(x-\bar{x})^2$ 是 $\sum(y-\bar{y})^2$ 的 3.2 倍,则相关系数 r 为( )。

A. 不能计算　　B. 0.6　　C. 0.85　　D. $\dfrac{2.1}{\sqrt{3.2}}$

6. 相关系数 r 的取值范围是( )。

A. $0 \leqslant r \leqslant 1$　　B. $-1 \leqslant r \leqslant 1$　　C. $-1 \leqslant r \leqslant 0$　　D. $0 < r$

7. 如果变量 x 和变量 y 之间的相关系数为 -0.85,则说明两变量之间是( )。

A. 高度相关关系　B. 完全相关关系　C. 低度相关关系　D. 完全不相关

二、判断题

1. 两个变量之间为完全相关即两个变量之间为函数关系。( )
2. 在相关系数的计算中,如果互换自变量和因变量,计算结果会不同。( )
3. x 与 y 的相关系数为 0.89,z 与 y 的相关系数为 -0.92,所以 x 与 y 的相关程度高。( )
4. 相关系数 $r=0$,则两个变量之间没有相关关系。( )
5. 相关系数 r 越大,则变量之间的线性相关关系越强。( )
6. 简单线性回归中,若回归系数为正数,则相关系数也为正数。( )
7. 在简单线性回归中,判定系数等于相关系数。( )
8. 在多元线性回归中,F 检验和 t 检验等价。( )

三、简答题

1. 相关关系与函数关系的区别和联系是什么?
2. 相关关系按形式与程度不同分为哪几类?
3. 相关分析的主要内容有哪些?
4. 在直线回归方程 $y_c = a + bx$ 中,参数 a 和 b 的几何意义和经济意义各是什么?简单线性回归中,相关系数和估计标准误差有什么关系?
5. 曲线回归分析如何转化为线性回归分析?请以本书介绍的三种曲线回归为例进行说明。

四、计算题

1. 为了调查某商品广告投入对销售收入的影响,某企业记录了七个月的销售收

入 y(万元)和广告费用 x(万元),如下表所示：

月份	1	2	3	4	5	6	7
x	12	23	16	32	43	34	56
y	100	110	90	160	230	150	300

(1) 绘制散布图,编制相关表；

(2) 判断 x 与 y 之间的相关关系的类型；

(3) 计算 x 与 y 的相关系数。

2. 由第 1 题的数据,要求：

(1) 对相关系数进行显著性检验($\alpha = 0.05$)；

(2) 建立直线回归方程。

3. 已知：$n = 15$, $\sum x = 40$, $\sum y = 520$, $\sum x^2 = 120$, $\sum y^2 = 26780$, $\sum xy = 1710$。

要求：

(1) 计算相关系数；

(2) 建立直线回归方程；

(3) 计算估计标准误差。

4. 对某地区 2008—2014 年的居民月均收入和商品销售额的资料统计如下:

年份	2008	2009	2010	2011	2012	2013	2014
月均收入(千元)	1.31	1.38	1.49	1.6	1.74	1.78	1.82
商品销售额(万元)	2 600	3 060	3 390	4 030	4 210	4 320	4 620

(1) 月均收入为自变量,商品销售额为因变量,建立直线回归方程;

(2) 假设 2019 年月均收入为 2.01 千元,推算 2019 年该地区的商品销售额。

第十一章 Excel 在统计中的应用

【案例导入】

按收入高低分组	2014 年		
	可支配收入(元/人)	调查人数(人)	比重(%)
低收入	2 970.38	450	15.51
中下收入	4 710.44	408	14.06
中等收入	6 222.17	765	26.37
中上收入	7 986.99	638	21.99
高收入	12 651.28	325	11.21
最高收入	16 091.81	315	10.86
合计	—	2 901	100.00

对于给出的数据有些是不能直观地看出来的,这时候我们就可以通过 Excel 绘制不同的表格或者进行各种统计分析。例如,我们想直观地看出上表中各个等级的收入占总体的多大比重,可以绘制百分比饼图,这样就能更形象地看出各个等级收入的比重大小。在学习了本章以后我们会更多地利用数据来绘制各种图表,以便更直接地看出一些结论。

【重点与难点】

Excel 是 Office 办公软件中的组件之一,具有强大的数据处理功能,适用于经济管理中数理统计、科学数据处理等方面。本章主要以具体实例的形式介绍 Excel 在统计学中的应用,主要包括 Excel 在统计描述中的基本操作、统计图的绘制与表格的编辑、函数与分析工具的使用等。本章重点介绍了如何将 Excel 应用于统计学中的问题,其难点是理解在实践中如何利用 Excel 的数据分析模块处理经济学中的实际问题。

第一节　Excel 工具的介绍

Microsoft Excel 是 Microsoft Office 的组件之一,是由美国微软公司为 Windows 和 Apple Macintosh 操作系统的电脑而编写和运行的一款试算表软件。直观的界面、出色的计算功能和图表工具,再加上成功的市场营销,使 Excel 成为最流行的微机数据处理软件。1993 年,作为 Microsoft Office 的组件发布了 5.0 版之后,Excel 就成为所适用操作平台上的电子制表软件的霸主,是目前应用最为广泛的办公室表格处理软件之一。

自 Excel 诞生以来,随着版本的不断提高,Excel 软件的强大的数据处理功能和操作的简易性逐渐进入一个新的境界,整个系统的智能化程度也不断提高,它甚至可以在某些方面判断用户的下一步操作,使用户操作大为简化。Excel 具有强大的数据库管理功能、丰富的宏命令和函数、决策支持工具、图表绘制功能、宏语言功能、样式功能、对象连接和嵌入功能、连接和合并功能,并且操作简捷,这些特性已使 Excel 成为现代办公软件重要的组成部分。本书重点介绍 Excel 2007 在统计分析中的应用。

由于 Excel 使用方便、学习门槛低、普及性较高,对于 Excel 的安装、界面的介绍等基础部分,本书在此省略,直接介绍使用 Excel 作为统计分析工具,使读者快速掌握应用统计学中的一些常用分析方法。

一、表格处理功能

Excel 拥有丰富、大型的表格,一个 Excel 工作簿窗口包含 16 张独立的工作表(sheet)。每个工作表是一个由行和列组成的表格,其行号和列号分别用字母与数字区别。行由上至下范围 1—65 536,列号则由左到右采用字母编号 A—IV,因此每张表为 256 列 × 65 536 行。每一个行、列坐标所指定的位置称为单元格,每张表共包括 16 777 216 个单元格,若从 Excel 导入的数据超过以上范围,则会被 Excel 自动截去,这样大型的表格对于绝大多数用户来说足够了。开始时,窗口中显示第一张工作表"Sheet1",该表为当前工作表。当前工作表只有一张,用户可通过点击工作表下方的标签激活其他工作表为当前工作表。在表格的单元格中,我们不仅可以存放数值、文字、图形、图表、符号、公式等内容,而且还可以任意地旋转或进行缩进与换行,可以横向或纵向合并多个单元格,而且表格的边框格式也可以任意设置。

工作表标签通常用"Sheet1""Sheet2"等名称来表示,用户也可以通过用鼠标右击标签名,选择弹出菜单中"重命名"命令来修改标签名。Excel 一般同时显示工作表队列中的前 3 个标签。利用标签队列左边的一组标签滚动按钮可显示队列中的后续工作表的标签。工作簿窗口中的工作表称为当前工作表,当前工作表的标签为白色,其他为灰色。

二、图形功能

我们知道,图形是数据最为直观的表现形式,因此图形的表达效果对于描述数据来说是非常重要的。Excel 拥有丰富的图形类型可供选择,它提供了多达 14 种图表,有柱形图、条形图、折线图、饼图、XY 散布图、面积图、圆环图、雷达图、曲面图、气泡图、股价图、圆柱图、圆锥图以及棱锥图,并且这些图形类型又分了不同的子类型,可以让用户自由选择、搭配,使得图形的表达效果尽量合适、直观。此外,用户还可以根据自己特殊的需求,自定义图表类型。

Excel 的图表使用非常方便,因为它提供了图表向导,用户只需要根据提示,结合自身的需求,就可以自动画出让人满意的图表。Excel 的图表格式可以任意改变,根据设置选项,用户就可以设置出满意的格式,使得图表获得最佳的外观效果。

三、函数功能

在使用 Excel 进行数据分析时,会经常使用到 Excel 中的一些函数和数据分析工具。其中,函数是 Excel 预定义的内置公式。Excel 提供了丰富的函数功能,包括财务、日期与时间、数学与三角、统计、查找与引用、数据库、文本、逻辑、信息共九大类几百个函数。用户可以自定义函数满足需求,这使得 Excel 函数的运用变得非常灵活。它可以接受被称为参数的特定数值,按函数的内置语法结构进行特定计算,最后返回一定的函数运算结果。例如,Sum 函数对单元格或单元格区域执行相加运算,Pmt 函数在给定的利率、贷款期限和本金数额基础上计算偿还额。函数的语法以函数名称开始,后面是左圆括号、以逗号隔开的参数和右圆括号。参数可以是数字、文本、形如 True 或 False 的逻辑值、数组、形如#N/A 的错误值或单元格引用。给定的参数必须能产生有效的值。参数也可以是常量、公式或其他函数。Excel 这种丰富的函数功能足以满足众多领域的用户对数据处理与分析的要求。

四、分析工具

Excel 还提供了一组数据分析工具,称为分析工具库,在建立复杂的统计分析时,使用现成的数据分析工具,可以节省很多时间。只需为每一个分析工具提供必要的数据和参数,该工具就会使用适宜的统计或数学函数,在输出表格中显示相应的结果。其中的一些工具在生成输出表格的同时还能产生图表。如果要浏览已有的分析工具,可以单击"工具"菜单中的"数据分析"命令。如果"数据分析"命令没有出现在"工具"菜单上,则必须运行"安装"程序来加载分析工具库。安装完毕 Excel 之后,必须通过"加载宏"命令,在"加载宏"对话框中选择并启动它。

在本章的学习中,主要通过使用 Excel 中的数据分析宏进行相关统计分析。下面主要介绍数据分析宏的界面。

假设系统中已经安装了 Microsoft Office 2007 系列应用程序,其中包括 Microsoft Office Excel 2007,这时,打开 Excel,单击【Office 按钮】→【Excel 选项】→【加载项】→【分析工具库】,如图 11-1 所示。

图 11-1

单击【确定】后,将转到所选宏的安装界面,如图 11-2 所示。

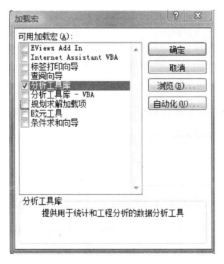

图 11-2

【加载宏】中有多个选项,选中所要加载的【分析工具库】,单击【确定】后,系统将从安装盘中读取信息,加载所需要的【分析工具库】。

确认加载上宏后,打开 Excel 程序,单击工具栏中【数据】选项,将看到如图 11-3 的界面,工具栏最右边可以看到【数据分析】工具。单击【数据分析】,将打开【数据分析】对话框,如图 11-4 所示。

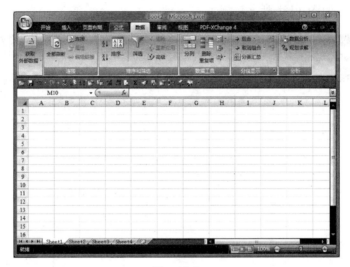

图 11-3

图 11-4

从图 11-4 中可以看到,Excel 提供的数据分析工具有很多,包括方差分析、相关分析、描述统计、指数平滑、移动平均、回归以及假设检验等,几乎涵盖了统计学中的所有基本方法。

第二节 Excel 在描述统计中的基本应用

一、抽样

Excel 中带有抽样的工具,包括函数与抽样分析工具。其中 Rand 函数可以返回大于等于 0 小于 1 的均匀分布随机数，Rand 不带任何参数运行，每次计算时都将返回一个新的数值。Rand 函数可以被用来作为不重复抽样调查的工具。

如图 11-5 所示有 10 个象征性的样本数据，若需要从中随机抽取 5 个数据，操作步骤如下：

	A
1	X1
2	1
3	2
4	3
5	4
6	5
7	6
8	7
9	8
10	9
11	10

图 11-5

步骤 1：在 B1 单元格输入"random"，选取 B2 单元格，输入公式"=RAND()"并回车 。

步骤 2：拖动 B2 单元格右下角的填充柄至 B11 单元格。

步骤 3：选取单元格 B2 至 B11，右击选中的区域选择【复制】，再次右击选中的区域，选择【选择性粘贴】，单击选项【数值】后，单击【确定】按钮。

步骤 4：选取单元格 A2 至 B11 单元格，选择【数据】菜单项下的排序子菜单。

步骤 5：选取"random"为主要关键字，然后单击【确定】按钮。

排序结果如图 11-6 所示，A2 至 A6 单元格的样本即随机抽取的 5 个样本。这种方法为不重复随机抽样。

	A	B
1	X1	random
2	10	0.085025
3	2	0.092037
4	7	0.150718
5	1	0.225653
6	5	0.320537
7	9	0.473123
8	8	0.608524
9	4	0.798861
10	6	0.81203
11	3	0.852229

图 11-6

利用 Excel 的 Randbetween(Top, Bottom)函数还能够进行总体的重复随机抽样。Randbetween(Top, Bottom)函数可随机返回介于 Top 与 Bottom 之间的整数，抽取此整数对编号的样本可作为总体的重复随机抽样的结果。

使用 Rand 函数返回的是 0 与 1 之间均匀的随机数,利用 Excel 数据分析工具中的随机数发生器,可以生成用户指定类型分布的随机数。例如,0-1 正态分布的随机数,指定 γ 参数的泊松分布的随机数等。

也可以使用分析工具数据分析中的抽样功能,抽样分析工具以数据源区域为总体,从而为其创建一个样本。如果确认数据源区域中的数据是周期性的,还可以仅对一个周期中特定时间段中的数值进行采样。单击【数据】→【数据分析】,弹出【数据分析】对话框后,选择【抽样】,单击【确定】,将弹出【抽样】对话框,如图 11-7 所示。例如,如果数据源区域包含季度销售量数据,则以 4 为周期进行采样,将在输出区域中生成与数据源区域中相同季度的数值。

图 11-7

二、集中趋势指标与变异指标

集中趋势是指一组数据向某一中心值靠拢的倾向,它反映了一组数据中心点的位置所在,确定集中趋势指标值就是寻找数据水平的代表值或中心值。常见的集中趋势指标包括平均数、中位数、众数等。

(一) 平均数

平均数(mean)是最常被用来描述数据集中趋势的指标,从统计思想上看,是一组数据的重心位置,是数据误差相互抵消后的必然结果。平均数可分为算术平均数、几何平均数和调和平均数。

(二) 中位数

中位数(median)是指将数据按大小顺序排列起来,形成一个数列,居于数列中间位置的那个数据。从中位数的定义可知,所研究的数据中有一半小于中位数,一半大于中位数。中位数的作用与算术平均数相近,也是作为所研究数据的代表值。在一个等差数列或一个正态分布数列中,中位数就等于算术平均数。在数列中出现了极端变量值的情况下,用中位数作为代表值要比用算术平均数更好,因为中位数不受极端变量值的影响;如果研究目的就是反映中间水平,当然也应该用中位数。在统计数据的处理和分析时,可结合使用中位数。

(三) 众数

众数(mode)是指一组数据中出现次数最多的那个数据,一组数据可以有多个众数,也可以没有众数。众数是由英国统计学家皮尔生(Pearson)首先提出来的,是指社会经济现象中最普遍出现的标志值。从分布角度看,众数是具有明显集中趋势的数值。

集中趋势指标仅仅是数据分布的一个特征,反映的是数据组中各个数据向其中心值聚集的程度,而各个数据之间的差异状况还需要分散程度指标描述。分散程度指标也称为变异指标,是数据分布的另一个重要特征,它反映各个数据远离其中心值的程度或一组数据变异程度大小,变异指标值越大,数据间的差异性就越大,数据分布越分散,集中趋势值对该数据的代表性就越差;变异指标值越小,数据间的差异性就越小,数据分布越集中,集中趋势值对数据组的代表性就越好。变异指标一般包括全距、四分位距、方差、标准差和变异系数。

(四) 全距

全距(range)也称为极差,是指总体各单位的两个极端标志值之差。

(五) 四分位距

四分位差(quartile range)又称内距,也称为四分间距(inter-quartile range),是指将各个变量值按大小顺序排列,然后将此数列分成四等份,所得第三个四分位上的值与第一个四分位上的值的差。

(六) 方差

方差(variance)是各个数据与其算术平均数的离差平方和的平均数。方差的计量单位和量纲不便于从经济意义上进行解释,所以实际统计工作中多用方差的算术平方根(标准差)来测度统计数据的差异程度。

(七) 标准差

标准差(standard deviation)是一种表示分散程度的统计观念,是一组数值自平均值分散开来的程度的一种测量观念。一个较大的标准差,代表大部分的数值和其平均值之间差异较大;一个较小的标准差,代表这些数值较接近平均值。例如,两组数的集合{0,5,9,14}和{5,6,8,9}的平均值都是7,但第二个集合具有较小的标准差。

标准差可以当作不确定性的一种测量。例如,在物理科学中,做重复性测量时,测量数值集合的标准差代表这些测量的精确度。当要决定测量值是否符合预测值时,测量值的标准差占有决定性重要角色:如果测量平均值与预测值相差太远(同时与标准差数值做比较),则认为测量值与预测值互相矛盾。这很容易理解,因为值都落在一定数值范围之外,可以合理推论预测值是否正确。

(八) 变异系数

变异系数(coeffencient of variance)又称为标准差率,是衡量资料中各观测值变异程度的另一个统计量。当进行两个或多个资料变异程度的比较时,如果度量单位与平均数相同,可以直接利用标准差来比较。如果单位和(或)平均数不同时,比较其变异程度就不能采用标准差,而需采用标准差与平均数的比值(相对值)来比较。标准差与平均数的比值称为变异系数,记为 CV。变异系数可以消除单位和(或)平均数不同对两个或多个资料变异程度比较的影响。

除了集中趋势指标与变异指标之外,描述数据分布情况的指标还包括偏度(skewness)和峰度(kurtosis)。偏度是统计数据分布偏斜方向和程度的度量,是统计数据分布非对称程度的数字特征;峰度是指次数分布曲线顶峰的尖平程度,是次数分布的又一重要特征。统计上,常以正态分布曲线为标准来进行对比。

例 11-1 图 11-8 为某商店月销售额情况(单位:万元),为了了解商店经营状况,需要对这些数据进行统计分析。

	A	B
1	月份	销售额
2	1月	242
3	2月	235
4	3月	184
5	4月	178
6	5月	232
7	6月	206
8	7月	152
9	8月	110
10	9月	145
11	10月	184
12	11月	140
13	12月	152
14		

图 11-8

打开 Excel 数据文件,单击【工具】→【数据分析】,弹出【数据分析】对话框后,选择【描述统计】,如图 11-9 所示,单击【确定】,将弹出【描述统计】对话框,如图 11-10 所示。

对于图 11-8 中【描述统计】对话框各选项设置如下:

步骤 1,在【输入区域】中输入数据区域地址"$B$1:$B$13",【分组方式】选择"逐列"。

步骤 2,在【输出区域】中输入数据区域地址"$D$1",同时选定【汇总统计】,否

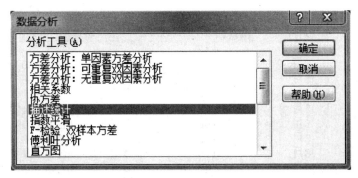

图 11-9

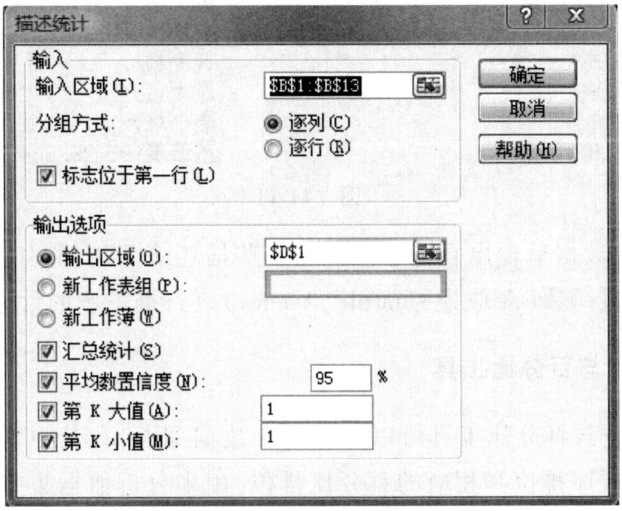

图 11-10

则输出结果将不包含平均数、中位数、众数、方差、峰值等统计量。

步骤3,【平均数置信度】默认为"95%",也可以直接根据需要对置信度进行修改。

步骤4,【第K大值】与【第K小值】默认为"1",表示最大值和最小值。

各个选项选定后,单击【确定】,将得到图11-11中的内容。

图11-11中包含例题数据的主要集中趋势指标与变异指标。从集中趋势指标来看,此商店每月的平均销售额为180万元(平均数);将销售额从低到高或者从高到低排序后,最中间的销售额为181万元(中位数);出现次数最多的销售额为184万元(众数);全年总销售额为2160万元(求和)。从变异指标来看,最高销售额为242万元(最大值),最低销售额为110万元(最小值),最高销售额与最低销售额的差额(区域、全距)为132万元;方差为1 779.818,标准差为42.187 89,数据呈现出一定的离散趋势;峰度为 -0.999 17<0,偏度为0.100 579>0,可以推断该年的销售额分

	A	B	C	D	E
1	月份	销售额			销售额
2	1月	242			
3	2月	235		平均	180
4	3月	184		标准误差	12.1786
5	4月	178		中位数	181
6	5月	232		众数	184
7	6月	206		标准差	42.18789
8	7月	152		方差	1779.818
9	8月	110		峰度	-0.99917
10	9月	145		偏度	0.100579
11	10月	184		区域	132
12	11月	140		最小值	110
13	12月	152		最大值	242
14				求和	2160
15				观测数	12
16				最大(1)	242
17				最小(1)	110
18				置信度(95	26.80491

图 11-11

布较为平坦,并且数据呈现出右偏态。还有一些描述统计指标,如四分位距、平均绝对离差等可以通过函数(对应为 Quartile、Avedev)进行进一步的计算。

三、制作排位与百分比工具

使用制作排位与百分比工具可以产生一个数据列表,在其中罗列给定数据集中各个数值的大小次序排位和相应的百分比排位,用来分析数据集中各数值间的相互位置关系。

例 11-2 根据图 11-8 商店销售额,进行排位和百分比分析,操作步骤如下:

步骤 1,用鼠标单击表中待分析数据的任一单元格。

步骤 2,选择【工具】菜单的【数据分析】子菜单。

步骤 3,用鼠标双击数据分析工具中的【排位与百分比】选项。

步骤 4,填写完【排位与百分比】对话框,单击【确定】按钮即可弹出【排位与百分比】对话框,如图 11-12 所示。

步骤 5,在【输入区域】中输入数据区域地址"$B$1:$B13",根据本数据情况,选择分组方式为"列"。

步骤 6,输入数据时选择了数据名称,因此选定【标志位于第一行】,在【输出区域】输入希望结果输出的位置"$D$1"。

各个选项选定后,单击【确定】,得到输出结果如图 11-13 所示,结果分为四列,第一列"点"是数值原来的存放位置,第二列是相应的数值,第三列是数值的排序号,第四列是数值的百分比排位,它的计算方法是,小于该数值的数值个数/(数值总个

图 11-12

	A	B	C	D	E	F	G
1	月份	销售额		点	销售额	排位	百分比
2	1月	242		1	242	1	100.00%
3	2月	235		2	235	2	90.90%
4	3月	184		5	232	3	81.80%
5	4月	178		6	206	4	72.70%
6	5月	232		3	184	5	54.50%
7	6月	206		10	184	5	54.50%
8	7月	152		4	178	7	45.40%
9	8月	110		7	152	8	27.20%
10	9月	145		12	152	8	27.20%
11	10月	184		9	145	10	18.10%
12	11月	140		11	140	11	9.00%
13	12月	152		8	110	12	0.00%

图 11-13

数 -1)。根据数据排位与百分比结果,可以看出 1 月份的销售额最高,达到 242 万元,其次是 2 月,销售额最低的月份为 8 月,仅为 110 万元,因此判断,此商店销售情况受季节影响较大。

第三节 Excel 实验

一、相关分析

在现实中,研究者经常会发现其研究对象之间存在某种相互影响、相互制约的关系,即一些变量变化时会影响另外一些变量的变化,我们就称这些变量之间存在某种相关关系。相关分析(correlation analysis)是一种判别或检验变量之间线性相关程度的统计方法。例如,以 X 和 Y 分别记一个人的身高和体重,或分别记为每公顷施肥量与每公顷小麦产量,则 X 与 Y 显然有关系,而又没有确切到可由其中的一个去精确地决定另一个的程度,这就是相关关系。

例 11-3　图 11-14 为云南省 2000—2009 年 GDP 与固定资产投资历史数据，使用相关分析方法，可以得到这两组数据之间的关系，操作步骤如下：

	A	B	C
1	年份	GDP（亿元）	固定资产投资总额（亿元）
2	2000	2011.19	697.94
3	2001	2138.31	734.81
4	2002	2312.82	828.65
5	2003	2556.02	1021.18
6	2004	3081.91	1330.6
7	2005	3472.89	1755.3
8	2006	4006.72	2220.45
9	2007	4741.31	2798.89
10	2008	5700.1	3526.6
11	2009	6169.75	4527.02

图　11-14

步骤 1，单击【数据】→【数据分析】，弹出【数据分析】对话框后，选择【相关系数】，单击【确定】，将弹出【相关系数】对话框，如图 11-15 所示。

图　11-15

步骤 2，【输入区域】中输入数据区域地址"＄B＄1：＄C＄11"，根据本数据情况，选择分组方式为"逐列"。

步骤 3，输入数据时选择了数据名称，因此选中【标志位于第一行】，在【输出区域】输入希望结果输出的位置"＄E＄1"。

步骤 4，各个选项选定后，单击【确定】，得到输出结果，如图 11-16 所示。

E	F	G
	GDP（亿元）	固定资产投资总额（亿元）
GDP（亿元）	1	
固定资产投资总额（亿元）	0.99164604	1

图　11-16

GDP 与固定资产投资之间的相关系数如图 11-16 所示,GDP 与固定资产投资相关系数为 0.99164604,高度正相关。

二、回归分析

相关分析研究的是现象之间是否相关、相关的方向和密切程度,一般不区别自变量或因变量。而回归分析(regression analysis)则要分析现象之间相关的具体形式,确定其因果关系,并用数学模型来表现其具体关系。相关分析与回归分析在实际应用中有密切关系。然而在回归分析中,所关心的是一个随机变量 Y 对另一个(或一组)随机变量 X 的依赖关系的函数形式。而在相关分析中,所讨论的变量的地位一样,分析侧重于随机变量之间的种种相关特征。例如,以 X、Y 分别记小学生的数学成绩与语文成绩,人们感兴趣的是二者的关系如何,而不在于由 X 去预测 Y。

回归分析是确定两种或两种以上变量间相互依赖的定量关系的一种统计分析方法。一般来说,回归分析是通过规定因变量和自变量来确定变量之间的因果关系,建立回归模型,并根据实测数据来求解模型的各个参数,然后评价回归模型是否能够很好地拟合实测数据;如果能够很好地拟合,则可以根据自变量作进一步预测。回归分析按照涉及的自变量的多少,可分为一元回归分析和多元回归分析。

(一) 一元线性回归

在回归分析中,只包括一个自变量和一个因变量,且二者的关系可用一条直线近似表示,这种回归分析称为一元线性回归分析。

例 11-4 在相关分析中,发现云南省 GDP 与固定资产投资强正相关,使用一元线性回归模型能够进一步分析固定资产投资对 GDP 的影响程度。

将 GDP 与固定资产投资总额两组数据画散布图,如图 11-17 所示,可以清晰地看出两个变量之间呈现的线性关系。散布图能够较为清晰地展现变量之间的关系,

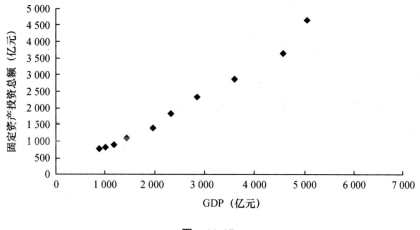

图 11-17

在回归分析之前,经常使用散布图大概判断因变量与自变量之间的关系。操作步骤如下:

步骤1,单击【数据】→【数据分析】,弹出【数据分析】对话框后,选择【回归】,单击【确定】,将弹出【回归】对话框,如图11-18所示。

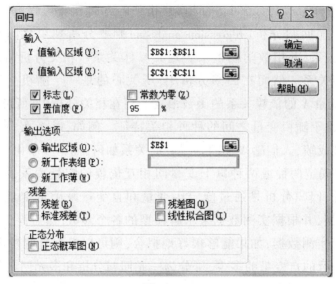

图 11-18

步骤2,【Y值输入区域】中输入因变量数据区域地址"$B$1:$B$11"。

步骤3,【X值输入区域】中输入自变量数据区域地址"$C$1:$C$11"。

步骤4,输入数据时选择了数据名称,因此选中【标志】项;【常数为零】选项默认为不选中,即回归方程中包括常数项,选中此选项则回归方程中不包含常数项;选中【置信度】选项,结果中将呈现置信度,默认置信度为95%,也可根据需要进行设置。

步骤5,在【输出区域】输入希望结果输出的位置"$E$1"。

步骤6,【残差】区域中,有针对残差所作的一系列选项,如要结果中包括残差图,则选中【残差图】选项。【正态分布】区域中若选中【正态概率图】,则结果中将包括正态概率图。

步骤7,各个选项选定后,单击【确定】,得到输出结果,如图11-19所示。

从图11-19中可以看出,回归模型可决系数 $R^2 = 0.98$,说明回归方程拟合得很好;F 检验显著,常数项与固定资产投资的 t 检验也显著,即通过了 t 检验和 F 检验,由分析结果可以得到回归方程:

$$y = 1\,420.27 + 1.131x$$

即 GDP = 1 420.27 + 1.131 × 固定资产投资。经济含义为,当固定资产投资为零时,GDP为1 420.27亿元;当固定资产投资变动1单位时,GDP则变动1.131个单位。

	E	F	G	H	I	J	K	L	M
1	SUMMARY OUTPUT								
2									
3	回归统计								
4	Multiple R	0.991646039							
5	R Square	0.983361866							
6	Adjusted R Square	0.9812821							
7	标准误差	204.8170929							
8	观测值	10							
9									
10	方差分析								
11		df	SS	MS	F	Significance F			
12	回归分析	1	19834951.22	19834951.22	472.8232	0.0000			
13	残差	8	335600.3323	41950.04154					
14	总计	9	20170551.55						
15									
16		Coefficients	标准误差	t Stat	P-value	Lower 95%	Upper 95%	下限 95.0%	上限 95.0%
17	Intercept	1420.270351	120.0854687	11.82716249	0.0000	1143.352764	1697.188	1143.353	1697.188
18	固定资产投资总额（亿元）	1.131002461	0.052013273	21.74449724	0.0000	1.01105964	1.250945	1.01106	1.250945

图 11-19

（二）多元线性回归

回归分析中包括两个或两个以上的自变量，且因变量和自变量之间是线性关系，则称为多元线性回归分析。

例 11-5 使用一元线性回归模型，我们分析了固定资产投资对 GDP 的影响程度。若要分析 GDP 与固定资产投资总额、社会消费品零售总额之间的关系，则需要进行多元线性回归分析，原始数据如图 11-20 所示。

	A	B	C	D
1	年份	GDP(亿元)	固定资产投资总额（亿元）	社会消费品零售总额（亿元）
2	2000	2011.19	697.94	583.1702
3	2001	2138.31	734.81	640.7957
4	2002	2312.82	828.65	711.25
5	2003	2556.02	1021.18	782.458
6	2004	3081.91	1330.6	915.31
7	2005	3472.89	1755.3	1034.4024
8	2006	4006.72	2220.45	1188.88
9	2007	4741.31	2798.89	1394.54
10	2008	5700.1	3526.6	1718.54
11	2009	6169.75	4527.02	2051.06

图 11-20

将 GDP 与固定资产投资、社会消费品零售总额两组数据画散布图，如图 11-21 和图 11-22 所示，可以清晰地看出两幅散布图都呈现出线性关系。

在此，作为示范，还对原数据进行了对数处理，经验研究表明，对于全为正数且数值较大的变量，通常进行对数处理（自然对数）。这样做的两个主要目的为：(1) 压扁方差；(2) 使数据呈现正态分布。

使用函数 Ln( )，对 GDP、固定资产投资总额、社会消费品零售总额取自然对数，得到图 11-23。

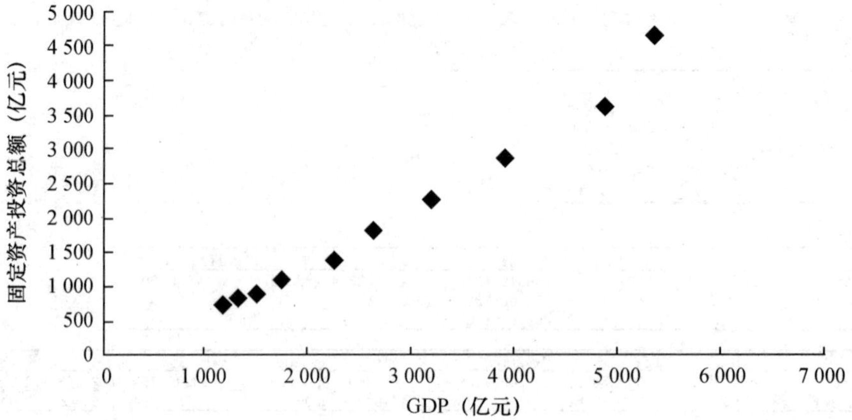

图 11-21

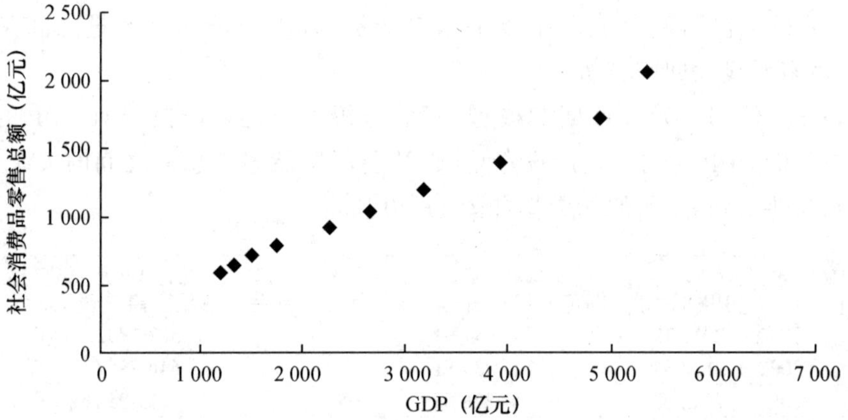

图 11-22

	A	B	C	D
15	年份	GDP(亿元)	固定资产投资总额（亿元）	社会消费品零售总额（亿元）
16	2000	7.61	6.55	6.37
17	2001	7.67	6.60	6.46
18	2002	7.75	6.72	6.57
19	2003	7.85	6.93	6.66
20	2004	8.03	7.19	6.82
21	2005	8.15	7.47	6.94
22	2006	8.30	7.71	7.08
23	2007	8.46	7.94	7.24
24	2008	8.65	8.17	7.45
25	2009	8.73	8.42	7.63

图 11-23

数据取对数后，进一步操作步骤如下：

步骤1,单击【数据】→【数据分析】,弹出【数据分析】对话框后,选择【回归】,单击【确定】,将弹出【回归】对话框,如图11-24所示。

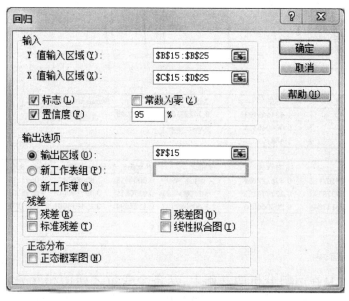

图 11-24

步骤2,【Y值输入区域】中输入因变量数据区域地址"\$B\$15:\$B\$25"。

步骤3,【X值输入区域】中输入自变量数据区域地址"\$C\$15:\$D\$25"。

步骤4,输入数据时选择了数据名称,因此选中【标志】项;【常数为零】选项默认为不选中,即回归方程中包括常数项,选中此选项则回归方程中不包含常数项;选中【置信度】选项,结果中将呈现置信度,默认置信度为95%,也可根据需要进行设置。

步骤5,在【输出区域】输入希望结果输出的位置"\$F\$15"。

步骤6,【残差】区域中,有针对残差所作的一系列选项,例如:要结果中包括残差图,则选中【残差图】选项。【正态分布】区域中若选中【正态概率图】,则结果中将包括正态概率图。

步骤7,各个选项选定后,单击【确定】,得到输出结果,如图11-25所示。

从图11-25中可以看出,回归模型可决系数$R^2=0.997$,说明回归方程拟合得很好;F检验显著,常数项与固定资产投资的t检验也显著,即通过了t检验和F检验,但社会消费品零售总额没有通过t检验,由分析结果可以得到回归方程:

$$y = 2.93 + 0.397x_1 + 0.326x_2$$

即GDP = 2.93 + 0.397 × 固定资产投资 + 0.326 × 社会消费品零售总额。经济含义为,固定资产投资对GDP的弹性系数为0.397;社会消费品零售总额对GDP的弹性系数为0.326。

SUMMARY OUTPUT

回归统计	
Multiple R	0.998640074
R Square	0.997281997
Adjusted R Squa	0.996505424
标准误差	0.024042575
观测值	10

方差分析

	df	SS	MS	F	Significance F
回归分析	2	1.484663303	0.742331652	1284.2099	0.0000
残差	7	0.004046318	0.000578045		
总计	9	1.488709621			

	Coefficients	标准误差	t Stat	P-value	Lower 95%	Upper 95%	下限 95.0%	上限 95.0%
Intercept	2.933107156	0.476289069	6.15824999	0.0004638	1.806862472	4.0593518	1.8068625	4.0593518
固定资产投资总	0.397378243	0.127774181	3.110004221	0.0170811	0.095240315	0.6995162	0.0952403	0.6995162
社会消费品零售	0.326143045	0.203066566	1.606089332	0.1522894	-0.154033081	0.8063192	-0.154033	0.8063192

图　11-25

（三）回归预测

回归预测就是在回归分析的基础上，从各个变量之间的相互关系出发，通过对与被预测对象有联系的因素变动趋势的分析，推算出被预测对象未来状态的一种预测方法。与回归分析对应，回归预测也可根据自变量与因变量之间的关系是否有线性相关关系，分为线性回归预测和非线性回归预测。其中，线性回归预测又可分为一元线性回归预测和多元线性回归预测，其原理类似，在此以一元线性回归预测为例，预测 2010 年云南省固定资产投资为多少，如图 11-26 所示。操作步骤如下：

	A	B
1	年份	固定资产投资总额（亿元）
2	2000	697.94
3	2001	734.81
4	2002	828.65
5	2003	1021.18
6	2004	1330.6
7	2005	1755.3
8	2006	2220.45
9	2007	2798.89
10	2008	3526.6
11	2009	4527.02

图　11-26

步骤 1，单击【数据】→【数据分析】，弹出【数据分析】对话框后，选择【回归】，单击【确定】，将弹出【回归】对话框，如图 11-27 所示。

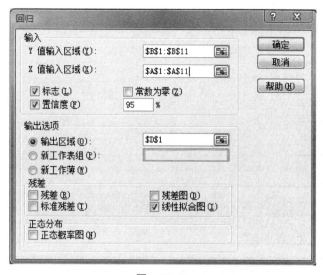

图 11-27

步骤 2，【Y 值输入区域】中输入因变量数据区域地址"$B$1:$B$11"。

步骤 3，【X 值输入区域】中输入自变量数据区域地址"$A$1:$A$11"。

步骤 4，输入数据时选择了数据名称，因此选中【标志】项；【常数为零】选项默认为不选中，即回归方程中包括常数项，选中此选项则回归方程中不包含常数项；选中【置信度】选项，结果中将呈现置信度，默认置信度为 95%，也可根据需要进行设置。

步骤 5，在【输出区域】输入希望结果输出的位置"$D$1"。

步骤 6，【残差】区域中，有针对残差所作的一系列选项，选中【线性拟合图】选项。

步骤 7，各个选项选定后，单击【确定】，得到输出结果，如图 11-28 所示。

从图 11-28 中可以看出，回归模型可决系数 $R^2=0.9$，说明回归方程拟合得很好；F 检验显著，常数项与固定资产投资的 t 检验也显著，即通过了 t 检验和 F 检验。

由分析结果可以得到回归预测方程：

$$\text{固定资产投资} = -822\,670.224606061 + 411.3816t$$

代入 $t=2010$，得到 2010 年固定资产投资为 4 206.7914 亿元，如图 11-29 所示。

三、方差分析

影响某一事物的因素很多，每一个因素的改变都可能影响其数量或质量等指标，因此，通过改变因素的水平观测指标变化找出主要影响因素的方法称为方差分析（ANOVA）。

（一）单因素方差分析

单因素方差分析，用于完全随机设计的多个样本均数间的比较，其统计推断是推断各样本所代表的各总体均数是否相等。

	D	E	F	G	H	I	J	K	L
	SUMMARY OUTPUT								
	回归统计								
	Multiple	0.948899							
	R Square	0.900409							
	Adjusted	0.88796							
	标准误差	439.3576							
	观测值	10							
	方差分析								
		df	SS	MS	F	gnificance F			
	回归分析	1	13961871	13961871	72.32814	2.8E-05			
	残差	8	1544281	193035.1					
	总计	9	15506152						
		Coefficien	标准误差	t Stat	P-value	Lower 95%	Upper 95%	下限 95.0%	上限 95.0%
	Intercept	-822670	96961.14	-8.48454	2.85E-05	-1046263	-599077	-1046263	-599077
	年份	411.3816	48.37168	8.504595	2.8E-05	299.8363	522.9269	299.8363	522.9269
	RESIDUAL OUTPUT								
	观测值	资产投资总	残差						
	1	92.92691	605.0131						
	2	504.3085	230.5015						
	3	915.6901	-87.0401						
	4	1327.072	-305.892						
	5	1738.453	-407.853						
	6	2149.835	-394.535						
	7	2561.216	-340.766						
	8	2972.598	-173.708						
	9	3383.98	142.6205						
	10	3795.361	731.6589						

图 11-28

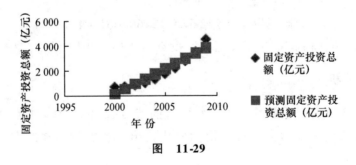

图 11-29

例 11-6 给小白鼠喂 A、B、C、D 四种不同的营养素,以了解不同营养素对于小白鼠体重的影响。现将体重基本相同的 24 只小白鼠随机分为 3 组,每组 8 只,3 周后测量体重结果。

根据个人习惯,在录入数据时,可设因素水平为行或者实验对象为行,而不同的数据排列,在 Excel 中的操作也不相同。在本例题中,选择实验对象为行,得到的数据如图 11-30 所示。

	A	B	C	D	E
1	小白鼠编号	A营养素	B营养素	C营养素	D营养素
2	1	6.86	6.9	5.69	2.7
3	2	7.16	6.58	6.64	3.21
4	3	7.2	6.73	5.88	4.61
5	4	7.05	5.91	6.5	3.69
6	5	8.48	5.79	4.5	2.29
7	6	7.88	6.75	3.5	3.88
8	7	7.83	6.48	6.17	3.72
9	8	8.72	6.71	3.36	2.88

图 11-30

步骤 1,单击【数据】→【数据分析】,弹出【数据分析】对话框后,选择【方差分析:单因素方差分析】,如图 11-31 所示,单击【确定】,将弹出【方差分析:单因素方差分析】对话框,如图 11-32 所示。

图 11-31

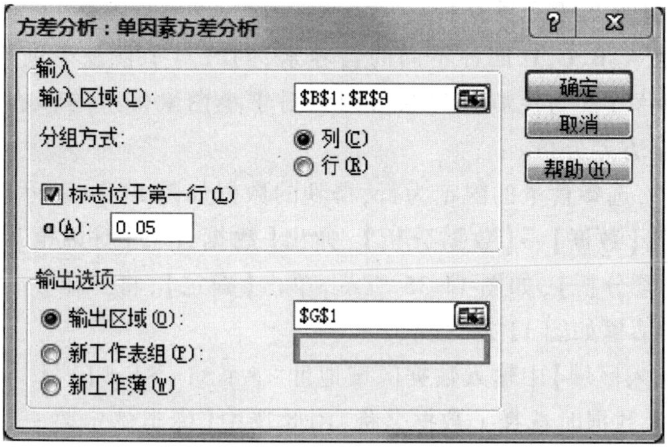

图 11-32

步骤2,在【输入区域】中输入数据区域地址"＄B＄1:＄E＄9",根据本数据情况,选择分组方式为"列"。

步骤3,输入数据时选择了数据名称,因此选中【标志位于第一行】;显著性水平α设置默认为"0.05",也可根据需要进行修改;在【输出区域】输入希望结果输出的位置"＄G＄1"。

步骤4,各个选项选定后,单击【确定】,得到输出结果,如图11-33所示。

G	H	I	J	K	L	M
方差分析:单因素方差分析						
SUMMARY						
组	观测数	求和	平均	方差		
A营养素	8	61.18	7.6475	0.477964		
B营养素	8	51.85	6.48125	0.167955		
C营养素	8	42.24	5.28	1.731629		
D营养素	8	26.98	3.3725	0.55765		
方差分析						
差异源	SS	df	MS	F	P-value	F crit
组间	79.97341	3	26.6578	36.32845	0.0000	2.946685
组内	20.54639	28	0.7338			
总计	100.5198	31				

图 11-33

从图11-33,从方差分析表可以看出,组间 F 检验显著,说明不同营养素对小白鼠体重增加的平均水平有显著差别,使用不同营养素,对于小白鼠的体重有明显的影响。

(二) 无重复双因素方差分析

给小白鼠喂 A、B、C、D 四种不同的营养素,同时对于食量也进行不同程度的限制,以了解使用营养素与控制食量双重因素对于小白鼠体重的影响效果,则需要使用无重复双因素方差分析。

在本例题中,选择食量的限定为行,得到的数据如图 11-34 所示。

步骤1,单击【数据】→【数据分析】,弹出【数据分析】对话框后,选择【方差分析:无重复双因素分析】,如图11-35所示,单击【确定】,将弹出【方差分析:无重复双因素分析】对话框如图11-36所示。

步骤2,【输入区域】中输入数据区域地址"＄A＄1:＄E＄12"。

步骤3,输入数据时选择了数据名称,因此选中【标志位于第一行】;显著性水平α设置默认为"0.05",也可根据需要进行修改。

	A	B	C	D	E
1	限定食量	A营养素	B营养素	C营养素	D营养素
2	不限	8.8	8.34	8.18	7.61
3	90%	8.29	7.81	7.46	7.16
4	80%	8.19	7.47	7.09	6.56
5	70%	7.6	7.41	6.67	6.22
6	60%	7.26	7.16	6.1	5.99
7	50%	6.97	6.65	5.91	5.39
8	40%	6.51	6.24	5.55	4.92
9	30%	6.54	6.09	4.71	4.08
10	20%	6.6	5.41	4.35	3.49
11	10%	5.99	4.96	4.29	2.9
12	0%	5.53	4.63	3.81	3.24

图 11-34

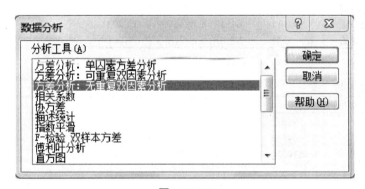

图 11-35

图 11-36

步骤4,在【输出区域】输入希望结果输出的位置"\$G\$1"。

步骤5,各个选项选定后,单击【确定】,得到输出结果,如图11-37所示。

	G	H	I	J	K	L	M
	方差分析：无重复双因素分析						
	SUMMARY	观测数	求和	平均	方差		
	不限	4	32.93	8.2325	0.2412917		
	0.9	4	30.72	7.68	0.2359333		
	0.8	4	29.31	7.3275	0.4698917		
	0.7	4	27.9	6.975	0.4143		
	0.6	4	26.51	6.6275	0.4560917		
	0.5	4	24.92	6.23	0.5106667		
	0.4	4	23.22	5.805	0.5115		
	0.3	4	21.42	5.355	1.3287		
	0.2	4	19.85	4.9625	1.8083583		
	0.1	4	18.14	4.535	1.6769667		
	0	4	17.21	4.3025	0.9951583		
	A营养素	11	78.28	7.1163636	1.0392455		
	B营养素	11	72.17	6.5609091	1.4580291		
	C营养素	11	64.12	5.8290909	2.0527091		
	D营养素	11	57.56	5.2327273	2.6576618		
	方差分析						
	差异源	SS	df	MS	F	P-value	F crit
	行	68.594523	10	6.8594523	59.100401	5.865E-17	2.1645799
	列	22.464643	3	7.4882144	64.517757	3.452E-13	2.9222772
	误差	3.4819318	30	0.1160644			
	总计	94.541098	43				

图 11-37

从图 11-37 方差分析结果来看，对于行来说，F 检验显著，表示控制食量对于小白鼠的体重有显著的影响；对于列来说，F 检验也显著，表示使用不同营养素对于小白鼠的体重同样有显著的影响。

(三) 可重复双因素方差分析

在 Excel 中录入数据时，由于可重复双因素方差分析的数据每组因素水平都有多个观测值，因此，多为行放置数据，本例题中数据如图 11-38 所示。

步骤 1，单击【数据】→【数据分析】，弹出【数据分析】对话框后，选择【方差分析：可重复双因素分析】，如图 11-39 所示，单击【确定】，将弹出【方差分析：可重复双因素分析】对话框，如图 11-40 所示。

步骤 2，【输入区域】中输入数据区域地址"＄A＄1:＄J＄13"。

步骤 3，因为共分 3 组小白鼠进行实验，每个数据有 3 个观察值，因此【每一样本的行数】选择 3；显著性水平 α 设置默认为"0.05"，也可根据需要进行修改。

	A	B	C	D	E	F	G	H	I	J
1	限定食量	不限	90%	80%	70%	60%	50%	40%	30%	20%
2	A营养素	8.8	8.29	8.19	7.6	7.26	6.97	6.51	6.54	6.6
3	A营养素	8.65	8.51	7.91	7.77	7.5	7.26	7.05	6.36	6.25
4	A营养素	8.6	8.64	8.31	7.55	7.6	6.9	6.76	6.51	5.96
5	B营养素	8.34	7.81	7.47	7.41	7.16	6.65	6.24	6.09	5.41
6	B营养素	8.34	8.01	7.57	7.13	7.04	6.36	5.87	6.07	5.16
7	B营养素	8.33	8.09	7.5	7.05	6.67	6.82	6.27	5.75	5.37
8	C营养素	8.18	7.46	7.09	6.67	6.1	5.91	5.55	4.71	4.35
9	C营养素	8.01	7.66	7.06	6.63	6.41	5.59	5.69	5.38	4.21
10	C营养素	7.82	7.73	7.07	7	6.33	5.94	5.38	4.93	4.48
11	D营养素	7.61	7.16	6.56	6.22	5.99	5.39	4.92	4.08	3.49
12	D营养素	7.6	6.93	6.43	5.91	5.4	5.1	5.01	4.42	3.86
13	D营养素	7.58	6.9	6.52	6.29	5.93	5.15	4.53	4.65	3.68

图 11-38

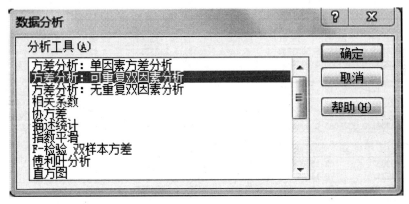

图 11-39

图 11-40

步骤4,在【输出区域】输入希望结果输出的位置"$L$1"。

步骤5,各个选项选定后,单击【确定】,得到输出结果,如图11-41所示。

	L	M	N	O	P	Q	R	S	T	U	V
	方差分析：可重复双因素分析										
	SUMMARY	不限	0.9	0.8	0.7	0.6	0.5	0.4	0.3	0.2	总计
	A营养素										
	观测数	3	3	3	3	3	3	3	3	3	27
	求和	26.05	25.44	24.41	22.92	22.36	21.13	20.32	19.41	18.81	200.85
	平均	8.6833333	8.48	8.1366667	7.64	7.4533333	7.0433333	6.7733333	6.47	6.27	7.4388889
	方差	0.0108333	0.0313	0.0421333	0.0133	0.0305333	0.0364333	0.0730333	0.0093	0.1027	0.7266487
	B营养素										
	观测数	3	3	3	3	3	3	3	3	3	27
	求和	25.01	23.91	22.54	21.59	20.87	19.83	18.38	17.91	15.94	185.98
	平均	8.3366667	7.97	7.5133333	7.1966667	6.9566667	6.61	6.1266667	5.97	5.3133333	6.8881481
	方差	3.333E-05	0.0208	0.0026333	0.0357333	0.0652333	0.0541	0.0496333	0.0364	0.0180333	0.9147695
	C营养素										
	观测数	3	3	3	3	3	3	3	3	3	27
	求和	24.01	22.85	21.22	20.3	18.84	17.44	16.62	15.02	13.04	169.34
	平均	8.0033333	7.6166667	7.0733333	6.7666667	6.28	5.8133333	5.54	5.0066667	4.3466667	6.2718519
	方差	0.0324333	0.0196333	0.0002333	0.0412333	0.0259	0.0376333	0.0241	0.1166333	0.0182333	1.3797003
	D营养素										
	观测数	3	3	3	3	3	3	3	3	3	27
	求和	22.79	20.99	19.51	18.42	17.32	15.64	14.46	13.15	11.03	153.31
	平均	7.5966667	6.9966667	6.5033333	6.14	5.7733333	5.2133333	4.82	4.3833333	3.6766667	5.6781481
	方差	0.0002333	0.0202333	0.0044333	0.0409	0.1054333	0.0240333	0.0651	0.0822333	0.0342333	1.5240772
	总计										
	观测数	12	12	12	12	12	12	12	12	12	
	求和	97.86	93.19	87.68	83.23	79.39	74.04	69.78	65.49	58.82	
	平均	8.155	7.7658333	7.3066667	6.9358333	6.6158333	6.17	5.815	5.4575	4.9016667	
	方差	0.1843364	0.3346083	0.3993697	0.358172	0.4886083	0.5727818	0.6061182	0.7658023	1.0816152	
	方差分析										
	差异源	SS	df	MS	F	P-value	F crit				
	样本	46.992852	3	15.664284	425.58493	0.0000	2.731807				
	列	112.46241	8	14.057801	381.93819	0.0000	2.0698316				
	交互	3.0626148	24	0.127609	3.4670239	0.0000	1.6694563				
	内部	2.6500667	72	0.0368065							
	总计	165.16794	107								

图 11-41

从图11-41，可重复双因素方差分析结果看出，对于限制食量水平来说，F检验显著，即限制食量对小白鼠体重有显著影响；对于不同营养素来说，F检验显著，说明使用不同营养素对小白鼠体重有显著影响；对于交互项来说，F检验显著，说明限制食量与使用营养素的交互作用对于小白鼠的体重也有显著影响。

练习题

1. 已知15家企业年营业额（单位：百万元）如下表所示，要求对这些数据进行排位，然后进行统计分析，帮助这些企业了解其经营情况。

序号	销售额(百万元)
1	13
2	35
3	32
4	17
5	18
6	40
7	45
8	15
9	21
10	30
11	42
12	17
13	24
14	41
15	33

2．有 5 名工人在 4 台机器上分别工作一天，其产量参见下表，试检验：(1) 5 名工人的产量有没有明显差别；(2) 4 台机器的产量有没有明显差别；(3) 不同工人使用不同机器的产量有没有明显差别。

机器编号	1	2	3	4
工人甲	53	47	57	45
工人乙	56	50	63	52
工人丙	45	47	54	42
工人丁	52	47	57	41
工人戊	49	53	58	48

3．下表为某省经济发展统计数据(2005—2014)(单位：亿元)，其为某省统计局公布的数据，通过表中有限的数据信息，请选取适用的统计方法进行分析。

(1) 试分析表中列出的指标对某省 GDP 的影响程度。

(2) 试用回归方法分析 GDP 与其他指标之间的关系。

(3) 预测某省 2015 年的 GDP。

表 3　　　　　　　　　　　　　　　　　　　　　　　　　单位：亿元

年份	GDP（亿元）	第一产业	第二产业	第三产业	人均GDP（元）	地方财政一般预算收入	固定资产投资总额	社会消费品零售总额
2005	2 011.19	431.81	833.25	746.14	4 770	180.75	697.94	583.170 2
2006	2 138.31	444.42	868.06	825.83	5 015	191.28	734.81	640.795 7
2007	2 312.82	463.44	934.88	914.50	5 366	206.76	828.65	711.250 0
2008	2 556.02	494.60	1 047.66	1 013.76	5 870	229.00	1 021.18	782.458 0
2009	3 081.91	593.59	1 281.63	1 206.69	7 012	263.36	1 330.60	915.310 0
2010	3 472.89	669.81	1 432.76	1 370.32	7 835	321.65	1 755.30	1 034.402 4
2011	4 006.72	749.81	1 712.60	1 544.31	8 970	379.97	2 220.45	1 188.880 0
2012	4 741.31	837.35	2 051.08	1 852.88	10 540	486.71	2 798.89	1 394.540 0
2013	5 700.10	1 020.94	2 451.09	2 228.07	12 587	614.05	3 526.60	1 718.540 0
2014	6 169.75	1 067.60	2 582.53	2 519.62	13 539	698.22	4 527.02	2 051.060 0

参考文献

1. 李洁明,祁新娥.统计学原理.上海:复旦大学出版社,2010.
2. 袁卫等.统计学.北京:高等教育出版社,2005.
3. 刘晓利.统计学原理.北京:北京大学出版社、中国林业大学出版社,2007.
4. 吴可杰.统计学原理.南京:南京大学出版社,1999.
5. 徐建邦等.统计学.大连:东北财经大学出版社,2001.
6. 黄良文,陈仁恩.统计学原理.北京:中央广播电视大学出版社,1992.
7. 罗良清,朱海玲.统计学.长沙:湖南大学出版社,2009.
8. 陈允明.国民经济统计概论.北京:中国人民大学出版社,2001.
9. 毛洪涛.国民经济统计概论.北京:中国物价出版社,1999.
10. 杨楷林.统计学原理.北京:中国商业出版社,1994.
11. 社会经济统计学原理教科书编写组.社会经济统计学原理教科书.北京:中国统计出版社,1984.
12. 将志华.市场调查与预测.北京:中国统计出版社,2002.
13. 张集琼.统计学原理.北京:科学技术文献出版社,2001.
14. 颜世廉,涂光华.新编统计学原理.长沙:中南工业大学出版社,1995.
15. 陈珍珍.统计学.厦门:厦门大学出版社,2002.

教辅申请说明

　　北京大学出版社本着"教材优先、学术为本"的出版宗旨,竭诚为广大高等院校师生服务。为更有针对性地提供服务,请您按照以下步骤通过**微信**提交教辅申请,我们会在 1~2 个工作日内将配套教辅资料发送到您的邮箱。

◎扫描下方二维码,或直接微信搜索公众号"北京大学经管书苑",进行关注;

◎点击菜单栏"在线申请"—"教辅申请",出现如右下界面:

◎将表格上的信息填写准确、完整后,点击提交;

◎信息核对无误后,教辅资源会及时发送给您;
如果填写有问题,工作人员会同您联系。

温馨提示:如果您不使用微信,则可以通过以下联系方式(任选其一),将您的姓名、院校、邮箱及教材使用信息反馈给我们,工作人员会同您进一步联系。

联系方式:

北京大学出版社经济与管理图书事业部
通信地址:北京市海淀区成府路 205 号,100871
电子邮箱:　em@pup.cn
电　　话:　010-62767312 /62757146
微　　信:　北京大学经管书苑(pupembook)
网　　址:　www.pup.cn